講座
図書館情報学

5

山本順一
[監修]

図書館 サービス概論

ひろがる図書館のサービス

小黒浩司
[編著]

ミネルヴァ書房

「講座・図書館情報学」刊行によせて

　（現生）人類が地球上に登場してからおよそ20万年が経過し、高度な知能を発達させたヒトは70億を数えるまで増加し、地球という惑星を完全に征服したかのような観があります。しかし、その人類社会の成熟は従来想像もできないような利便性と効率性を実現したものの、必ずしも内に含む矛盾を解消し、個々の構成員にとって安らかな生活と納得のいく人生を実現する方向に向かっているとはいえないようです。科学技術の格段の進歩発展の一方で、古代ギリシア、ローマと比較しても、人と社会を対象とする人文社会科学の守備範囲は拡大しこそすれ、狭まっているようには思えません。

　考古学は紀元前4000年代のメソポタミアにすでに図書館が設置されていたことを教えてくれました。図書館の使命は、それまでの人類の歴史社会が生み出したすべての知識と学問を集積するところにありますが、それは広く活用され、幸福な社会の実現に役立ってこそ意味があります。時代の進歩に見合った図書館の制度化と知識情報の利用拡大についての研究は図書館情報学という社会科学に属する学問分野の任務とするところです。

　1990年代以降、インターネットが急速に普及し、人類社会は高度情報通信ネットワーク社会という新しい段階に突入いたしました。4世紀あたりから知識情報を化体してきた書籍というメディアは、デジタルコンテンツに変貌しようとしております。図書館の果たしてきた役割はデジタル・ライブラリーという機能と人的交流と思考の空間に展開しようとしています。本講座では、サイバースペースを編入した情報空間を射程に収め、このような新たに生成しつつある図書館の機能変化と情報の生産・流通・蓄積・利用のライフサイクルについて検討・考察を加えます。そしてその成果をできるだけ明快に整理し、この分野に関心をもつ市民、学生に知識とスキルを提供しようとするものです。本講座を通じて、図書館のあり方とその未来について理解を深めて頂けたらと思います。

　2013年3月

山 本 順 一

は じ め に

　現在、公共図書館を取り巻く社会状況は大きく変動している。インターネットやスマートフォンの普及など目まぐるしく変わるメディア環境、急速に進む少子高齢化、地域社会の変容など、図書館はこうした変化への的確かつ迅速な対応が求められている。公共図書館は効率的な経営に努める一方で、新たなサービスの創出を要請されている。

　図書館のサービスは今、大きな転機に差しかかっているのかもしれない。しかしやみくもに新しいサービスを追い求めても、長続きしないだろう。これからの図書館サービスのあり方を考えるためにも、図書館サービスとは何かをその歴史をたどりその現状を確かめる必要がある。図書館の基本的な役割を堅持しつつ、望ましい図書館サービスの方向性を探り、課題を展望したい。これが本書の目的である。

　こうした問題意識のもとで、本書では次のような編集方針を立てた。

　まず、自分のような旧世代の人間は、ともすると図書館サービスについても保守的に考えてしまう。そこで時代の要請を反映した未来志向の図書館サービスを、新進気鋭の研究者に書いてもらうことにした。図書館サービスの向上とその実現に向け、斬新な切り口での提言をお願いした。

　もちろん理念先行の現実性に欠けた論では、絵に描いた餅になってしまう。そこで第二に、公共図書館で働くベテラン司書に図書館サービスの生の姿を報告してもらうことにした。図書館の最前線での多彩な実践は、読者にとって大きな刺激となるだろう。

　第三に、多様な図書館サービスの「今」を、幅広くわかりやすく伝えるよう努めた。本書は、司書課程を履修して司書の資格を取得し、図書館で働くこと

i

をめざす学生諸君のためのテキストシリーズの1冊である。したがって各執筆者には、できる限り平易な表現で、また極力写真や図表を用いて公共図書館のさまざまなサービスを具体的に紹介するよう依頼した。

　以上のような編者のわがままともいえる願望にこたえて、各執筆者から大変意欲的な原稿が寄せられた。本書は編者が書いた部分を除いては類書にはない充実した内容となっていて、図書館サービスのひろがりが理解できると思う。ただし各執筆者が力を込めて書いた結果、少々分量が多くなってしまい、そのため本シリーズの特色のひとつであるコラム欄が少なくなってしまった。この点、ご了承いただきたい。

　ミネルヴァ書房が「講座・図書館情報学」の出版を企図し、編者が本書の担当になったのは、10年ほど前のことであったと記憶している。ところがいろいろな事情があり（その多くが編者の怠慢であるが）、刊行が大幅に遅延してしまった。2016年に執筆分担などを見直し再出発したが、その後ももろもろの事情が重なり編集が滞った。それでも再検討から2年で出版に漕ぎつけることができたのは、ひとえに分担執筆者各位のお力の賜物である。執筆者の皆さんに厚くお礼申し上げたい。

　またミネルヴァ書房編集部の柿山真紀氏のご助力に感謝したい。このような図書の製作には、出版社の編集担当者の支援が不可欠である。本書がこうして刊行にたどり着けたのも、柿山氏のたくみな手綱さばきによる部分が大きい。

　最後になるが、本シリーズの監修者である山本順一氏には、発刊が延び延びになってしまい、ご心配をおかけした。山本氏には分担執筆者をご紹介いただくなど、要所要所でお世話になった。お詫びとお礼を申し上げたい。

　2018年4月

小黒浩司

図書館サービス概論
──ひろがる図書館のサービス──

目　次

はじめに

第1章　図書館サービスとは何か ………………………………………… 1

 ① 図書館の機能　1

 ② 図書館サービスの理念　2

 ③ 日本における図書館サービス理念の萌芽　6

 ④ 『図書館ハンドブック』にみる図書館サービスの位置づけ　8

 ⑤ 図書館サービスの評価　10

 コラム　私は図書館の仕事が大好き　13

第2章　図書館サービスの種類 …………………………………………… 14

 ① 「司書および司書補の職務内容」にみる図書館サービス　14

 ② 『図書館ハンドブック』にみる図書館サービスの変遷　15

 ③ 『市民の図書館』にみる図書館サービスの転換　17

 ④ 「公立図書館の任務と目標」にみる図書館サービスの展開　19

 ⑤ 「望ましい基準」にみる図書館サービスの重点特化　22

第3章　図書館サービスとネットワーク ………………………………… 26

 ① 図書館システム　26

 ② 全域サービスと図書館システム　30

 ③ 図書館間相互貸借と図書館ネットワーク　36

 ④ 広域利用制度　40

第4章　閲覧サービス ……………………………………………………… 41

 ① 閲覧とは　41

 ② 利用者の資料へのアクセス方法　43

 ③ 閲覧の利用形態とスペース活用　45

 ④ 閲覧におけるさまざまな問題　48

 コラム　サービスとしての排架とサイン　51

目　次

第5章　貸出しサービス ……………………………………………… 53

1　貸出しサービス　53

2　ひとつの到達点としての「浦安市立図書館」　56

3　効率性と貸出しのねらい　61

4　延滞・紛失・破損への対応　65

5　市民のリクエストに応える　67

第6章　情報提供サービス ……………………………………………… 70

1　情報サービスと情報提供サービス　70

2　レファレンスサービス　72

3　質問回答サービス　73

4　図書館利用と情報リテラシー教育　76

5　読書相談サービスとカレントアウェアネスサービス　77

6　電子情報メディア　79

7　情報検索サービス　82

8　横断検索サービス　84

第7章　地域支援サービス ……………………………………………… 87

1　地域支援サービスの歴史と意義　87

2　コミュニティ情報サービス　90

3　地域産業支援　95

4　子育て支援サービス　99

5　学校教育活動の支援　102

コラム　ビジネス書の出張展示サービス　110

第8章　図書館サービスと著作権 ……………………………………… 112

1　図書館の社会的意義と著作権　112

2　著作権の対象とならない情報　116

3　著作権制度の概要　118

4　図書館サービスと著作権の制限　123

v

第9章　図書館サービスと市民・利用者……………………………………131

   1 図書館の利用者とは　131

   2 市民・利用者との協働　133

   3 図書館における接遇　137

   4 問題利用者　138

   5 利用者コミュニケーション　140

   6 図書館利用案内　142

   7 パスファインダー　142

第10章　児童サービス・ヤングアダルトサービス……………………144

   1 児童サービスとその歴史　144

   2 児童サービスの対象　146

   3 「ことば」と「ものがたり」　149

   4 選書　150

   5 カウンターワーク・フロアワーク　151

   6 本の紹介　152

   7 児童サービスの展開　155

   8 学校との連携　163

   9 ヤングアダルトサービス　164

第11章　障害者サービス………………………………………………………168

   1 障害者サービスとは　168

   2 図書館利用の障害　173

   3 障害者サービスの実施館　177

   4 障害者サービスのための資料　179

   5 サービスの種類　181

   6 すべての人に図書館利用を　185

目　次

第12章　高齢者サービス ……………………………………………………186

　　1　高齢化と高齢者　186

　　2　地域に住む高齢者の学び　190

　　3　高齢者への図書館サービス　193

　　4　歳を重ねるすべての地域住民を視野に　199

第13章　多文化サービス ……………………………………………………201

　　1　多文化サービスとは　201

　　2　多文化サービスの発展　204

　　3　多文化サービスの実施に向けた手順　210

第14章　アウトリーチサービス …………………………………………214

　　1　アウトリーチサービスと拡張サービス　214

　　2　拡張サービス　217

　　3　アウトリーチサービス　219

　　4　アウトリーチサービスの実施に向けた手順　222

第15章　集会・文化活動 ……………………………………………………228

　　1　集会文化活動──その歴史と意義　228

　　2　課題解決支援・ネットワークづくりのための事業

　　　　　──講演会・フォーラム・講座・ワークショップ　232

　　3　子どもの読書を支えるための事業

　　　　　──児童文学講座・読書ボランティア講座・フォーラム　237

　　4　潤いとにぎわいのための事業

　　　　　──読書会・講演会・展示会・コンサート・映画会・その他の

　　　　　活動　242

参考文献　249

巻末資料　253

索引

第1章 図書館サービスとは何か

1 図書館の機能

「「図書館」とは、図書、記録その他必要な資料を収集し、整理し、保存して、一般公衆の利用に供し、その教養、調査研究、レクリエーション等に資することを目的とする施設」である（図書館法第2条）[1]。図書館サービス（library service）とは、こうした目的を達成するための諸活動である（図1.1）。

また『図書館情報学用語辞典（第3版）』では、図書館サービスについて次のように解説している[2]。

　図書館がサービス対象者の情報ニーズに合わせて提供するサービス全体。図書館で行われる図書の利用と情報の伝達にかかわる幅広いサービスを含む

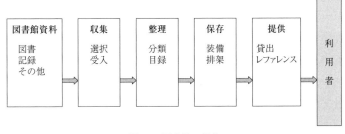

図1.1　図書館の機能

---

1) 本書末に付録として、図書館法の条文を掲載している。
2) 日本図書館情報学会用語辞典編集委員会編（2007）『図書館情報学用語辞典（第3版）』丸善, p.177.

概念であり、図書館の種類、利用者の種類、サービスを提供する施設の目的によって異なっている。

　図書館サービスは、かつては図書館奉仕、あるいは図書館活動（library activity）と称された。今日では図書館サービスというのが一般的であるが、図書館関係法規などでは、現在でも図書館奉仕を用いている。

　しかしサービスという語の意味・用法はさまざまである。奉仕という語についても多数の使い方がある。図書館サービスについての理解も同様である。また図書館の種類や目的などによって、その内容もおのずから異なってくる。以下本書では、種々の図書館サービスについて、公共図書館を中心にその歴史や現状などを概説する。

2　図書館サービスの理念

　前記のように、図書館サービスのとらえ方については千差万別といってよい。そこで本節では、国際的なひとつの指標として「ユネスコ公共図書館宣言（UNESCO Public Library Manifesto）」でのサービス理念の変化を見ることにする。

　第二次世界大戦後の国際平和の維持と経済・社会の発展のための国際協力を目的に1945年10月、国際連合（国連）が発足し、その専門機関として1946年11月、国際連合教育科学文化機関（United Nations Educational, Scientific and Cultural Organization：UNESCO、以下ユネスコ）が設立された。ユネスコは1949年、公共図書館の本質的役割や目的、運営の原則についての共通認識をまとめた「ユネスコ公共図書館宣言」を制定した。

　この「ユネスコ公共図書館宣言」は、当初日本では「ユネスコ図書館憲章」という名称で受容された。1949年版の宣言では図書館を「近代民主主義の産物であり、終生の過程としての普遍的教育に対する民主主義の信念を具体的に実証したもの」と述べ[3]、図書館奉仕については、次の10の原則が示された[4]。

3）日本図書館協会編（1960）『図書館ハンドブック（増訂版）』日本図書館協会，p.556.

第1章　図書館サービスとは何か

①　児童及び青少年に対する奉仕の原則

②　法的基礎・公費支弁・無料公開の原則

③　収集資料の範囲拡充と利用指導の原則

④　自己教育の機会供与の原則

⑤　積極政策の原則

⑥　触媒的機能及び中立性・行事活動の原則

⑦　P.R.活動の原則

⑧　同種機関連携・相互貸借・図書館協会との協力の原則

⑨　利用法自由簡易化・館外奉仕の原則

⑩　専門職員整備・適正予算・民衆支持の原則

　1949年版の宣言は、その後20年余りを経た1972年に改訂された。この1972年版の宣言は「公共図書館が教育、文化、情報の活力であり、また平和を育成し、人びとの間及び国と国の相互理解を深めるための主要な機関である」という、ユネスコの所信を表明したものである[5]。『図書館ハンドブック（第5版）』では、1972年版の宣言の図書館サービスの理念を次の4つに要約している[6]。

①　人類の業績を正しく認識させ、その記録が自由に利用されるようにする。

②　最新の科学技術や社会の情報を提供する。

③　気晴らしや楽しみのための図書を提供する。

④　それらに関して、すべての人が生涯にわたって教育を受け、自由に利用
　　できるようにする。

　1972年版の宣言は、さらに20年余り後の1994年11月に改訂された。この1994年版の宣言は、国際図書館連盟（International Federation of Library Associations

---

4）前掲3），pp.558-560.
5）日本図書館協会図書館ハンドブック編集委員会編（1990）『図書館ハンドブック（第5版）』日本図書館協会，p.488.
6）前掲5），p.62.

and Institutions：IFLA）の協力を得て起草されたもので、1972年版の宣言とほぼ同様の「公共図書館が教育、文化、情報の活力であり、男女の心の中に平和と精神的な幸福を育成するための必須の機関である」という、ユネスコの信念を表明している。そして以下の12の基本的使命を公共図書館サービスの核としている[7]。

① 幼い時期から子供たちの読書習慣を育成し、それを強化する。
② あらゆる段階での正規の教育とともに、個人的および自主的な教育を支援する。
③ 個人の創造的な発展のための機会を提供する。
④ 青少年の想像力と創造性に刺激を与える。
⑤ 文化遺産の認識、芸術、科学的な業績や革新についての理解を促進する。
⑥ あらゆる公演芸術の文化的表現に接しうるようにする。
⑦ 異文化間の交流を助長し、多様な文化が存立できるようにする。
⑧ 口述による伝承を援助する。
⑨ 市民がいかなる種類の地域情報をも入手できるようにする。
⑩ 地域の企業、協会および利益団体に対して適切な情報サービスを行う。
⑪ 容易に情報を検索し、コンピューターを駆使できるような技能の発達を促す。
⑫ あらゆる年齢層の人々のための識字活動とその計画を援助し、かつ、それに参加し、必要があれば、こうした活動を発足させる。

　1994年版の宣言の公表を受け、2001年に公共図書館サービス振興のための現実的なガイドラインとして、IFLA 公共図書館分科会ワーキング・グループによって *The Public Library Service：IFLA ／ UNESCO Guidelines for Development* がまとめられた。このガイドラインの翻訳が『理想の公共図書館サービ

---

7) 日本図書館協会図書館ハンドブック編集委員会編（2005）『図書館ハンドブック（第6版）』日本図書館協会，p.488.

第1章　図書館サービスとは何か

スのために』である[8]。

　同書では、具体的な図書館サービスについて第3章でくわしく述べているが、その章タイトルは「図書館利用者の情報ニーズを満足させること」である。地域社会の情報ニーズを満足させることを公共図書館サービスの第一義的な任務としている。

　前記の『理想の公共図書館サービスのために』はまた、1986年に公表された *Guidelines for public libraries* の改訂版でもある。同書は IFLA 公共図書館分科会が編集したもので、翌年『公共図書館のガイドライン』という書名で、翻訳書が刊行された[9]。同書では、「公共図書館サービス」を「公共図書館の機能ないし産出（output）を表わす総括的な用語」と定義している[10]。その上で「公立図書館サービス」のチェックリスト85項目を次の13に分けて示している[11]。

① 　貸出及びレファレンスのための資料
② 　借出に対する援助
③ 　館内閲覧に対する援助
④ 　児童に対するサービス
⑤ 　職員による情報サービス
⑥ 　情報の提供
⑦ 　情報に対する料金
⑧ 　地域に関する情報
⑨ 　児童のための図書館活動
⑩ 　文化活動

8）IFLA 公共図書館分科会ワーキング・グループ編（2003）『理想の公共図書館サービスのために：IFLA / UNESCO ガイドライン』山本順一訳，日本図書館協会，156p.
9）IFLA 公共図書館分科会編（1987）『公共図書館のガイドライン』森耕一訳，日本図書館協会，86p.
10）前掲9），p. 7.
11）前掲9），pp.13-26.

⑪　障害者及び疎外された人々に対するサービス

⑫　少数民族および言語上の少数グループに対するサービス

⑬　学校に対するサービス

　このチェックリストは、1972年版宣言に見える理念を詳細かつ具体的に示したものである。また、同時期に日本図書館協会図書館政策特別委員会が策定を進めていた「公立図書館の任務と目標」に大きな影響を与えたと思われる。この「公立図書館の任務と目標」については、次章でくわしく紹介する。

３　日本における図書館サービス理念の萌芽

　前節のように、図書館のサービスのとらえ方は国際的にみてもこの半世紀足らずの間で大きく変化していることがわかる。以下本節では、1950年代の日本において出版された２つの図書から、戦後初期の図書館サービス論を考察する。

　前記のように、図書館サービスは図書館奉仕とも呼ばれた。この図書館奉仕という語は、1948年２月制定の国立国会図書館法で初めて登場した（第２条、第７章と第８章の見出し）。第二次世界大戦前の日本の図書館では、図書館が利用者にサービスする機関であるという発想は希薄であった。

　敗戦後の日本は、事実上米国の占領統治下に置かれ、各分野の改革が行われた。図書館についても同様である。米国主導の改革が強力に進められ、その過程で、前記のユネスコ公共図書館宣言をはじめとする海外のサービス理念が伝えられた。

　1950年４月に制定された図書館法第３条では、図書館奉仕の意義を明らかにし、その行うべき事項を具体的に列記した。西崎恵（当時の文部省社会教育局長）は、次のように、図書館法第３条に図書館サービスが規定された意味を述べている[12]。

12）西崎恵（1950）『図書館法』羽田書店，p.10.

第1章　図書館サービスとは何か

　新しい図書館は、国民に奉仕する機関でなければならない。国民が何かを学ぼうとする時、国民が一般的な教養を高めようとするとき、国民が何か楽しもうとする時、これに十分サービスし得る図書館でなければならない。図書館法はこの新しい図書館の行うサービスの活動を図書館奉仕として規定した。

　1951年7月、木寺清一は『図書館奉仕』を刊行した。同書の版元は日本図書館協会であり、その影響は少なくないといえよう。同書は次のような構成になっている[13]。

　図書を整備・整頓する（管理：Administration）
　求める人に助力を与える（参考業務：Reference work）
　読者に関心を起させる（周知：Publicity）

　木寺はこの章立ては、ニューヨーク公共図書館の活動を伝える現地新聞の記事から着想を得たものと述べている。斬新ではあるが、図書館サービスの種別を考えるという点では、必ずしも適切とはいえないであろう。またそのサブタイトル「どう図書館を利用させるか」が端的に表しているように、図書館サービスそのものに対する理解が十分ではないように思われる。
　木寺著から5年後の1956年11月、竹林熊彦は『図書館の対外活動』を刊行した。同書は日本図書館研究会監修の新日本図書館学叢書の1冊である[14]。
　竹林は同書の序章をランガナタンの「図書館学の五法則」の紹介と解説に充てている。ランガナタンの「図書館の五法則」から図書館の対外活動、図書館サービスを説き始める構成は、注目しなければならない。この序章に次ぐ「1　図書館の対外活動とは何か」で、竹林は図書館の対外活動の種類を、求心的対外活動、遠心的対外活動、弘報手段による対外活動の3つに分けている[15]。

13）木寺清一（1951）『図書館奉仕：どう図書館を利用させるか』日本図書館協会，pp.3-4.
14）竹林熊彦（1956）『図書館の対外活動』（新日本図書館学叢書 第3巻）蘭書房，244p.
15）前掲14），pp.62-67.

7

求心的対外活動とは、読書会、講演会などの集会活動を指している。遠心的対外活動とは、分館、自動文庫（bookmobile：ブック・モビル）などである。弘報手段による対外活動とは、図書館要覧など図書館自体の行うもので文書によるもの、ポスター掲示など視聴覚に訴える対外活動などである。

　竹林は「図書館の対外活動は図書館奉仕を充実し、これと併行して伸展させ、ひとりでも多くの利用者に利益を受けさせることである」と述べ、続けて図書館サービスを次のように定義している[16]。

　　図書館が<u>国民の信託</u>により、国民の福利と進歩とを援助するために、地域社会の人びとの必要とする資料を、国民に代って、継続的に計画的に、かつ建設的に規則正しく供給する、社会的・教育的・知的活動である（下線ママ）

　竹林の対外活動観、図書館サービス観は、図書館活動の沈滞に危機意識を持つ図書館員たちに受け継がれ、『中小都市における公共図書館の運営』（以下、『中小レポート』）の誕生につながったと思われる。だがこの国における図書館活動の本格的な活性化は、日野市立図書館など、東京都三多摩地域の図書館における実践を待たなければならなかった。

④　『図書館ハンドブック』にみる図書館サービスの位置づけ

　図書館法制定後もしばらくの間、図書館サービスの重要性についての理解は、十分に浸透しなかった。表1.1は日本図書館協会の『図書館ハンドブック』各版の章立てである。初版から1977年の第4版まで、図書館奉仕の章は管理や図書館資料、整理技術の次位に位置づけられている。図書館サービスの地位は低かったといえる。

　しかしながら第4版では、章タイトルが「利用サービス」に変わっている。これは図書館のあり方を利用者本意に変えていこうという意思の表れといえる。

16）前掲14），p.55.

第 1 章　図書館サービスとは何か

表1.1　『図書館ハンドブック』各版の章立て

初版（1952）	増訂版（1960）
0　図書館綜説	Ⅰ　総論
1　図書館の法規と基準	Ⅱ　管理
2　図書館施設	Ⅲ　図書館資料
3　図書館の組織と管理	Ⅳ　整理技術
4　図書の選択と収集	Ⅴ　図書館奉仕
5　図書の整理と保管	Ⅵ　図書館施設
6　視聴覚資料	Ⅶ　世界の図書館
7　図書館奉仕	Ⅷ　図書館年表
8　学校図書館	
9　書誌学・出版・印刷	
第 4 版（1977）	第 4 版追補（1985）
Ⅰ　総論	Ⅰ　日本の図書館
Ⅱ　職員	Ⅱ　利用サービス
Ⅲ　管理	Ⅲ　図書館資料・収集と整理
Ⅳ　図書館資料	Ⅳ　サービスを支えるもの　職員と施設
Ⅴ　整理技術	Ⅴ　年表
Ⅵ　利用サービス	Ⅵ　資料
Ⅶ　施設	
Ⅷ　年表	
第 5 版（1990）	第 6 版（2005）
Ⅰ　総論	Ⅰ　総論
Ⅱ　図書館サービス	Ⅱ　図書館サービス
Ⅲ　図書館資料	Ⅲ　図書館経営
Ⅳ　資料の組織化	Ⅳ　図書館資料
Ⅴ　図書館員	Ⅴ　資料・メディアの組織化
Ⅵ　図書館の組織と運営	Ⅵ　図書館職員
Ⅶ　図書館協力とネットワーク	Ⅶ　図書館施設
Ⅷ　施設	Ⅷ　特論

（注）下線は筆者。
（出所）『図書館ハンドブック』各版より筆者作成。

1985年の第 4 版追補になって、図書館サービスは総論に次ぐ章となり（章タイトルは利用サービス）、第 5 版、第 6 版に引き継がれる。

　図書館サービスを重視するようになったひとつの契機は、1963年 3 月の『中小レポート』の成立とみられる。『中小レポート』の組み立ては、最初に図書館奉仕があり、その後に資料と整理、管理、施設、相互協力となっている。図書館が地域に果たすべき奉仕から、図書館の業務を段階的にまとめている[17]。

9

『中小レポート』の示した図書館サービスの理念は必ずしも万全のものではなかったが、その後日野市立図書館をはじめとした、三多摩地域の図書館での実践によって深められ、1970年代の躍進へと展開する。先に記した『図書館ハンドブック』における図書館サービスの位置づけの変化は、これを反映したものといえよう。

5 図書館サービスの評価

1955年7月に南諭造が著した『図書運用法』では、最終章の第5章に「調査と評価」をおいている。戦後早い時期に図書館サービスの評価の必要性に論及した文献である[18]。

評価に際してはその基準が必要であるが、南は同書で、図書館法第19条で同法第20条の規定による国の補助金の交付を受けるために必要な公立図書館の設置及び運営上の最低基準を文部省令で定めることになっており、1950年9月文部省はこれに基づき図書館法施行規則第2章で、公立図書館の最低基準を設定したことを紹介している。この基準は「近代図書館の理想からすれば、あまりに低く、お話にならぬ」としながらも、「この国の公共図書館の実情とにらみ合せ、やむをえず定められたものと見るべきである」と述べている[19]。南は続いて「将来の発展を企図する以上、設置及び運営の基準はもっと高く定められなければならんという観点から設けられたのが望ましい基準である」と述べ、1950年7月に日本図書館協会で採択し、文部省で計数を調整したがまだ告示には至っていない「望ましい基準」を紹介している[20]。

南が述べるように、1950年制定の図書館法第18条では「公立図書館の設置及

---

17) 日本図書館協会（1963）『中小都市における公共図書館の運営』日本図書館協会，p.15.
18) 南諭造（1955）『図書館運用法：図書館奉仕の理論と実際』（新日本図書館学叢書 第10巻）蘭書房，271p. なお、第1章序説、第2章館内閲覧、第3章館外貸出、第4章図書資料の紹介の章構成である。
19) 前掲18），p.205.
20) 前掲18），pp.206-209.

第1章 図書館サービスとは何か

び運営上の望ましい基準」（以下、「望ましい基準」）を「文部大臣が教育委員会に提示し一般公衆に示す」ことを、また第19条で国庫補助を受けるための最低基準を省令で定めることを規定していた。だが文部大臣の「提示」は半世紀の間実現しなかった[21]。これは国の図書館サービスの重要性に対する認識が低かったことのあらわれともいえる。

さらに1999年7月には「地方分権の推進を図るための関係法律の整備等に関する法律」によって、国庫補助を受ける館長の司書資格の必置規定（第13条第3項）の廃止とともに、地方分権推進委員会の第二次勧告をふまえた（1997年）国庫補助負担金の整理合理化のため、第19条が削除されてしまう。

2001年7月に初めて「望ましい基準」が告示された。1 総則の「（3）図書館サービスの計画的実施及び自己評価等」では次の2点が努力目標として示された[22]。

① 公立図書館は、そのサービスの水準の向上を図り、当該図書館の目的及び社会的使命を達成するため、その図書館サービスについて、各々適切な「指標」を選定するとともに、これらに係る「数値目標」を設定し、その達成に向けて計画的にこれを行うよう努めなければならない。

② 公立図書館は、各年度の図書館サービスの状況について、図書館協議会の協力を得つつ、前項の「数値目標」の達成状況等に関し自ら点検及び評価を行うとともに、その結果を住民に公表するよう努めなければならない。

「望ましい基準」に図書館サービスの計画的実施と評価、ならびにその結果の公表が盛り込まれた意義は少なくない。

2008年、図書館法の一部が改正され、第18条は総則の第7条の2へ移項され、私立図書館も対象にして定め、公表することになった。また第7条の3、4に

21）1967年と1973年に基準案が策定されたが、告示には至らなかった。1992年になって、生涯学習局長名で「望ましい基準」が通知された。
22）1999年7月に、第19条（国庫補助を受けるための公立図書館の基準最低基準規定）が削除されたことの代替と考えてよいだろう。

11

は運営状況についての自己評価とそれに基づく運営改善、また図書館運営状況の公表が規定された。

　私立図書館をも対象とすることには疑義があるが、図書館サービスを評価点検することと、その結果の公表を努力義務としたことで、図書館サービスの重要性がより強く認識されるようになった。

第1章　図書館サービスとは何か

―■□コラム□■――――――――――――――――――――

私は図書館の仕事が大好き

　図書館の仕事は楽しい。役所から異動になって来た先輩によくいわれることに、公務員が普通に仕事をして「ありがとう」といわれる仕事なんてめったにないぞということがある。

　しかも、それによって、自分が世の中のみんなの役に立っているという実感を得られる仕事なんてそんなにはない。そんなに大それたことを考えなくてもいいけれど、毎日のカウンターに立つことでどんなに嬉しいか。お金も命も介在しないけれど、自然と幸せを感じられる、すてきな仕事が図書館司書だ。

　一生の仕事として大事にしていきたいけれど、同時に忘れてはいけないのは、それが「やりがいの搾取」なのじゃないかという労働の問題。正規の公務員、非常勤職員、指定管理の正職員、指定管理の非常勤など、さまざまな立場の人たちが、図書館の仕事が好きだからというだけで一緒に働いている。それぞれの責任・内容に見合った待遇、それぞれの役割をもっていることは当然だと考えるが、そうでもない人も多い。楽しい仕事を一生懸命やることで、自分は良いことをしているつもりでも、誰かに都合良く搾取されているだけかもしれないということは意識しておいてほしいと思う。

　正規の公務員に採用されるためには年齢制限があり、雇用の年限の切られる雇い止めという制度もある。ただの使い捨てにされてしまうかもしれない。

　ただ私の後輩で、専門非常勤という身分で仕事を始め、修行のつもりでいくつかの図書館を転々としながら、非常勤職員という不安定な身分のままその間の実績を認められて、新図書館の立ち上げに関わることを求められ、数年間の単身赴任までして、見事な図書館を作りあげた方もいる。その図書館の評価はとても高く、先日ようやく非常勤職員ではなく「任期付き正規公務員」の身分を手に入れた。さらにそれによって、その図書館に正規職員を配置しようという動きも役所のなかに出てきたということである。

　こうやって道を切り開くこと、そのために力を出し惜しみしないということもとても大切なことなのだ。大好きな仕事をやりながら、人生をかける仕事というのはどういうものかよく考えてほしい。

(鈴木　均)

第2章	図書館サービスの種類

1 「司書および司書補の職務内容」にみる図書館サービス

　1950年4月に制定された図書館法第3条では、図書館奉仕の意義を明らかにし、その行うべき事項を具体的に列記した。同年9月の文部事務次官通牒（1998年12月廃止）「司書および司書補の職務内容」では、司書及び司書補の職務内容を「A総務的職務」「B整理的職務」「C奉仕的職務」の3つに分け、「奉仕的職務」について表2.1のような職務内容を示している。なお、○印は司書補の職務である。

　この通牒は、図書館法第3条で規定された「図書館奉仕」の諸事項を司書と司書補の職務内容として掲げたものであり、その意味で重要である。1950年当時から、館内サービスを中心に多様な図書館サービスの実施が期待されていたことがわかる。

　しかしながらあらゆる点で発展途上であった公共図書館では、これらのサービスをまんべんなく行うことは難しい。多くの事項を総花的にあげただけであり、サービスの重点がわからない。これが第1章でも指摘した、図書館サービスの低迷の一因でもあろう。

　そこで第2節では、低迷する図書館活動のなかで時代によって重視されたサービス、あるいは重視されなくなったサービスを考察し、今後の図書館サービスの方向を探ってみたい。

第2章　図書館サービスの種類

表2.1　「司書および司書補の職務内容」における奉仕的職務

（イ）館内奉仕	（ハ）集会、展観（館外奉仕の場合をも含む）
○1　資料の出納	1　読書会（常置又は随時）の主催又はあっせん
○2　帯出者の登録	
3　苦情と要求の処理	2　文学その他同好会の主催又はあっせん
4　事故の対策処理（汚破損、紛失等）	3　各種研究会の主催又はあっせん
○5　延滞処理	4　美術品の展観、レコード及び映画観賞会の主催又はあっせん
6　郷土資料利用の案内	
7　地方行政資料利用の案内	5　幻灯、紙芝居、人形劇及び展示物等利用の集会の主催又はあっせん
8　時事に関する情報の紹介	
9　時事に関する資料の提供	6　新刊図書又は主題別図書の展示会の主催又はあっせん
10　視聴覚資料利用の案内	
11　クリッピング利用の案内	7　各種資料模型等の展示会の主催又はあっせん
○12　目録検索の案内	
13　読書相談（一般及び部門別）	8　時事解説のための展示と集会（常置又は随時）
14　資料調整の指導助言	
15　各種索引及び書誌の整備と利用案内	（二）児童、生徒
16　雑誌索引の整備と利用案内	1　お話時間の指導
17　館内利用統計の作製と観察	2　本の読方の指導
18　新利用者の開拓	○3　図書館利用法の指導
（ロ）館外奉仕（集会、展観の項を参照）	4　学校との連絡
1　分館との連絡調整	○5　子供の集りの世話
2　出張所、閲覧所、配本所との連絡調整	6　児童室の経営管理
3　貸出文庫（視聴覚資料を含む）の編成と巡回	
4　自動車文庫（視聴覚資料を含む）の編成と巡回	

（出典）日本図書館協会編，武田英治・「司書および司書補の職務内容」山本順一編集責任（2002）『図書館法規基準総覧（第2版）』日本図書館協会，pp.95-98.

2　『図書館ハンドブック』にみる図書館サービスの変遷

　図書館サービスの種類は、図書館観、図書館サービス観の変化によって変転している。本節では、これを『図書館ハンドブック』各版（日本図書館協会編刊）の該当章での構成、項目の比較から検証する（表2.2）。なお、各版における全体的な章立てのなかにおける図書館サービスの章の位置づけについては第1章を参照してほしい。

15

表2.2 『図書館ハンドブック』各版の比較

初版（1952）	増訂版（1960）
1　図書館奉仕の意義と概略	A　総論
2　館内閲覧	B　閲覧奉仕
3　参考事務	C　レファレンス・サービス
4　館外貸出	D　図書館教育
5　図書館相互貸借	E　児童及び青少年に対する図書館奉仕
6　館外への奉仕	F　読書運動と読書会
7　ブック・モビルにおける奉仕	G　集会と行事
8　集会と展観	H　Public Relations
9　図書館宣伝	I　ブック・モビル
	J　AV 資料活動
第 4 版（1977）	**第 5 版（1990）**
A　総論	A　総論
B　閲覧・貸出	B　貸出
C　レファレンス・サービス	C　移動図書館
D　ブック・モビル	D　レファレンス・サービス
E　図書館相互貸借と複写サービス	E　利用者教育
F　図書館行事・集会活動	F　児童サービス
G　広報活動―PR	G　青少年サービス
H　児童・青少年に対するサービス	H　障害者サービス
	I　アウトリーチ
	J　複写サービスと著作権
	K　視聴覚資料とニューメディア
	L　図書館行事・集会活動
	M　図書館 PR
第 6 版（2005）	
A　図書館サービスの意義	
B　資料提供サービス	
C　情報サービス	
D　利用教育	
E　図書館の文化活動	
F　利用者別の図書館サービス	
G　図書館サービスと著作権	

（出所）『図書館ハンドブック』各版より筆者作成。

　『図書館ハンドブック』各版を比較すると、おおよそ次のような特徴を指摘することができよう。

①　第 4 版以降、館内サービス重視から館外サービスの重視へと転換した。

第2章　図書館サービスの種類

② 館内サービスでは、レファレンスサービス（情報サービス）を一貫して重視している。

③ 館外サービスでは、第5版以降移動図書館（ブック・モビル）の地位が低下した。

④ 資料（情報）提供サービスを重視している。

⑤ 新しいメディアを積極的に導入している。

　図書館サービスは、館外サービスを重視するようになって拡張期を迎えた。それは1960年代後半からの公共図書館の躍進期に重なる。『図書館ハンドブック』では、第5版にそれが顕著に表れている。しかし図書館を取り巻く状況の変化からその発達は1990年代後半には頭打ちとなり、図書館サービスの見直しが始まる。第6版ではサービスの特化・精選化に向かう。

　そこでまず次の第3節では前進期における図書館サービスの中心を、第4節ではその後のサービスの開花の様相を検証し、第5節で苦境期の図書館サービスの動向を述べる。

③ 『市民の図書館』にみる図書館サービスの転換

　1972年6月、社会教育審議会施設分科会図書館専門委員会の「公立図書館の望ましい基準（案)」が施設分科会長あてに報告された。この案は、文部大臣告示には至らなかったが、当時の公共図書館のめざましい発展を受けてまとめられたものである。

　同案では「3　市町村立図書館」の「①サービス網」として、「市町村は図書館のサービス網によっておおわれなければならないが、それは本館・分館・移動図書館からなるサービス組織の総体である」と述べている。続いて②の運営で次のように4つの運営上の重要課題を挙げている[1]。

---

1)日本図書館協会図書館ハンドブック編集委員会編（1990）『図書館ハンドブック（第5版)』日本図書館協会，pp.484-485.

イ、貸出し

　　貸出しは市町村立図書館の最も基本的な業務である。

　ロ、参考業務

　　貸出しとならんで、市町村立図書館における主要な業務であり、貸出しの
　　基礎の上に築かれている。

　ハ、児童へのサービス

　　成人に対するサービスと同じように、市町村立図書館において欠くことの
　　できない業務である。

　ニ、集会活動

　　住民の自主的な学習を支援するために必要である。

　この案ではまず「最も基本的な業務」として貸出しが、さらに児童へのサー
ビスが掲げられている。またその前の①においてサービス網、すなわち全域
サービスの重要性が掲げられている。これは1970年5月刊行の『市民の図書
館』から強い影響を受けているといえる。

　この『市民の図書館』は、日野市立図書館の館長・前川恒雄が執筆の中心と
なっている。同書では日野市立図書館の実践をもとに、市立図書館の当面の最
重点目標として次の3点をあげている[2]。

①　市民の求める図書を自由に気軽に貸出すこと。

②　徹底して児童にサービスすること。

③　あらゆる人々に図書を貸出し、図書館を市民の身近に置くために、全域
　　へサービス網をはりめぐらすこと。

　1960年代後半から、公共図書館は貸出しを突破口として児童サービス、全域
サービスなどの諸サービスを積極的に展開した。1970年代から1980年代は、図
書館サービスの高揚期であった。それは都市部を中心とした市民運動の興起と

---

2)日本図書館協会（1970）『市民の図書館』日本図書館協会．pp.33-36.

第 2 章　図書館サービスの種類

も密接に関連していた。次節で取り上げる「公立図書館の任務と目標」にみえる多彩な図書館サービスは、その時代の図書館サービス論の集大成でもあった。

④　「公立図書館の任務と目標」にみる図書館サービスの展開

　日本図書館協会は、1983年 9 月、公立図書館が行うべき活動とサービスの目標を策定するために図書館政策特別委員会を設け、1989年 1 月「公立図書館の任務と目標」を確定し、その「解説」を刊行した。その後の法制の変化などに応じて1995年、2000年に一部手直しが行われ、2004年 3 月主文を全体として見直し、2009年 4 月に改訂版増補が刊行されている。これは2008年 6 月の図書館法改正にともない、解説文中の法改正に関連する部分を中心に一部加筆・修正を行ったものである[3]。

　この「任務と目標」は全部で106の条項から成っている。第 1 章基本的事項に続いて第 2 章が市（区）町村立図書館である。第 2 章の 1 が図書館システム、2 が図書館サービスであり、全106項目のうち15から35までの21項目が図書館サービスとなっている（表2.3）。

　15から23の 9 項目は図書館サービスの総論的内容で、冒頭の15では、「図書館サービスの基本は、住民の求める資料や情報を提供することである」とし、図書館サービスの「基礎を築くのは貸出である」と述べている。後述するように24から27が貸出しについての項目である。また次の16では「資料提供の機能の展開として、集会・行事を行う」とし、その一方で「席借りのみの自習は図書館の本質的機能ではない。自習席の設置は、むしろ図書館サービスの遂行を妨げることになる」と述べており、『市民の図書館』などと同様、貸出しサービスを重視している。

　17から23は、利用対象別などサービスのうえで工夫と配慮に関する項目である。図書館の利用を疎外されてきた人びとの存在を認識し、その図書館を利用

---

3) 本節では、日本図書館協会のウェブサイトに掲載されている「公立図書館の任務と目標」を使用した（http://www.jla.or.jp/library/gudeline/tabid/236/default.aspx）(2017/3/31最終確認)。

表2.3　「公立図書館の任務と目標」にみる図書館サービス

2　図書館サービス

15. 図書館サービスの基本は、住民の求める資料や情報を提供することである。そのために、貸出、レファレンス・サービスを行うとともに、住民の資料や情報に対する要求を喚起する働きかけを行う。住民の図書館に寄せる期待や信頼は、要求に確実に応える日常活動の蓄積によって成り立つ。その基礎を築くのは貸出である。

16. 図書館は、資料提供の機能の展開として、集会・行事を行うとともに、図書館機能の宣伝、普及をはかるための活動や、利用案内を行う。
　　席借りのみの自習は図書館の本質的機能ではない。自習席の設置は、むしろ図書館サービスの遂行を妨げることになる。

17. さまざまな生活条件を担っている地域住民がひとしく図書館を利用できるためには、その様態に応じてサービスの上で格別の工夫と配慮がなされなければならない。

18. 乳幼児・児童・青少年の人間形成において、豊かな読書経験の重要性はいうまでもない。生涯にわたる図書館利用の基礎を形づくるためにも、乳幼児・児童・青少年に対する図書館サービスは重視されなければならない。
　　また、学校図書館との連携をすすめ、児童・生徒に対して利用案内を行うとともに、求めに応じて学校における学習や読書を支援する。

19. 高齢者の人口比や社会的役割が増大しているいま、高齢者へのサービスについては、その要望や必要に応じた資料、施設、設備、機材の整備充実に努める。さらに図書館利用の介助等、きめこまかなサービスの提供に努める。

20. 障害者をはじめとして図書館の利用を疎外されてきた人びとに対して、種々の方途を講じて図書館を利用する権利を保障することは、図書館の当然の任務である。

21. 被差別部落の住民への図書館サービスは、文化的諸活動や識字学級に対する援助などによってその範囲を広げる。

22. アイヌ等少数民族並びに在日朝鮮・韓国人その他の在日外国人にとって、それぞれの民族文化、伝統の継承、教育、その人びとが常用する言語による日常生活上の情報・資料の入手は重要である。図書館は、これらの人びとへの有効なサービスを行う。

23. 開館日、開館時間は、地域住民が利用しやすい日時を設定する。

（貸　出）

24. 貸出は、資料提供という図書館の本質的機能を最も素朴に実現したものであり、住民が図書館のはたらきを知り、図書館サービスを享受し得る最も基本的な活動である。したがって図書館は、すべての住民が個人貸出を受けられるように条件を整える。
　　そのために利用手続は簡単で、どのサービス・ポイントでも貸出・返却ができるようにする。貸出方式は、利用者の秘密が守られるものにする。一人に貸出す冊数は、各人が貸出期間内に読み得る範囲で借りられるようにする。
　　貸出には、資料案内と予約業務が不可分のものとして含まれる。

25. 図書館は、一人ひとりの利用者と適切な資料を結びつけるために資料案内を行う。その一環として、フロア・サービスが有効である。

26. 図書館は、住民が求めるどんな資料でも提供する。そのためには、所蔵していない資料も含めて予約に対応できる体制を整える。

27. 求めに応じて、読書グループや文庫などの団体や施設に対して貸出を行う。

（レファレンス・サービス）

28. 図書館は、住民の日常生活上の疑問に答え、調査研究を援助するためにレファレンス・サービスを行う。

第 2 章　図書館サービスの種類

29. 中央館や大きな地域館には、参考資料室を設ける。他のサービス・ポイントもレファレンス・サービスの窓口を開く。
30. レファレンス・サービスは、図書館システム全体で、また相互協力組織を通じてあたるほかに、類縁機関、専門機関と連携して行う。
31. 資料に基づく援助のほか、レファレンス・サービスの制限事項とされることが多い医療・法律相談などや資料提供を越える情報サービスも、専門機関や専門家と連携することによって解決の手がかりを供することができる。

（複　写）

32. 図書館は、資料提供の一環として複写サービスを行う。

（集会・行事）

33. 資料提供の機関である図書館が、住民の自主的な学習活動を援助するために集会機能をもつことの意義は大きい。自由な談話の場、グループ活動の場と、学習を発展させるための設備、用具を提供する。
34. 資料提供の機能の展開として、展示、講座、講演会その他の行事を行う。

（広　報）

35. 図書館の役割を住民に周知するため、館報、広報等によって宣伝するとともに、マスコミ等を通じて住民の理解を深めるよう努める。

する権利を保障することを重視した点が、特徴である。とくに被差別部落の住民（21）、アイヌ等少数民族、在日朝鮮・韓国人その他の在日外国人への有効なサービス（22）をあげたことは、高く評価されよう。

　続いて24から35までが図書館サービスの各論的内容であり、貸出（24から27）、レファレンス・サービス（28から31）、複写（32）、集会・行事（33・34）、広報（35）という構成になっている。

　「公立図書館の任務と目標」は、図書館の一大発展期を背景に、図書館サービスの可能性を押し広げた。1960年代後半以降からの貸出し重視の姿勢を受け継ぎながら、サービスの深化を目指した。

　しかしこうしたサービスは、専門的な知識や技術を持った職員が適正数配置されなければ実現不可能である。「公立図書館の任務と目標」においても、「図書館システム整備のための数値基準」のなかで人口に応じた職員数を掲げるなどしているが、サービスの担い手についての議論と理解が不十分であった。

　右肩上がりの経済成長の時代が終わって、行政改革が叫ばれるようになった。少子化が進行し、自治体財源の先細りも深刻化してきた。こうして図書館そのもののあり方が問い直され、図書館サービスの後退が始まる。

21

5 「望ましい基準」にみる図書館サービスの重点特化

　旧図書館法第18条では、「文部大臣は、図書館の健全な発達を図るために、公立図書館の設置及び運営上望ましい基準を定め、これを教育委員会に提示するとともに一般公衆に対して示すものとする」と定めていた。ところがこの規定にもかかわらず国は長年「望ましい基準」を示さなかった。国の消極的な図書館政策が図書館の発展を阻んでいた。これも図書館サービス低迷の一因であろう。

　しかし図書館法が施行されて42年目の2001年7月に、「公立図書館の設置及び運営上の望ましい基準」が告示された（以下、2001年版「望ましい基準」）。残念ながらすでに公共図書館の飛躍的発展期は終わり、縮小期に入っていた。そのため2001年版「望ましい基準」は、第3節でみた1972年の「望ましい基準（案）」、あるいは第4節でみた「公立図書館の任務と目標」の図書館サービスに比べて後退感が否めない。

　2001年版「望ましい基準」は、その前年2000年12月、生涯学習審議会社会教育分科審議会計画部会図書館専門委員会がまとめた「公立図書館の設置及び運営上の望ましい基準について（報告）」に基づく（生涯学習局長名で各都道府県教育委員会教育長、公立図書館へ送付）。

　この報告の「Ⅱ これからの公立図書館の在り方」は、「1 図書館利用者の拡大に向けて」「2 豊かな図書館サービスの展開に向けて」「3 今後の課題」から構成されている。報告では図書館が、取り巻く環境の変化への適切な対応という課題に直面する一方で、新たな図書館サービスを展開していく好機を迎えているとし、新たな図書館サービスの例として、次の6項目をあげている[4]。

4）「公立図書館の設置及び運営上の望ましい基準（文部科学省告示第132号）」文部科学省のウェブサイト（http://www.mext.go.jp/a_menu/sports/dokusyo/hourei/cont_001/009.htm）（2018/3/31最終確認）.

第2章　図書館サービスの種類

① 　新しい情報通信技術の活用
② 　国際化への対応
③ 　高齢化への対応
④ 　子どもの読書活動の振興
⑤ 　職業能力開発のための要求への対応
⑥ 　ボランティア活動の推進

　その後2008年6月に図書館法が一部改正され、第18条は削除された。代わっ
て第1章総則に第7条の2が新設され、図書館の健全な発達を図るため図書館
の設置及び運営上望ましい基準を定め公表することを定めた。公立図書館と私
立図書館の両方を対象とする「望ましい基準」を定めることになったのである。
この図書館法改正をふまえ、2001年版「望ましい基準」に代わる新たな「図書
館の設置及び運営上の望ましい基準」が2012年12月文部科学省から告示された
（以下、2012年版「望ましい基準」）。

　2012年版「望ましい基準」は、2001年版「望ましい基準」を基本的に踏襲し
てサービスの集中化を目指しているが、以下のような特色を指摘することがで
きる（表2.4)[5]。

① 　貸出しサービスをサービスの筆頭に掲げ、貸出しが図書館サービスの基
　　本であることをあらためて示した。
② 　一方で情報技術の進歩に応じて「情報サービス」を重視した。
③ 　「地域の課題に対応したサービス」を強調し、サービスの精選化の方向
　　をより鮮明にした。

　2012年版「望ましい基準」は、2001年版と同様に「ボランティア活動等の促

---

5)「図書館の設置及び運営上の望ましい基準（平成24年12月19日文部科学省告示第172号）」文
部科学省のウェブサイト（http://www.mext.go.jp/a_menu/01_l/08052911/1282451.htm）
（2018/3/31最終確認).

表2.4　2012年版「望ましい基準」にみる図書館サービス

第二　公立図書館
一　市町村立図書館
3　図書館サービス
（一）貸出サービス等
　市町村立図書館は、貸出サービスの充実を図るとともに、予約制度や複写サービス等の運用により利用者の多様な資料要求に的確に応えるよう努めるものとする。
（二）情報サービス
　1　市町村立図書館は、インターネット等や商用データベース等の活用にも留意しつつ、利用者の求めに応じ、資料の提供・紹介及び情報の提示等を行うレファレンスサービスの充実・高度化に努めるものとする。
　2　市町村立図書館は、図書館の利用案内、テーマ別の資料案内、資料検索システムの供用等のサービスの充実に努めるものとする。
　3　市町村立図書館は、利用者がインターネット等の利用により外部の情報にアクセスできる環境の提供、利用者の求めに応じ、求める資料・情報にアクセスできる地域内外の機関等を紹介するレフェラルサービスの実施に努めるものとする。
（三）地域の課題に対応したサービス
　市町村立図書館は、利用者及び住民の生活や仕事に関する課題や地域の課題の解決に向けた活動を支援するため、利用者及び住民の要望並びに地域の実情を踏まえ、次に掲げる事項その他のサービスの実施に努めるものとする。
　ア　就職・転職、起業、職業能力開発、日常の仕事等に関する資料及び情報の整備・提供
　イ　子育て、教育、若者の自立支援、健康・医療、福祉、法律・司法手続等に関する資料及び情報の整備・提供
　ウ　地方公共団体の政策決定、行政事務の執行・改善及びこれらに関する理解に必要な資料及び情報の整備・提供
（四）利用者に対応したサービス
　市町村立図書館は、多様な利用者及び住民の利用を促進するため、関係機関・団体と連携を図りながら、次に掲げる事項その他のサービスの充実に努めるものとする。
　ア（児童・青少年に対するサービス）　児童・青少年用図書の整備・提供、児童・青少年の読書活動を促進するための読み聞かせ等の実施、その保護者等を対象とした講座・展示会の実施、学校等の教育施設等との連携
　イ（高齢者に対するサービス）　大活字本、録音資料等の整備・提供、図書館利用の際の介助、図書館資料等の代読サービスの実施
　ウ（障害者に対するサービス）　点字資料、大活字本、録音資料、手話や字幕入りの映像資料等の整備・提供、手話・筆談等によるコミュニケーションの確保、図書館利用の際の介助、図書館資料等の代読サービスの実施
　エ（乳幼児とその保護者に対するサービス）　乳幼児向けの図書及び関連する資料・情報の整備・提供、読み聞かせの支援、講座・展示会の実施、託児サービスの実施
　オ（外国人等に対するサービス）　外国語による利用案内の作成・頒布、外国語資料や各国事情に関する資料の整備・提供
　カ（図書館への来館が困難な者に対するサービス）　宅配サービスの実施
（五）多様な学習機会の提供
　1　市町村立図書館は、利用者及び住民の自主的・自発的な学習活動を支援するため、講座、相談会、資料展示会等を主催し、又は関係行政機関、学校、他の社会教育施設、民間の関係団

体等と共催して多様な学習機会の提供に努めるとともに、学習活動のための施設・設備の供用、資料の提供等を通じ、その活動環境の整備に努めるものとする。

2　市町村立図書館は、利用者及び住民の情報活用能力の向上を支援するため、必要な学習機会の提供に努めるものとする。

（六）ボランティア活動等の促進

1　市町村立図書館は、図書館におけるボランティア活動が、住民等が学習の成果を活用する場であるとともに、図書館サービスの充実にも資するものであることにかんがみ、読み聞かせ、代読サービス等の多様なボランティア活動等の機会や場所を提供するよう努めるものとする。

2　市町村立図書館は、前項の活動への参加を希望する者に対し、当該活動の機会や場所に関する情報の提供や当該活動を円滑に行うための研修等を実施するよう努めるものとする。

（出典）「図書館の設置及び運営上の望ましい基準（平成24年12月19日文部科学省告示第172号）」文部科学省のウェブサイト（http://www.mext.go.jp/a_menu/01_l/08052911/1282451.htm）（2018/3/31最終確認）.

進」を唱える（表2.4）。これは図書館への市民の関心を呼び覚まし、その運営への住民参加を促そうとしたものであろう。同時にサービスの一部をボランティアに委ねることで、人手不足を補い職員の負担軽減を狙ったものでもあろう。

　図書館サービスの充実に「人」は欠かせないが、一面ボランティアの協力なしに十分な図書館のサービスを実施できない現実がある。しかしボランティアへの過度の依存は、図書館職員の専門性の否定や、非常勤化を一層進行させるおそれがある。

第3章	図書館サービスとネットワーク

① 図書館システム

1.1 図書館サービスのネットワーク化

これまでの「図書館」のイメージは、本を借りる、あるいは勉強場所として自学自習する場所というものが支配的であった。このような、「蔵書や資料、データベースを利用できる施設」という図書館のイメージは、しばしば実際に訪問する対象となる単独の施設として完結している図書館像をともなっている。

しかしながら、複数の図書館を設置している自治体や、図書館を設置している自治体が隣接する地域などでは、それらの複数の図書館を何らかの方法により連携させ、実質的にあるいは仮想的にひとつの図書館として機能させる取り組みが行われている。本章では、このような連携をすることにより、個々の図書館で提供しているサービスの総和を越えたサービスを提供するあり方のうち、ある自治体のなかで構成されるものを「図書館システム」、複数の自治体の図書館（それ自体が当該自治体内で図書館システムを構築している場合もある）の間の連携を「図書館ネットワーク」として解説していく。なお「図書館システム」の語は、蔵書管理システムなどコンピュータネットワークを含む情報システムの意味で用いられることがあるが、これらを指す場合は「コンピュータネットワーク」として、区別して表記する。

1.2 図書館システムの歴史

複数の図書館を互いに連携させ、総体として機能させる取り組みは、国内においても早い時期から確認できる。ここでは、大正期における東京市立図書館

第3章　図書館サービスとネットワーク

の取り組みを例に図書館システムを考えてみたい。

1915年当時の東京市は、それまで独立して運営されていた図書館および簡易図書館を、日比谷図書館（現在の千代田区立日比谷図書情報館）を中心とする組織へと改組した。その際、人員組織においても日比谷図書館の「館頭」が各図書館の館務を掌理し、各館には「主任」や「監事」が置かれる体制となっている。このような組織作りが求められた理由として、独立して経営されていた各図書館間の連携が充分ではなかったこととともに、財政状況の悪化にともない組織の合理化を図ることも挙げられている。後者の例として、図書などの購入、配付、目録作成業務が日比谷図書館に集中するといった見直しが行われたようである。

当時の今澤慈海館頭は、「欧州では各地方共皆図書館に一定の系統があって色々な事をやつて居るが其中で最も便利にして実施する価値のあるものは同盟貸出である」「東京市では十八図書館が土地こそ離れて居れ一つの大きな図書館と見做し甲の図書館に有る書籍名は十八箇所にカードを配布し置き丙丁何れの図書館に行つても注文次第其翌日又は二日後位迄に其書物を届けるのである」[1]と述べ、それまではそれぞれの図書館で行われていた活動をひとつにまとめ、「一つの図書館」のように機能させることを構想した。

1.3　図書館システムがもたらす効果

この例に見られるように、図書館システムの構築に際して、①施設間の連携を進めることにより総体としての「図書館」のサービス向上を図るだけではなく、②施設ごとの役割を見直し、場合によっては役割を分担する体制づくりが行われる場合がある。

①の目的として、連携することにより単純に規模が拡大するといった効果も認められるが、総合目録が構築されることで「探している資料がどこにあるのか」といった情報を統一的に扱うことができる効果もある。現在ではOPAC（Online Public Access Catalogue）の発達により、他館が所有する図書館資料を検索することも容易となっているが、歴史的にみれば、例えば冊子体の蔵書目録

1)「図書館系統」『東京朝日新聞』1915年4月17日第6面。

をあらかじめ寄贈・交換などにより各館が所有し、必要に応じて各館の蔵書に目的の資料が含まれているかを確認するといった作業が行われていた。その意味で連携体制を構築することは、より多様な資料を背景としてより適切な資料を利用者に提供する機能を図書館にもたらすといえよう。

　もっとも冊子体の目録による所蔵情報の検索は、その目録が対象とする範囲（採録されている期間、対象となる図書館など）ごとに同じ作業を繰り返すことになるため、総合目録や横断検索といった手段による検索を可能とする取り組みが進められている。それでもなお、現在においても OPAC への遡及入力が終わっていない資料、あるいは OPAC 上での取り扱いが難しい言語で記述された資料などはカード式、あるいは冊子体の目録等で管理されていることがあり、多様な資料を扱ううえで蔵書情報がどのように提供されているかを意識的に確認する意義は失われていない。

　②の例としては、本館と分館に分けた図書館システムにおける役割分担が考えられる。前述の東京市の例にみられるように、購入や整理業務を中心となる図書館が担うことにより、それ以外の図書館は資料の出納業務など利用者サービスを中心とした業務に専念できるメリットがある。

　しかしこのような場合において、分館などが把握しているリクエストを含めた利用者のニーズを、選書などを行う中心館が的確に把握できるようにすることは欠かせない。さもなければ選書にかかわる業務などを行わない図書館は、中心となる館の「お仕着せ」で利用者に向き合うこととなってしまう。また、整理業務を他館に任せるにあたっては、地域資料への排架などその図書館の特色を反映する余地を確保することもサービス向上のうえで有意義である。

1.4　図書館システムの要素

　このような図書館システムを構築するにあたっては、大きく①図書館資料の集中管理の仕組み、②総合目録などの情報を共有する仕組み、③物流の仕組み、といった要素が検討されるべき事項として考えられる。

　①集中管理の仕組みとは、例えば資料の収集や組織化の集中化、貸出しカー

ドなどの共通化、貸出し・返却情報の集中管理などが考えられる。資料収集などの集中化は前述の東京市の例にもみられるが、選書・発注・受入・装備・登録といった業務を特定の図書館（中心的な館が担うことが多いが、規模・立地などの要因によって決まることもある）が担うことにより、他の図書館の業務を簡略化するといった効果が期待されている。

　②総合目録などの情報を共有する仕組みの利点は、以下がある。他の図書館にどのような蔵書があるかを把握するためには、それぞれの蔵書情報を把握する必要がある。加えて複数の館がその資料を所蔵している場合には、所蔵する館で当該資料がどのような状態にあるか（排架中か、貸出中かなど）を把握することができれば、その資料の取り寄せ依頼を行う場合の参考となり、より効果的な（迅速な）取り寄せが可能となるといった効果も期待できる。この派生的効能として、検索して取り寄せることが可能であることを前提に、ある図書館の蔵書について特定分野を手厚くする分担収集などの取り組みも可能となる。

　③物流の仕組みとは、デジタル化された資料でもなければ、図書館資料がモノとしての実体を持つ以上、図書館システムにおいて欠かすことができない要素である。前述の東京市の例でも、ある館が所蔵する図書館資料を別の館に届けることで、利用者が遠方の館に出向かずともその資料を利用できることが示されている。利用者のニーズが拡大した場合、個々の図書館の蔵書ではそのニーズに対応できない事態が予想され、そのような際には購入の他、他の図書館から必要な図書館資料を取り寄せるなどの対処法が考えられる。このような場合、同一自治体などの限定された範囲内であらかじめ共有する仕組みを整えていたならば、他の自治体からの取り寄せに比べて、さまざまな面でメリットが生じる。

② 全域サービスと図書館システム

2.1 全域サービス

前述の東京市の例では複数の図書館を「一つの図書館」のように機能させることが強調されていたが、図書館システムの構築は、利用者が図書館を利用しやすい状況をその地域の全体に広げる（全域サービス）効果もある。

例えば、ある自治体の中心部にのみ図書館がある状況を想定してみると、その自治体の周縁部に暮らす人びとにとって図書館はあるいは「わざわざ出かけていく」対象となってしまい、日常的な利用の場とはなりにくい。このような状況に対し、人々の日常の生活圏、あるいは通勤・通学などの動線に隣接して図書館があるとき、利用者の利便性は向上する。図書館を日常生活のなかに位置付けることを表す際に「買物カゴをさげて図書館へ」とのキャッチコピーが用いられることがあるが、図書館が特別な場ではなくなるような状況を整えることが、より図書館の利用を増加させる効果を生み出すこととなる。

2.2 全域サービスと分館網の構築

1960年代の日野市立図書館の実践は、その後『市民の図書館』（1970年）へとまとめられたが、当時の日野市長だった有山崧は「末端の図書館施設は水道の共同蛇口とみればよいわけで、蛇口をひねれば中央から資料が流れてくる。このようにして末端ではそうたくさん資料がなくても、その背後に全市内の蔵書がひかえているのである」[2]と、本館と分館、移動図書館車（ブック・モビル：以下、BM）などで構成される図書館組織網の意義を表現している。

『市民の図書館』と同じ1970年に、東京都の公立図書館長会議をきっかけに策定された『図書館政策の課題と対策』では、「都民の身近に図書館を」の項目において、市区町村立図書館は700m圏（当面は 1 km 圏）にひとつの図書館

---

2) 有山崧（1965）「市立図書館　その機能とあり方」前川恒雄編（1990）『有山崧』（個人別図書館論選集）日本図書館協会，pp.166-181.

第3章　図書館サービスとネットワーク

施設名
① 中央図書館
② 堀江分館
③ 当代島分館
④ 猫実分館
⑤ 富岡分館
⑥ 美浜分館
⑦ 日の出分館
⑧ 高洲分館
⑨ 新浦安駅前プラザ
　　図書サービスコーナー

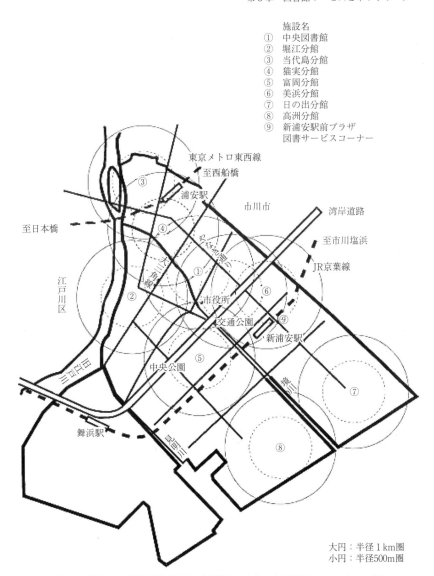

大円：半径1 km圏
小円：半径500m圏

図3.1　浦安市の図書館配置と各図書館を中心とした半径500m、1 kmの円
（出典）浦安市立図書館編（2017）『浦安市立図書館概要（平成29年度）』浦安市立図書館, p.17.

を設置することを目標に掲げていた。『図書館政策の課題と対策』は、その後の社会情勢の変化によりそのまま実現することはなかったが、一定の範囲を単位として図書館を設置し、それらを図書館システムとして機能させる考え方は、さまざまな自治体でみられる。その一例として、千葉県の浦安市立図書館の中央図書館および各分館を中心に半径 1 km の円を描くと、市域の大部分がその範囲に含まれていることがわかる（図3.1）。

2.3　全域サービスとアウトリーチ活動

　人口が密集せずに居住地域が分散するなど自治体の事情によっては図書館施設の設置による全域サービスの実現は困難となる。この場合、BM のサービス・ポイントを地域ごとに設定する、あるいは公民館などの図書館以外の地域の生涯学習の拠点となる施設の図書コーナーなどでの図書館資料の受け取り・返却などを可能にする、さらには蔵書を持たず、貸出し・返却・相談業務の機能だけを持たせたカウンターを街中に設置する、といった対応を行う例もある。

　BM による全域サービスは、1949年に千葉県立中央図書館が運行を開始したひかり号の実践が嚆矢とされる。ひかり号は、まだ図書館を設置する市町村が少なく、また県立図書館の分館設置によるサービス範囲の拡大にも限界があるなかで、千葉県内の広域サービスを実現する目的で開始され、その成果は「優に一中央図書館の経営に匹敵する」[3]とも評された。

　現在でも、BM による全域サービスはさまざまな自治体でみられる。北海道の置戸町立図書館では、BM のサービス・ポイントの設定にあたって利用者の要望を参考にしており、公共施設や事業所などの人が集まる場所だけではなく、個人宅がサービス・ポイントとなっている例もある（図3.2）。また、置戸町立図書館の取り組みのユニークな点として、BM が車庫にあるときは渡り板を使って BM 内の資料を利用者が使うことができる点があげられる。車庫にあっては図書館の一室のように利用され、また BM として遠隔地に赴く運用がなされている。

---

3)千葉県図書館史編纂委員会編（1968）『千葉県図書館史』千葉県立中央図書館，p.143.

第3章　図書館サービスとネットワーク

図3.2　サービス・ポイントに到着した移動図書館車
(出所)　置戸町立図書館より筆者撮影。

　また広島県立図書館では、1962年から1981年まで、当時はまだ船がほぼ唯一の交通手段であった瀬戸内海の島しょ部に対して図書館サービスを提供するため、「文化船　ひまわり」を建造・運航し、BMみのり号とともに全域サービスを提供した。同様に北海道の札幌市立図書館では、街中にカウンターのみを設置し、予約した資料の貸出し、返却、検索などの利用者用端末の利用、利用カードの発行・更新などの業務を実施している（図3.3）。
　これらのBMなどの取り組みはアウトリーチ活動とみなされるが、図書館システムの観点からは、大量の図書館資料を常に用意できるとは限らない「図書館」であるBMなどを通じて他図書館が所蔵する資料を提供するネットワークが構築されているとみることができる。
　前述の浦安市立図書館の各分館は3万〜4万5000冊の収容能力であり、中央図書館に比べると小規模である。しかし2016年度のリクエスト件数のうち、市内図書館の蔵書に対するものが全体で約46万件であり、他の分館などからの取り寄せが頻繁に生じていることがみてとれる。
　『市民の図書館』は「あらゆる人々に図書を貸出し、図書館を市民の身近に

図3.3 街中に設置されたカウンターの例
(出所) 札幌市中央立図書館提供。

置くために、全域へサービス網を張りめぐらすこと」[4]を目標としている。また、その前提となった日野市立図書館の実践も、本館建設以前にBMによって図書館サービスを始め、利用状況に応じて分館の設置につなげる取り組みを進め、本館・分館・BMが有機的に連携することで、図書館サービスを全域に提供していたのである。

2.4 図書館システムと図書館資料の移動

　物流の面から図書館システムを考えると、図書館Aから別の図書館B、さらに別の図書館Cへと資料の移動が発生する可能性がある。また、図書館Bからも図書館A、図書館Cへの資料の移動が発生することとなり、対象となる図書館が増えるにしたがい、搬送ルートは複雑化する。自治体設置の公共図書館の場合はこの物流ネットワークの対象はそれほど多くないが、学校図書館ネットワークなどでは同一自治体が設置するという条件でも対象となる学校数が多く

---

4) 日本図書館協会編（1970）『市民の図書館』日本図書館協会, p.35.

第3章　図書館サービスとネットワーク

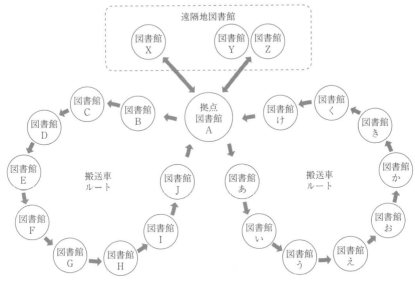

図3.4　ブロック化された図書搬送システム

(出典)「浜松市立図書館間の図書等運搬業務仕様書」(http://www.city.hamamatsu.shizuoka.jp/library_documents/renrakusiyou.pdf)（2018/4/1最終確認）「浜松市図書館のあり方　重点課題」(http://www.city.hamamatsu.shizuoka.jp/gyousei/conference/record/documents/file_00152_07.pdf)（2018/4/1最終確認）を参考に作図。

なる場合があり、全体をひとつの物流ネットワークとして構築すると複雑化の影響を免れない。このような事情から、学校図書館ネットワークなどの構成する図書館の数が多く、規模の大きな物流ネットワークでは、一定の規模以下の局所的なネットワークを構築し、それらのネットワーク同士を結びつけた高次のネットワークをさらに構築する、といった構成がなされることがある（図3.4）。このような構成のネットワークでは、一次的には局所的なネットワークの中での相互貸借・配送を行うこととし、その局所的なネットワークの中では処理しきれない場合に、高次のネットワークを利用して、他の局所的なネットワークに属する図書館との間で相互貸借を行っている。

このような取り組みによって、局所的なネットワークのなかには比較的少ない数の図書館だけが属することとなるため、搬送ルートを簡略化することで搬送の頻度を上げるといった効果が見込まれる。

35

ここで、図書館Aから図書館Jまでの10館で構成されるネットワークがあると仮定する。このネットワーク内の物流を移送車1台でまかなおうとすると、図書館Aから他の9館への物流を送付先ごとに直送するのは現実的ではない。実際は、図書館Aを起点に、図書館B→図書館C→図書館D……といった巡回ルートを設定し、図書館Aから図書館Cに届ける資料は、移送車に載せられたまま図書館Bを経由して図書館Cに届く配送手順が構築される。このような配送ルートの場合、図書館Cから図書館Bへの配送は次の配送機会を待つことになるため、可能であれば図書館Aが所蔵する資料を図書館Bに配送する対応が望ましく、ルートを考慮して効果的な配送を実現するための調整を行う人員を兼務あるいは専任で配置する場合がある。

③　図書館間相互貸借と図書館ネットワーク

3.1　図書館間相互貸借

　前節までは、同一自治体など比較的背景が揃った図書館を連携させることで「ひとつの図書館」のように機能させる取り組みを取り上げてきた。しかし図書館利用者が希望する資料がその図書館システム内に無い場合、都道府県立図書館と市区町村立図書館のように、あるいは公共図書館と学校図書館・大学図書館のように、設置者や設置の趣旨を異にする図書館間が連携することで、より多様な資料を利用者に提供できる可能性が高まる。

　このような仕組みとして、図書館間相互貸借（Inter Library Loan：ILL）がある。これは当該図書館が所蔵していない、あるいは将来的に所蔵する見込みがない図書館資料について、利用者の求めに応じて他の図書館から現物を借り受ける、あるいは複写を取り寄せることによって提供するサービスのことである。

　図書館法では第3条において図書館が実施に努めなければならない事項として、「他の図書館、国立国会図書館、地方公共団体の議会に附置する図書室及び学校に附属する図書館又は図書室と緊密に連絡し、協力し、図書館資料の相互貸借を行うこと」を掲げている。また第8条において都道府県の教育委員会

第3章　図書館サービスとネットワーク

が市区町村の教育委員会に対し「総合目録の作製、貸出文庫の巡回、図書館資料の相互貸借等に関して協力を求めることができる」と規定している。国立国会図書館法でも、第21条において「国立国会図書館の図書館奉仕は、直接に又は公立その他の図書館を経由して、(中略)日本国民がこれを最大限に享受することができるようにしなければならない」と定めており、図書館間相互貸借によって、図書館はより多くの利用者のニーズに応えることができるようになる。

3.2　図書館間相互貸借を実現する図書館ネットワーク

　図書館間相互貸借は、個別的には利用者のニーズに応じてそのつど行われる作業といえるが、ある程度恒常的に図書館間相互貸借が発生することを見込んで、あらかじめ特定の図書館との間に連携体制を構築する場合がある。このような連携は、それぞれの図書館の独自性（設置者や設置の趣旨などを背景として設定されるその図書館のミッションなど）を維持しつつ、互恵的な関係を築くことが望ましい。

　それぞれ独自性を持つ図書館が連携するにあたっては、まず各図書館が所蔵する図書館資料（さらにはその利用状況）を相互に検索できる仕組みが重要となる。これに付随して、日常的連携を想定するには物流の仕組みも重要である。

　相互検索に関しては、それぞれの図書館が OPAC の整備を進めていて、横断検索のようにそれぞれの OPAC をそのつど検索してその結果をひとつの画面上で提供する仕組みを導入する場合もあるが、あらかじめ各館の蔵書情報を共有し、総合目録を構築する場合もある。学校図書館など、主たる利用者に対するサービスとして OPAC までは求められず、また情報漏洩などを防ぐために蔵書管理システム自体をインターネットに接続することが困難な図書館にあっては、情報システムを構築する際にスタンドアロン、あるいは校内ネットワーク、業務ネットワーク内でのみ利用できる蔵書管理システムが構築される。このような図書館については、外部からその図書館蔵書の情報を得ることはできなくなるため、総合目録などにより蔵書情報だけを共有しておき、利用状況はそのつど問い合わせるといった運用がなされる。一部には貸出し状況をその

37

システムが置かれたコンピュータネットワークを越えて定期的に共有し、相互貸借を行うにあたって参考となる情報を提供しようとする取り組みもある。

　都道府県を越えた広域の相互貸借のための取り組みの例として、関東甲信越静地区の1都10県（茨城県、栃木県、群馬県、埼玉県、千葉県、東京都、神奈川県、新潟県、山梨県、長野県、静岡県）の公共図書館が組織する関東地区公共図書館協議会が1993年に締結した「関東甲信越静地区都県立図書館間資料相互貸借協定」があり、相互貸借を円滑に進める取り組みがなされている。1999年には全国公共図書館協議会が、全国7つの地区協議会（北日本、関東、東海・北陸、近畿、中国、四国、九州）を越えた図書館間の相互貸借を円滑に進める目的で「公共図書館間資料相互貸借指針」を策定している。

　また、三重県内の公共図書館、大学図書館等とともに愛知県、岐阜県、富山県の公共図書館を対象に「県・市町立図書館及び大学図書館間の自由な相互検索と資料相互貸借により、館種や地域を越えた図書館サービスの展開を目指し」て[5]総合目録の作成や予約サービスを提供する「三重県図書館情報ネットワーク」（MILAI）のような広域の取り組みもある。

　これらの取り組みとは別に、増え続ける蔵書への対応として図書館が連携して「共同の書庫」に相当する仕組み（デポジットライブラリーなど）を構築しようとする例、あるいは「一次資料の収集・提供機能の充実」[6]を図る目的で、ネットワークによる共同利用を前提として設置される「外国雑誌センター館」のような取り組みもある。

　日常的な相互貸借を想定する場合、図書館システムと同様に物流の仕組みをどのように整えるかも課題であり、都道府県立図書館と市区町村立図書館の連携の場合など、定期的に配送車を運行する例もある。また、同じ自治体が設置する公共図書館と学校図書館のように、異館種で構築される図書館ネットワーク（図3.5）では、当該自治体の文書流通システムなどが流用されることもある。

---

5) 三重県立図書館（2017）『図書館概要　平成29年度』三重県立図書館, p.12.（http://www.library.pref.mie.lg.jp/?action=common_download_main&upload_id=3217）(2018/3/29最終確認).
6) 外国雑誌センター館のウェブサイト「外国雑誌センター館について」(http://www.janul.jp/ncop/docs/center.html)（2018/3/27最終確認).

第3章　図書館サービスとネットワーク

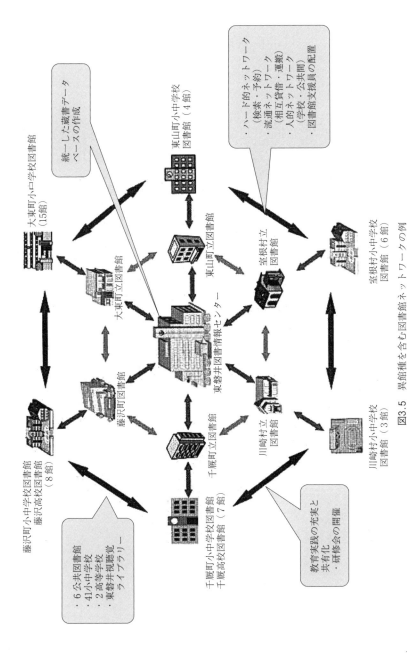

図3.5　異館種を含む図書館ネットワークの例

(出典) 東磐井地域教育事務協議会 (2004)「東磐井を読書の里に　東磐井図書館ネットワーク事業平成16年度報告書」p.4 を参考に作図。

4 広域利用制度

4.1 広域利用制度

　一部の例外があるものの、多くの公立図書館では貸出しサービスなどを利用できる対象者を、当該自治体の住民もしくは当該自治体内の企業・学校などに通勤・通学する者に限定している。これは公立図書館がその設置目的において当該自治体の住民へのサービス提供を求められていることに由来する。

　しかし複数の自治体間で協定を結ぶことにより、自治体Aの住民が、勤務先や通学先とは無関係に自治体Bの図書館を利用できるようにする場合がある。

4.2 広域利用制度の端緒と現在

　1977年に策定された「第三次全国総合開発計画」では、「都市、農山漁村を一体として、山地、平野部、海の広がりを持つ」定住圏を単位として生活圏の整備を図ることが提言された。全国は200〜300の定住圏で構成されるとしたこの提言では、図書館を含む文化施設などさまざまなサービスはこの定住圏単位での整備が想定されている。このような従来の自治体を越えた広い範囲をカバーする住民サービスの提供手法として、自治体間の協議による広域行政圏が各地で作られ、利用者が相互に乗り入れる図書館同士のネットワークの構築も着目された。これと同様に、図書館未設置自治体の住民に対しても既存の図書館を利用できるように開放する域外貸出しも行われるようになった。

　2018年時点でも「圏域ごとに『集約とネットワーク』の考えに基づき」「（中心市と近隣市町村が）互いに連携・協力することにより、圏域全体の活性化を図」り[7]、圏域全体として必要な生活機能などを確保しようとする定住自立圏構想が総務省によって進められており、そのなかで図書館のネットワーク化による広域利用制度の拡充が各地で取り組まれている。

---

7)総務省（2017）「定住自立圏構想推進要綱」(http://www.soumu.go.jp/main_sosiki/kenkyu/teizyu/)（2018/3/27最終確認).

第4章	閲覧サービス

1 閲覧とは

1.1 2つのステップ

　閲覧（in-library use）とは、図書館内で図書館資料を利用することである。これは①どのように資料にアクセスするかというプロセスと、②手に入れた資料を館内でどのように利用するかというプロセスの二つのステップからなる。よってこの章では、利用者が資料にアクセスする方式について説明し、その後資料の利用自体や閲覧スペースの環境について言及する。また、その他に閲覧で問題となる点を取り上げる。

　現在図書館での主要なサービスといえば貸出しだが、貸出しが一般化する以前の主要なサービスは閲覧であった。日本の公共図書館において、1960年代頃までは閲覧が主要なサービスであり、『中小都市における公共図書館の運営』（以下、『中小レポート』）や『市民の図書館』の登場とともに貸出しサービス中心の図書館が発展し、館内での利用である閲覧は相対的に重要視されなくなっていった。しかしレファレンスサービスの充実や地域の情報拠点として図書館が認識されるなかで、閲覧のための利用環境の整備の必要性が増している。また大学図書館においては、学生や教職員の研究や学習を重視する観点から、従来から閲覧が重要視されてきた。そして国立国会図書館や東京都立図書館など一般への貸出しを行っていない一部の図書館でも閲覧が重視されている。

　では閲覧業務の全体像とはどのようなものだろうか。閲覧業務を円滑に行うためには、利用者の使いやすい館内施設や設備を整備し資料の効果的な排架を行い、明快な検索システムを導入する必要がある。また、資料の書架への返却

41

や閉架資料の場合は出納業務、館内における資料利用の管理などの活動を行う必要がある。このように、閲覧をスムーズに行うためにはさまざまな準備が必要になる。よってこの章では、利用者の主体的行為である「閲覧」だけではなく、図書館側のそれに対する支援行為の両方を含めて取り上げる。

1.2 閲覧スペース

先にも述べたが、閲覧は「図書館内での図書館資料の利用」のことを指しており、サービスとしての閲覧は貸出しの前段階として行われるものと、閲覧自体が主となるものがある。現在の図書館においては、資料提供サービスの中心は貸出しサービスである。そのため閲覧は貸出しへ繋げるためのサービスと認識される面が強く、閲覧室などの閲覧スペースを単独で設置する図書館は多くない。貸出しをサービスの中心に考えると、利用者が資料を図書館内で長時間利用することを想定しなくてよいため、必ずしも広い閲覧スペースは必要ではない。そのためとくに公共図書館では閲覧スペースを単独で設置するよりも、他のスペースに付置することが多い。貸出し用の資料を排架した書架の周辺に、閲覧スペースが設けられているというのが最も典型的な設置方法である。他にも、レファレンスルームやレファレンスコーナーに付随して閲覧スペースが設置されたり、児童室に付随して設置されたりする。

しかし貸出しに供されない資料もあるため、そういった資料については閲覧がメインのサービスとなる。①レファレンス資料は通読せず調べものなど調査に利用することが主となるため、貸出しを行っていない。レファレンス資料の利用には資料を広げることができる専用の机などが必要となる。また排架にも低書架を用いるなど、一定の配慮が求められる。②雑誌・新聞については、とくに製本前のものは閲覧のみの場合が多い。雑誌や新聞はその全体を利用するのではなく、そのなかの個別の記事を利用するということを前提としている。そのためこのような利用形態をとることが多い。図書館では新聞・雑誌コーナーを設置しているところがほとんどである。③貴重書は文字どおり貴重なため、貸出しに供されない場合が多い。加えて閲覧についても研究者など一部の

第4章　閲覧サービス

人に限定していることもある。そこで近年では貴重書の閲覧に、デジタル化により対応している図書館も増えてきている。これらの資料を利用するには閲覧サービスが不可欠であり、そのためにも閲覧スペースの整備は欠かせない。

　上にあげたように閲覧とは館内での資料利用だが、利用者によりその利用方法はさまざまである。そこで図書館ではそれぞれの利用方法に対応した形でのスペースの整備を行わなければならない。例えば調査研究のために図書館を活用する利用者に向けては、多くの資料を広げるためのスペースが必要となる。しかし1冊の本を館内で通読したい利用者にとっては、広い机のスペースは必要なく、居心地のいいソファなどの快適さが求められる。このように利用者に応じた閲覧スペースの整備が必要となる。また近年では図書館でも印刷媒体だけでなく、視聴覚メディアや電子メディアの閲覧も多くなってきている。そのため視聴覚メディア専用の閲覧スペースの整備なども必要となる。視聴覚メディアや電子メディアについては、第4項で詳しく取りあげる。ほかにもスムーズに閲覧できるようにするためには、利用者が効率的に所蔵資料にアクセスできる必要がある。具体的には施設や設備を工夫し、資料を効果的に排架し、わかりやすい検索システムを導入するなどしなければならない。また書架整理によって排列の乱れを定期的に直し、不要な資料を除架する必要もある。

② 利用者の資料へのアクセス方法

　では利用者が図書館内の資料へアクセスするための排架方式にはどのようなものがあるのだろうか。大別すると、排架方式には開架式と閉架式が存在する。開架式とは、利用者が直接書架にアクセスして資料を持ち出すことができる方式である。より詳しくは、安全開架式と自由開架式に分けることができる。安全開架式は、排架スペースと閲覧スペースが分離しており、利用者が排架スペースから資料を持ち出すときに一定の手続きを必要とする方式である。現在の図書館ではほとんど見られなくなっている方式である。自由開架式は、利用者が自由に排架スペースにアクセスし、かつ手続をすることなく排架スペース

43

から資料を閲覧スペースに持ち出すことのできる方式である[1]。現在、大半の図書館で、開架式といえば自由開架式を指す。

　開架式の特徴は利用者が自分で資料を手に取ることができるため、求める資料を探しやすく、図書館側としても手間がかからない点にある。加えて決まった資料を利用するためではなく、目的もなく図書館に来た利用者が偶然興味のある資料を見つけること（セレンディピティ）も期待できる。しかし、管理面ではデメリットが多い。不特定多数の利用者の手に触れるため、資料の破損・紛失などの可能性が高くなる。また排列が乱れやすく、空調なども利用者に合わせなければならないため、必ずしも資料にとって良い環境とはいえない。加えて、利用者を優先していることもあり資料の収容能力は閉架式に比べると低くなる。資料の紛失に対しては、ブックディテクションシステム（book detection system：BDS）の導入などによって対策を講ずる必要もある。BDSとは磁気を利用した盗難防止システムで、資料に磁気テープやICタグを付けておき、利用者が外部に資料を無断で持ち出そうとすると出口で警報が鳴るシステムである。日本では1970年代から主に大学図書館で導入が進んだが、現在では公共図書館でも普及している。

　次に閉架式とは、利用者が直接書架から資料を取り出すことができない方式を指す。資料は書庫に収納されており、利用者が資料を利用するには、必要な資料をカウンターの職員に伝え、職員が書庫から取り出すという手続きが必要となる。資料の紛失が少なく、書架の排列も乱れにくい。また利用者の存在を考慮しなくてもよいため、開架式に比べて多くの資料を収納することができ、環境的にも資料にとって好ましい。このように資料の保存や管理においては一定のメリットがある方式だが、利用面ではデメリットが目立つ。例えば出納業務に職員の人手がかかり、利用者にとっては自分で資料を確認できないため、必要な資料を手に入れるのに手間がかかってしまう。出納業務については、自動書庫を導入し労力を節約している図書館もある[2]。また、閉架式ではブラウ

1）書架と閲覧スペースが分離せずに一続きの場合が多い。
2）自動書庫とは、専用の閉架書庫から資料を機械的に自動で出納するシステムのこと。

第4章 閲覧サービス

ジング[3]ができないため、セレンディピティも発揮することができない。歴史的には閉架式を採用する図書館が多かったが、1960年代以降は利用に重きを置くようになったため減少し、現在ではほとんどの図書館が開架式となっている。

しかし、現在の図書館も完全に開架式だけを採用しているわけではなく、開架と閉架の併用が基本となっている。よく利用される資料については開架書架に排架し、あまり利用されなくなった資料や貴重書はそれとは別に書庫に収納する。この場合、閉架書庫にも利用者が入ることができるものなど多様な形式が存在している。このような方式を部分開架式というが、注意すべき点は開架資料と閉架資料の区別を明確にして利用者にわかりやすくすること、開架資料の更新を定期的に行うことなどである。

また、書架上への排架方法にも両者にはそれぞれ特徴がある。開架式では利用者が自分で資料を探しやすいように主題による分類順の排架を基本としている。それに対して閉架式の場合には、収納効率を考慮し文字の音順に並べる音順排列や受け入れた順番に並べる受入順排列が採用されることが多い。

③ 閲覧の利用形態とスペース活用

閲覧に必要な施設・設備について考えると、まず閲覧室または閲覧スペースの設置がある。そして閲覧スペースには家具の設置が必要になる。家具については、椅子だけの場合と机と椅子を置く場合がある。家具はスペースによってさまざまなものが選択される。例えばブラウジングスペースなどではリラックスできるソファなど、レファレンスルームなどでは調べものができるように資料が広げられる大きめの机などである。またキャレルと呼ばれる個人用のデスクを設置する場合もある。落ち着いて読書や調べものをするのに用いられるが、おもに大学図書館や専門図書館、都道府県立図書館などで設置されている。そ

---

3)明確な検索戦略を持たないまま、偶然の発見を期待して漫然と情報を探すことで、図書館では書架上で図書の背表紙を気の向くままにながめ読みしたり、特定の目的を持たずに新聞や雑誌を手に取って中身を拾い読みしたりする行為。

45

れ以外のスペースとして新聞・雑誌スペースや視聴覚メディアのスペース、とくに大学図書館などでは共同学習室、グループ学習室なども設置されることが多い。では利用形態別にどのような閲覧のあり方が想定できるか、そこに必要な設備はどのようなものか考えてみる。

　まず考えられるのがブラウジングする利用者である。ブラウジングは書架やその近辺で行われるため、開架書架やその近くに閲覧のためのスペースを設ける必要がある。長時間の滞在を想定するわけではないため、手軽な椅子やソファを設置する。ブラウジングは借りる本を選ぶために行われることも多いため、貸出しにつながる行為でもある。

　図書館内で調査研究を行う利用者も閲覧サービスの対象となる。調査研究で想定される利用形態は、多数の資料を広げて調べものをするという形である。そのため広いテーブルや個人用の机、なかには個室などを用意している図書館もある。書架自体も低書架を用い、その上で資料を広げられるよう配慮している場合が多い。また近年では図書館へPCを持ち込む利用者も増加しているため、電源や無線LANを設置することも多くなっている。その他には地図を見るための専用台の用意やマイクロリーダーの設置、コピーのための複写機の設置も要求される。実際の図書館ではレファレンスコーナーなどがこのようなニーズを満たすスペースとして用意されている場合が多く、閲覧サービスではなくレファレンスサービスの一環とみなされている。

　丸ごと1冊の本を館内で通読するような利用方法は公共図書館ではあまり重視されていない。通読する場合は資料を貸出して、家など図書館以外の場所で読むことを想定しているためである。そのためこれまで館内で読書するための施設や設備は公共図書館ではあまり充実していなかった。しかし実際にはレクリエーションのためなど館内で読書する利用者も一定数存在する。また、近年では滞在型の図書館という考え方も浸透してきている。そのため落ち着いて読書できる環境を整えることも求められている。ほかにも、公共図書館では新聞・雑誌などを読む利用者も多い。そのため多くの公共図書館では新聞・雑誌コーナーを設置し、それらの利用者に対応している。とくに多くの図書館でこ

第4章　閲覧サービス

れらの資料の貸出しを行っていないことからも専用のスペースを設ける場合が
多い。

　公共図書館では、読み聞かせやブックトーク、お話し会などさまざまな児童
サービスが行われている。これらのサービスのために専用のスペースを設ける
場合もあるが、普段はこれらのスペースを閲覧スペースとして開放している場
合が多い。また児童が館内で資料を利用するには、子ども向けの椅子や机の設
置も成人用とは別に必要になる。子どもは思いがけない使い方をすることもあ
るため、とくに安全性への配慮が重要になる。なかには、子どもが自由に読書
できるようにカーペットや畳のスペースを設けている図書館もある。次に高齢
者や障害者へのサービスを考えると、図書館のバリアフリー化も重要になる。
加えて視覚障害者のための対面朗読室などを設置している図書館もあるが、こ
れも閲覧スペースの一種といえるだろう。

　大学図書館は学生や教職員の館内での研究や学習のために設置されている面
が強い。そのため公共図書館よりも閲覧のための環境が行き届いている場合が
多く、館内の閲覧室や閲覧スペースが充実している。このことは大学設置基準
における記載からも読み取ることができる[4]。また近年では学生が快適に学習
する環境としてラーニングコモンズの設置も広がっている。ラーニングコモン
ズは学生への学習支援を目的に2000年代以降に多くの大学図書館で設置が進ん
だ。自習やグループ学習のために可動式の家具が設置され、情報機器が整えら
れた施設である。また、ラーニングコモンズには図書館員や学生がスタッフと
して常駐し利用者に援助する人的サービスも含まれている。そのため従来の閲
覧サービスに収まらない面もあるが、今後の図書館サービスのあり方として注
目されている。

---

[4]「大学設置基準　第38条」4　図書館には、大学の教育研究を促進できるような適当な規模
の閲覧室、レファレンス・ルーム、整理室、書庫等を備えるものとする。5　前項の閲覧室に
は、学生の学習及び教員の教育研究のために十分な数の座席を備えるものとする。

④ 閲覧におけるさまざまな問題

　この章の最後として、閲覧に関わる問題をいくつかあげていく。はじめに館内での飲食について取り上げる。図書館では、館内で飲食を希望する利用者が多数いる。しかし資料が汚れるなどの理由から全面的に禁止されている場合が多い。そこでペットボトルなど蓋のついた飲み物だけを認めたり、資料を持ち出せない場所に飲食用のスペースを設けるなど、場所を限定して飲食ができるようにするなどの工夫がなされている。ところが近年では図書館に長時間滞在する利用者が増加しており、レストランやカフェなど飲食スペースを併設し、館内で資料を読みながら飲食できる図書館も徐々に現れている。

　館内での問題として騒音についてもよく取り上げられる。通例図書館では静けさを保つことが重視されるが、すべてのスペースで完全に音をなくすことはできない。児童室やPCを使うスペース、共同学習室などある程度の音が許容されるスペースも存在する。よってすべてのスペースで音を出さないようにするのではなく、音を出さない場所と、ある程度出してよい場所のゾーニングが求められる。大学図書館などで顕著だが、集中して学習するエリアなどを完全静粛スペースとして場所を区切っている場合もある。

　閲覧とは厳密には図書館が提供する資料を館内で利用するサービスである。しかし、利用者が自身で持ち込んだ資料を図書館のスペースを使って利用するケースもある。これは「席借り（席貸し）」と呼ばれ、以前から公共図書館において問題になってきた[5]。とくにテスト勉強などでの学生の席借りが議論になることが多い。『中小レポート』や『市民の図書館』では学生の席借りに否定的な意見が述べられており、現在の公共図書館でも禁止している場合がある。しかし実際には、席借りを認めている図書館も増加しているといわれる。認めるにしても、黙認する場合もあればむしろ学生の席借りを奨励している場合も

---

5) 学校教育のための施設である学校図書館や大学図書館では自習は認められており、席借りは問題にならない。

第4章　閲覧サービス

ある。ほかにも対策として、別に学習室を設け自習はそこで行うようにさせたり、社会人優先の席を設けたりもしている。近年新たに設置される図書館では、滞在型のコンセプトを掲げることも多く、今後は席借りもより認められる方向に向かうと考えられる。

　情報メディアの進化とともに、印刷メディア以外のメディアを図書館でも扱うことが求められている。そこで、印刷メディア以外の館内での利用についても考えてみたい。まず、視聴覚メディアについては再生機器などが必要となるため、独立のコーナーを設けることが基本となる。貸出しを行わず、館内での利用にとどめている図書館もあり、その場合は専用ブースでの視聴となる。カウンターでの利用手続きを行うことが一般的で、一回の利用時間も30分や1時間に限定されることが多い。これは再生機器が必要なため、順番待ちが出る可能性があることなども影響している。

　CDやビデオなどのメディアではケースだけを排架し本体は閉架書庫に収納してある場合と、本体もケースに入れて排架している場合がある。また歌詞カード等の備品の取り扱いにも注意が必要になる。このように印刷メディアと比べると図書館員にとって作業が広範囲にわたり負担の大きいメディアといえる。

　近年では視聴覚メディアに加えて、電子メディアも提供されている。CD-ROMやDVD-ROMなどのパッケージ系のメディアだけでなく、ウェブページやデータベースなどインターネット経由で提供されるネットワーク系のメディアを活用できる図書館も増加している。パッケージ系のものの利用は視聴覚メディアと同様の方法がとられる場合が多いが、すでにソフトがセットされた専用端末が準備されている場合もある。どちらにしても利用方法を掲示するなど、わかりやすい提供が求められる。また、うまく活用できない利用者も存在するため図書館員の援助が重要となる。図書館員としては、使い方をしっかりと理解しておく必要がある。加えて古い機器になると故障の際に問題が起こる。そういったリスクへの対処も考えねばならない。

　ネットワーク系のものでは、まずウェブページの閲覧が考えられる。多くの

49

公共図書館ではインターネットにつながった PC が設置されており、受付けで申請し30分や1時間の時間制限付きで利用するという方法がとられている。注意すべき点として、ウェブページは図書館の所蔵資料ではないため、画面のプリントアウトができないことが挙げられる。また USB メモリなどへのデータの保存やオンラインゲームやオークション、ネットショッピングなどへの利用も禁止している場合が多い。このように図書館でのウェブページの閲覧は、調べものに限られることが多い。次にオンラインデータベースの提供については、ジャパンナレッジのような辞書・事典コンテンツや新聞記事データベースの提供が中心である。しかし都道府県立図書館を中心に大規模な図書館では、より専門的なデータベースを提供していることもある。

　最後にインターネットを利用した閲覧サービスとして、国立国会図書館が2014年から開始した「図書館向けデジタル化資料送信サービス」を取り上げる。このサービスは、これまで国立国会図書館内でしか利用できなかった国立国会図書館がデジタル化した資料を、登録した公共図書館や大学図書館等の館内で閲覧・複写することができるようにするサービスである。利用できるものは、デジタル化した資料のうち、絶版等の理由で入手困難な資料で、2017年7月時点で約148万点が利用できる。このように印刷メディア以外の閲覧はますます広がりを見せている。

第 4 章　閲覧サービス

─■□コラム□■──

サービスとしての排架とサイン

　図書館の資料を書棚に並べるとき、どのようなルールに則って排架しているのだろうか。わが国では、資料を分類する「日本十進分類法」（以下、NDC）の分類番号順に排架していくのが一般的だ。しかし NDC はさまざまな事象を学術的な概念で分類しているため、一般的な探索行動、つまり NDC の分類構造を理解していない一般の方々には、必ずしも探しやすい排架方法とはいえない。

　例えば花について知りたいとき、花の名前を知りたい発想であれば、植物学の470という分類番号の棚を探すことになる。しかし花の育て方を知りたいとなれば、園芸のなかの花卉園芸、627の棚を探すことになる。お気づきだろうが、書店であれば、これらの書籍は同じ本棚か接近した書棚に陳列されている場合が多いだろう。他にもマスコミについて書かれた本を探す場合には、070がジャーナリズムや新聞を主題とした分類を指すし、361.45は、社会学のなかのマスコミュニケーションについて著された資料に付与される分類番号になる。さらに699.63は、テレビやラジオにおける報道番組について書かれた資料に与えられる分類である。コンピュータについての資料といえば、一般には情報科学として007.6という分類が与えられるが、インターネットとなれば547.48となる。

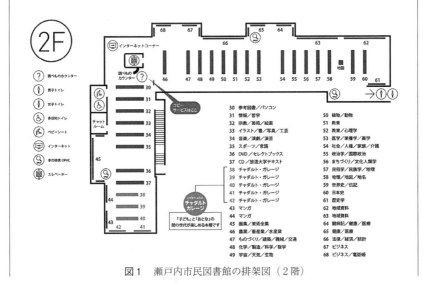

図1　瀬戸内市民図書館の排架図（2階）

51

このようにNDCに準拠した排架方法を採用すると、類似する概念の資料でも、その資料の記述内容による主題の観点によって、与えられる分類番号が異なり、排架場所が分散してしまうことになる。図書館では、資料を求める利用者に適切な案内をして「本と人を結びつける」という専門性を発揮するのであるが、利用者が自分で探せるわかりやすい排架がされていれば、より親切な図書館といえるだろう。つまり一般利用者にとってわかりやすい排架方法はどのようにあるべきかを、その土地の事情も考慮して検討し作り上げることも、司書の専門性として重要な要素なのだ。

図2　サインの工夫

　同様に、排架されている資料群がどのような主題であるかを利用者に案内する仕事にサインがある。書架の側板に大まかな主題名を、また書棚の連ごとに「連見出し」という少し細分化した主題名を、そしてさらに細分化した主題語を「差し込みサイン」といわれるパーツを使って施す。通常こうした主題語は、NDCの「相関索引」と呼ばれる検索語や、『基本件名標目表』の件名が採用される。しかしこれらの言葉は、やや堅苦しい印象を拭えない。そこで「サービスとしてのサイン」という発想で、排架されている資料と利用者の距離を縮める工夫が開発されている。

　例えば368.2は「貧困」という主題であるが、ここに「見える貧困・見えない貧困」というサインがあると、可視化されない貧困とはどのような事象なのかという関心が沸く。596.4には「弁当」という主題もあるが、「愛情たっぷりお弁当」というサインがあれば、楽しくお弁当づくりができそうだ（図2）。

　排架とサインは、いずれも図書館資料と利用者を結び付けるうえで大切な仕事である。

　なお図書館の排架とサインの工夫については、中川卓美『サインはもっと自由につくる：人と棚をつなげるツール』（日本図書館協会）にくわしく解説されているので参考にしてほしい。

(嶋田　学)

<table>
<tr><td>第5章</td><td>貸出しサービス</td></tr>
</table>

1 貸出しサービス

1.1 貸出しとは

　今日、ほとんどの人にとって図書館サービスとは「貸出し」のことである。これは図書館資料を何らかの形で館外に持ち出し、ある期間その利用者に独占的に利用させるサービスの形態である。

　図書館の機能である利用者の求める資料を提供するということを実現するためには、いくつか方法があり、「貸出し」はあくまでもそのひとつである。しかし間違いなく最も使いやすく、役に立ち、わかりやすい方法である。はじめての図書館の経験は、近所の児童図書館で絵本を借りたことだという人は多いだろう。子どもから高齢者まで、これほど図書館の便利さを実感できるサービスは他にない。市民の身近にある、市町村立図書館などの第一線の公共図書館においては「貸出し」は基本的サービスといわれる。

　常識的に考えて、図書館の閲覧室で読書に専念するような時間をほとんどの人は持っていない。読書はそれぞれの生活時間の合間をぬって、ある時は通勤途中に、ある時は眠る前のひとときに行われるものである。図書という形にはそのような利用の仕方に適した利便性があり、それを最大限に活用したのが「貸出し」なのである。

　だが「貸出し」というサービスを、単に「カウンターでバーコードをピッとやるあの作業」ととらえるところに誤解が生じる。本章で扱う「貸出し」とは、単なる作業ではない。

　「貸出し」が公共図書館の基本的サービスといわれることの意味は、「貸出

し」を可能にするようなさまざまなしかけ、すなわち蔵書・建築・制度を含むあらゆる条件と、さらには図書館自身の態度を含んでいる。これらすべてを合わせた「貸出し」というシステムを重視し普及させてきたのが、日本の公共図書館のこの50年ほどの歩みであった。

なお「貸出し」には、個人を対象とする「個人貸出し」と、学校・サークルなど一定の団体を対象とする「団体貸出し」とがあるが、本章ではとくに「個人貸出し」について述べ、「団体貸出し」についてはそれぞれのサービスの項で触れることとする。

1.2 貸出しの歴史

アメリカの初期の会員制図書館が、蔵書を会員相互でシェアし読みまわすことから始まったように、「貸出し」というサービスの形態自体はごく古い起源をもつ。わが国においても、江戸時代を通じて貸本屋は庶民の読書を支える重要な役割を担ってきた。図書を利用するうえでの「貸出し」という方法は古くから行われてきたのである。

しかし一方で、わが国の近代以来の図書館の現場では館内閲覧が重視され、貸出しサービスは必ずしも重要視されてこなかった。この流れを変えたのが1963年の報告書『中小都市における公共図書館の運営』（以下、『中小レポート』）である。

より大きくて立派な図書館がよりよい図書館であるというのが、それまでの常識であった。この通念に抗して、市民の身近にある中小図書館こそが第一線の基本的な図書館であると高らかに宣言したこの報告書は、「資料提供」こそが図書館の機能であると規定し、貸出しをその重要な方法と位置付けた。

この報告書を受け、そこに示された理念を実行に移したのが、執筆者のひとり、前川恒雄による日野市立図書館における実践である。前川は、建物を持たない移動図書館からサービスを開始した。「図書館は何よりもまず本を使ってもらい借りてもらう機関である。このことを日野市民にわかってもらうために（中略）そのために、図書館の最も根本の部分だけを取り出して、市民の前で

やってみせなければ、どうにもならなかったのである」[1]。そしてそれは、高い利用率という市民の支持を得た。

これらの実践を受けて前川が執筆したマニュアルともいうべき1970年の『市民の図書館』においては、「貸出し」「児童サービス」「全域サービス」の3点を、市立図書館の当面の最重要任務と絞り込んだ。予算も人員も不十分ななかで、公共図書館が市民の支持を得て発展するためには、これらに力をそそぐことがまず必要だと示したのである。

これらが公共図書館の普及と充実に及ぼした影響は大きかった。今日当たり前のようになっている「貸出し」サービスは、このような運動があって、初めて定着してきたものである。

「貸出し」サービスの普及とあいまって、図書館の利用は増大し、図書館自体の整備は大きく進んだ。図書館数は1963年の642館が2017年には3331館に、貸出し冊数に至っては600万余から6億6000万冊にまで増加している[2]。この背景には、明確な意思をもって戦略的に行動した先人の努力があったことを忘れてはならない。

1.3　貸出しへの批判

しかし「貸出し」が、公共図書館のサービスとしてあまりにも強烈に印象付けられたことは、さまざまな批判を呼び起こすことにもなった。40年前には考えられなかったほどに、公共図書館が普及し市民の生活に浸透してきたことで、改めてその意味が問われることになったのである。典型的なものが、2000年の「図書館は無料貸本屋か」という雑誌記事に始まる、いわゆる「無料貸本屋論争」である。利用者の求める資料を提供するという図書館の姿勢が、ベストセラーに偏って蔵書の質を無視した「貸出し至上主義」に陥っていると批判されたのである。

---

1) 前川恒雄（1987）『われらの図書館』筑摩書房, p.16.
2) 数値根拠は社会教育調査による（https://www.e-stat.go.jp/stat-search/files?page= 1 &toukei=00400004&tstat=000001017254）（2018/4/3最終確認）。

「貸出し」はたしかに重要な基本的業務であるが、公共図書館の多様なサービス領域の一つである。予算も人員も不十分だった時代、「貸出し」に力をそそいだことは戦略として正しかったが、今日ではもはや「貸出し」は当たり前の業務として定着した。逆にその当たり前の状況が問題視されるようになってきたのである。

そういう時だからこそ、貸出しがなぜ必要でそれはどのような意味をもっているのか、単に「カウンターでバーコードをピッとやるあの作業」ではないのだという点について認識を深めておくことが必要である。とくに近年、図書館業務の非常勤化・民間委託・指定管理などが進行するなかで、貸出し作業は委託されたり、それでなくとも、司書が直接行う仕事ではないようにすることが広く進行している。これらによって図書館が何を失い、何を得たのかを考えるために、貸出しの意味を再確認する必要があるだろう。

② ひとつの到達点としての「浦安市立図書館」

2.1 市民の図書館

「貸出し」というのが、どういうことを指し、何をもたらすのか、具体的な図書館の活動を通じて見てみよう。

ここで取り上げる千葉県の浦安市立図書館は、1984年に開館し、初めて市民一人当たりの貸出し冊数が10冊を超えた図書館として有名になった。それから30余年、潤沢な予算と充実したスタッフによって、この図書館はわが国の公共図書館の一つのモデルと目されるようになり、たびたびメディアにも取り上げられている。

多彩なサービスを展開している図書館だが、その本質を一言でいえば『市民の図書館』の提唱した3つの柱、すなわち「全域サービス」「児童サービス」「貸出し」をいわばその通りに追求したところにある。この3本柱は相互に絡み合っているが、基本的には「貸出し」に行きつくものである。

「全域サービス」とは、市内のどこにいても図書館サービスが受けられるよ

56

第 5 章　貸出しサービス

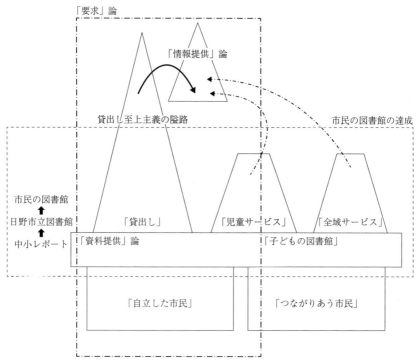

図5.1　日本の公共図書館発展のストーリー
(出所) 筆者作成。

うにすること、端的には貸出しを受けられるようにすることである。日野市立図書館が移動図書館車で走り回ったことの意義はまさにここにある。行動範囲の狭い子どもや高齢者にとって、町のどこか遠くに大きな図書館があってもほとんど意味をなさない。浦安市では、人口密度の高い狭い市域を活かして、「市内どこからでも歩いて10分」といわれる分館網を全市に張り巡らせた。中央図書館と7つの分館が一体化したサービスを行っている。

「児童サービス」は、このような全域的なサービス網を背景に成り立つ。それは決して特殊なサービスではなく「子どもでさえも使える」という、基本的なサービスなのである。さらに浦安市では、中央図書館・分館を拠点に市内ほとんどの小学校や幼稚園・保育園に司書が訪問し、読み聞かせやお話し会など

図5.2　浦安市立図書館日の出分館

(出所) 筆者撮影。

を行い、子どもたちと図書館をつなぐ活動を行っている。きちんとした環境を整えてやりさえすれば、子どもたちは例外なく本が好きであり、「貸出し」はその結果としておのずから現れてくる数字である。浦安市立図書館では貸出しの4分の1が児童書なのである。

「全域サービス」と「児童サービス」によって支えられた「貸出し」。そしてその「貸出し」をサービスの牽引車として、さまざまな他のサービスに発展していくという、公共図書館の基本的な型がここには見られる（図5.1参照）。

2.2　図書館のショーウィンドウ　分館のサービス

図5.2はその分館網のなかのひとつ、浦安市立図書館の日の出分館である。蔵書数5.7万冊、面積230㎡。日本の公共図書館の水準から考えてもさほど大きい図書館ではない。書庫はもとより、独立した閲覧席やレファレンスコーナーはなく、公民館の一角にすぎない。だが近隣に大規模な団地が多く人口密度が高いこの地域は、図書館利用への需要が高く、貸出し冊数に関していえば、こ

第 5 章 貸出しサービス

表5.1 日の出分館の資料

開　館	1999（平成11）年
面　積	230㎡
蔵書冊数	一般書 3 万9000冊。児童書 1 万8000冊
貸出し冊数	25万冊
職員数	1 名。司書資格をもつ専門非常勤 1 名 その他補助にあたる非常勤職員数名。
開館時間	10時〜18時
休館日	祝日、月末の館内整理日
年間受入冊数	約5000冊

の図書館ひとつで中央図書館の 3 割以上の年間25万冊の貸出しを行っている（表5.1）。

　ここはかつての移動図書館のような、「図書館の最も根本の部分だけを取り出して、市民の前でやってみせ」ている、いわば図書館のショーウィンドウであり、「貸出し」こそがその中心である[3]。「貸出し」を伸ばすことで発展してきた日本の公共図書館、そのモデルとなった浦安市立図書館のなかにあって、もっともそのことを体現しているのがこの日の出分館である。

　そのサービスは人事・行政的な組織を含む、バックのさまざまなシステムに支えられている。 6 万冊の蔵書の背景には、浦安市立図書館全システムの100万冊の蔵書、さらに相互協力を通じて全国の図書館が控えている。これらを迅速に探索し、運搬し、利用者に届けるための組織・業務の体系があってはじめて活用が可能になる。

　実際にさまざまな課題を抱えた利用者がカウンターには訪れる。読書相談から高度なレファレンスまで、中央図書館と連携しながらこれに応える最前線の窓口はここにある。近隣の小学校・幼稚園・保育園には、この館の担当司書が定期的に読み聞かせに出向いている。放課後、子どもたちはその日読んでもらった本を探しに、図書館にやってくる。そして本を読んでくれた司書がそこにいることに安心して本を借りていく。

　ハンディキャップをもった利用者へは、録音その他のメディアに変換した資

3) 前掲1）, p.16.

料を直接届けに行く。この利用者は仕事の帰りに自分で図書館にそれを返しに来るかもしれない。

このように、いくつものサービスが組み合わさって、図書館サービスのシステムを構成している。図書館サービスとは、単独の施設の単独のものではなく、いくつものサービスの有機的なつながりのなかではじめて意味をもってくるものである。そして誰でもが使え、役に立ち、わかりやすいという「貸出し」は、その中心にあり、すべてにつながるのである。

2.3　司書の役割

そのつながりを働かせるのが、中心となる図書館員、司書の役割である。

利用者からは絶えずさまざまな情報が司書に伝えられる。それはリクエストという形をとるかもしれないし、ちょっとした雑談かもしれない。子どもたちが嬉々として本をつかんで借りていく姿、あるいは不満げに帰っていく姿は、図書館の蔵書に対する重要な評価であり、司書はその一つひとつを肌で感じながら、蔵書を構築し、サービスにフィードバックする。「貸出し」というのは、そのための重要なチャンネルでもある。

そして、それは利用者のメッセージを受け取るばかりではない。カウンターに立つ司書は、その存在自体がさまざまなメッセージを発信している。

レファレンスであろうとも、読書相談であろうとも、さまざまな他のサービスであろうとも、利用者がそれを図書館のカウンターに持ち込むには、それに図書館が応えてくれるという図書館に対する信頼が不可欠である。「貸出し」という具体的なモノのやりとりを通じて作り出されているのは、単に要求したモノが入手できるというだけでなく、この「信頼」であるともいえる。

そしてこの「信頼」とは、借りたものは返すものという資本主義社会の基本的信頼関係が、社会の重要な要素であることを示唆する政治学者フランシス・フクヤマ[4]やその信頼関係自体をひとつの資産と考える社会学者ロバート・パットナムの提唱する「ソーシャル・キャピタル」にも関連して[5]、現代社会

---

4)フランシス・フクヤマ（1996）『「信」無くば立たず』加藤寛訳，三笠書房，557p.

第5章　貸出しサービス

を支える重要な要素ともいえる。金銭が介在しないなかでも、借りて返すという当たり前の営みが「貸出し」の基盤にあり、大人も子どももそれを実践している。

利用の多い図書館では、貸出しカウンターはまるでスーパーのレジのようなものになっているのは事実である。自動貸出し機も普及している。しかしだからこそ、司書は意識して「顔の見えるサービス」を心がけなければならない。「貸出し」というサービスを通じて「信頼」という副産物が生まれるが、それを刈り取るために司書の「顔が見える」ことが絶対に必要である。その顔が見えるならば「信頼」は定着するが、顔が見えないなかでは、せっかく生まれた「信頼」は行き場を失って消えてしまう。

③　効率性と貸出しのねらい

3.1　マクドナルド化

アメリカの社会学者ジョージ・リッツァは、ハンバーガーショップのマクドナルドにみられる合理化を社会の「マクドナルド化」の象徴としてとらえた。その要素は以下の4つに要約される[6]。

①　「効率性」多様な社会状況で効率の最大化を追求すること。
②　「計算可能性」ものごとを数えられること、計算できること、定量化できることが重視される。実際、量が（とくに大量であれば）質にとって変わる傾向がある。
③　「予測可能性」規律、秩序、システム化、形式化、ルーティン化、一貫性、組織的な操作といったものを重視。
④　「制御」人間の機能から人間によらない技術関係への置き換え。

---

5) ロバート・D. パットナム（2006）『孤独なボウリング：米国コミュニティの崩壊と再生』柴内康文訳，柏書房，689p.
6) ジョージ・リッツァ（1999）『マクドナルド化する社会』正岡寛司訳，早稲田大学出版部，pp.71, 106, 134, 165.

貸出しの追求を、効率と貸出し冊数という数字の追求だけによって行うことは、まさにこの「マクドナルド化」に他ならない。

リッツァはこうした変化は避けられないものだとしたうえで、行きすぎたマクドナルド化のもたらす、非人間的な状況に警鐘をならしている。「貸出し」を追求する図書館は、容易に「マクドナルド化」する。しかし、それは本来の「貸出し」の目指してきたものではない。「貸出し」は本来、図書館に人間的な「顔の見える」サービスをもたらすものでなければならず、専門家である司書は、そのことを体現する責任をもっているのである。

3.2 「貸出し」を支えるもの

貸出しはきわめて具体的な営みであり、ノウハウの集積でもある。図書館では、あくまでも地域の実情に応じ自主的にその運営を行うため、統一されたマニュアルとか、標準的な方法というようなものが確立されているわけではない。以下に述べるさまざまな「貸出し」の側面は、あくまでも実務的な一例を示すにすぎないが、できるだけ共通する「考え方」を示すよう努めた。

(1) 貸出しの方法

貸出し手続きとは、該当する資料が利用されている間、その所在を把握し適切な管理を行うためのものである。

図書館業務の電算化が進む以前、貸出しを効率よく確実に行う方法が、さまざまに工夫されてきた。たとえばブラウン式と呼ばれるカードとポケットを使用する方法は、処理が簡単で返却後記録が残らない方法として、広く普及した。しかしこれらはすべて電算化によって昔話になってしまった。利用者が自分で貸出し処理をするような自動貸出し機や、自動返却仕分装置、IC チップなどを用いた予約資料の受け取り装置、生体認証を用いた貸出し装置など、新技術は次々開発され、実用化されている。技術的な進歩は現在も続いており、貸出しの方法はこれからもどんどん変わっていくだろう。

しかし貸出し記録の取り扱いは、いかなるシステムを導入するにせよ、もっ

とも留意すべき点である。「貸出し」を含む図書館の「情報提供」という機能は、市民の知る権利、知的自由の保障という性質も持っている。この点に照らせば、貸出しの記録・内容は利用者の思想信条そのものであり、この秘密を守ることは、公共図書館の最も重要な責務である。ブラウン式の時代以来、公共図書館における貸出し方式はすべてこの点を念頭に置き、返却と同時に貸出し記録を抹消するように設計されるのが原則である。

　しかし近年コンピュータの能力向上により、履歴の保存と活用を部分的に実施している図書館もある。利用者からの要望もあり「読書通帳」というような形をとって、貸出し記録を提供するケースも増えている。ビッグデータを活用した、おすすめ図書の表示などは現にAmazonなど、ネット書店では当たり前に行われているサービスであるが、公共図書館での運用には慎重であるべきであろう。技術の進歩がその内容をブラックボックス化している問題はあり、システムの運用にあたっては、従来にも増してその可能性と限界・危険性を把握することが重要になってきている。

(2) 貸出しの資格と登録

　貸出しを行う際には、利用資格を確認し、最低限必要な情報を図書館に登録する。図書館はあくまでも利用者への信頼に基づいて貸出しサービスを行っている。とはいえ、現実には悪意のある利用者、盗難、不正な利用なども存在するのが現実であり、利用の前に確実な方法で利用者の資格を確認し、抑止力を働かせることは重要である。

　利用資格については、当該自治体の住民・在勤・在学者を基本に、比較的厳密な対応をとる場合と、緩やかな対応をとる場合があり、資格内容によって利用できる範囲が異なる場合も多い。例えば住民以外には貸出しは認めても予約・リクエストサービスを認めなかったり、貸出しできる冊数を変えたりするなどである。蔵書数、職員数、投入できる資源には限りがあり、ある一定の線引きはやむをえない。当該図書館の充実度合いや、近隣自治体の動向などを考え合わせながら、適切な範囲を定めることになるであろう。

しかし、帰省者、短期滞在者、ホームレスなどであっても、何らかの信頼性の担保があれば、できる限りその要望にこたえることは望ましく、あまりに拒絶的な対応をするべきではない。観光地の図書館などで旅行者に利用させるケースもある。

(3) 貸出し条件

　貸出し冊数は1人当たり1点から無制限まで幅が広い。図書とAV資料など資料の種類によって、期限・点数に差をつけることも多い。「期限内に読めるだけ」というような抽象的な条件を付ける場合もある。無制限であっても、それほど極端な利用のされ方をすることは少ないといわれる。あくまでも利用者の良識を信頼する範囲で、できるだけ多い方が利用者の利便には適うであろう。

　「貸出し」の対象となるのは通常は図書資料だが、CD、DVDなどのAV資料や、雑誌などのほか、複製絵画やぬいぐるみなども貸出しの対象としている図書館もある。AV資料のなかでも映画のように、貸出すにあたっての著作権法上の制約のあるものもあるが、図書館の収蔵するあらゆる資料について、それをどのように「貸出す」のか、図書館のアイディア次第ともいえる。

　ホームページを通じて、著作権の切れた作品のテキストデータを提供するとか、期限付きのパスワードを配布するなどしてウェブ上の電子データにアクセスできるようにするなど「モノ」以外のものも貸出しの対象となりつつあり、とくに電子書籍については、さまざまなサービスが登場しつつある。しかし未だ電子書籍の貸出しについて安定したシステムが確立しているとは言い難く、費用対効果から考えても、公共図書館での利用の可能性はまだ流動的である。同時に一定の効果と利便性があることは事実で、導入にあたっては図書館の機能と目的、予算に照らして、またサービス全体のかかわりのなかで、範囲を決めていけばいい。

　利用者にとっては、すべての資料が借りられることが望ましいが、貸出されることで他の利用者に大きな影響があるものについては、貸出しの幅は制限することもある。例えば辞書・辞典類や、貴重資料、雑誌の最新号などであるが、

これらも絶対的なものではない。

一夜貸しなどといって、閉館時間から翌開館時までの一夜に限り特例的に貸出す制度をもっている図書館もある。あくまでも利用者の利便を確保する立場で考えるべきだが、多ければいい、範囲が広ければいいとは、一概にはいえないところがある。公平性、図書館と利用者の関係性などによっても対応は異なってくるであろう。

貸出し期間は10日から3週間程度が標準的である。この期間で読み終わらない場合は、期間の延長をすることになる。貸出し期間の延長を認めるかどうか、認めるとすればその条件範囲はどのようなものかなど、あらかじめ明確にしておく必要がある。

ある図書館の例では、図書が2週間、AV資料がそれとは別に1週間までが貸出し期間である。延長を求める場合には、現物をカウンターに持参し「期限内」であり、「予約者がいない」場合には1回だけ延長できるなどとしている。これらの処理をネット上や電話などでできるようにしている図書館も多い。延長回数もどこまで認めるかは図書館により異なる。

貸出し期間を過ぎても返却しない延滞者に対し、何らかのペナルティを求めるかどうか、求めるとすればその程度はどのようなものかについてもさまざまな方法がある。かつては延滞料として現金を徴収していた例もあるが、現金の収受などの負担の方が大きく、現在はほとんど見られない。ペナルティを科すとしても、あくまでも返却してもらうことが目的である。ペナルティを恐れて返却しなくなってしまっても本末転倒であるから、延滞している期間は新規の貸出しを停止するとか、予約の受付を停止するなど、返却を促すような方向で考えるべきである（次節参照）。

④ 延滞・紛失・破損への対応

4.1 督促・弁償

貸出しできる範囲が広がり、利用者が増えれば、それにともなって延滞者も

増加するのが現実である。利用の公正を期すためにも、延滞者に対しては随時督促を行い、返却を促さなければならない。

貸出した資料を紛失、破損などした場合には利用者に弁償を求めなければならない。弁償の要件、方法はそれぞれの図書館により異なる。弁償は現金によるか、現物弁償か。現物弁償の場合、入手不可能な資料はどうするか。著作権処理のからむ映画資料のように、通常の市場で入手できないものはどうするか。また盗難、火災、天災など不可抗力に対してどのように対応するかなど、自治体の会計処理上の制約にもよってさまざまな方法がとられている。

4.2 規則の適用

貸出しという業務はさまざまな意義や意味を背負っているものの、現実のカウンターを背景にしているために、きわめて技術的な側面が強い。効率性・公平性を保つために、細部に至るまで一定の取り決めが必要であり、さまざまな経験の蓄積から取り扱いが決められている。

貸出しカウンターでの仕事は、いわばこれらの規則を誤りなく適用させて、利用者に不便・不公平を感じさせないことだともいえる。ともすればそれがルールのためのルールであったり、利用者感覚からは理解されないものになってしまっている場合もある。だからこそ常にその意義や意味に立ち戻り、何のために図書館サービスが行われ、何のためにそれらのルールが設定されているか自己点検することが、専門職員としての司書には求められる。

そもそも本を貸すという行為、そしてそれが正当に利用されて無事に返ってくることを期待するのは、市民に対する信頼を基盤にしている。もしこの信頼が成り立たないとすれば、公共図書館というシステムは成り立たない。そしてそのときには市民社会というものも、おそらく成り立たないだろう。図書館という場所は、むしろその「信頼」を具体化して、つくりだすような機能ももっているはずなのである。

第5章 貸出しサービス

⑤ 市民のリクエストに応える

5.1 予約・リクエストサービス

「貸出し」を支える具体的な制度として、とくに重要なものに予約・リクエストサービスがある。これは書架にない資料について、利用者の要望に基づき、何らかの方法で提供するサービスの総称である。

具体的には、

① その図書館の棚になくとも、図書館網のなかで確保・運搬して提供する。
② その本が貸出し中の場合、返却を待って提供する。
③ 所蔵がない場合には、購入したり他の図書館から借りて提供する。

などの方法による。

世界に存在する資料の数は膨大で、図書館の書架に並んでいる資料はそのうちのごくわずかにすぎない。しかも、ひとつの図書館で提供できる資料には限界がある。予約・リクエストサービスがないとすれば、図書館の価値は、現にそこに存在する資料にのみ限定されることになる。小さな図書館では蔵書が少ないゆえに、また大きな図書館では利用が多く、どの本も貸出されてしまうゆえに、常に求める資料は手に入らないことになる。利用者が真に求めている資料を確実に入手するために、予約・リクエストサービスは不可欠である。

5.2 知的自由の保障

図書館による資料の提供は、その根本に「表現の自由」とその反映としての市民の「知る権利」に基づいている。予約・リクエストサービスは、この権利の保障のための具体的システムであり、図書館の存在意義のひとつの根本といってよい。司書からみて、どれほどくだらない本に見えたとしても、個々の市民にとっての価値を決めつけることはできない。

67

「そんな本くらい自分でお買いになったらいかがですか。うちは無料貸本屋ではありません」[7]などと言ってはならないのは、この根本理念に関わっているからである。リクエストされた資料は、「草の根分けても」探し出すのが図書館の使命なのである。

しかし、リクエストは万能ではない。リクエストとして顕在化する要求は、市民の要求のごく一部、氷山の一角である。要求される資料は多くの場合、市民自身による一定の抑制・自主規制が働いている。図書館にマンガが置かれていなければ、マンガのリクエストがくることはないし、ポルノ雑誌が置かれていなければ、ポルノ雑誌のリクエストはこないだろう。これは極端な例としても、リクエストはあくまでも図書館の現実の書架の反映であることにも留意が必要である。

それだけに、その要求は隠された多数の要求を代表するものである可能性がある。司書は予約・リクエストサービスに真摯に向き合うことで、自館の蔵書、選書のあり方を反省的に見直していかなければならない。

5.3　その条件

予約・リクエストサービスを支えるのは、まず第一に十分な予算である。利用者の直接的に求める資料の購入には、高い優先順位で予算を振り向ける必要がある。しかし、要求される資料は必ずしも市場で入手可能なものばかりではない。いや昨今の出版事情を考えれば、むしろ市場ではすでに入手できなくなっている資料である場合の方が多いのである。そういう点で、予約・リクエストサービスは図書館の存在意義そのものである。図書館がこれらの資料を提供するには、図書館間のネットワークによるほかない。図書館間の有効なネットワークは、予約・リクエストサービスを支えるもうひとつの重要な要件である。

---

7) 佐野眞一（2001）『だれが「本」を殺すのか』プレジデント社．p.315.

第5章　貸出しサービス

5.4　機械化

　ウェブ上に公開された目録から直接利用者が予約をかけるようなシステムは、ほぼ一般的になってきた。予約のかけられる資料の範囲や制限条件などは図書館によってまちまちであるが、利用者の利便性が大幅に向上していることは間違いない。だが貸出し同様、生身の利用者がいなくなり、機械を通じたやりとりによって、何が得られ、何が失われたかの検証はこれからである。

第6章	情報提供サービス

1 情報サービスと情報提供サービス

1.1 図書館における情報サービスとは

　図書館を利用する目的として、好きな作家の作品やシリーズ刊行されている本の続きを読みたいなど、レクリエーションとしての読書活動による利用が多いが、それ以外にも日々の生活のなかでふと疑問に思った事柄やテレビ番組や新聞記事などで目にし、関心を持った事象に対して詳細な情報を得たい・知りたいといった目的の利用も多い。これらの利用者は、図書館を利用することで自己の情報要求が満たされることを望んでおり、これに対して図書館側は所蔵・利用可能な情報資源を用いて、利用者の情報要求に応えていくサービスを提供している。このような情報の利用・提供にまつわる図書館サービスを総称して情報サービス（information service）という。

　実際に図書館で提供されている情報サービスは、その図書館の立地や利用者層などにより千差万別ではあるが、次の表6.1のように分けられる。

1.2 コミュニティにおける情報拠点としての情報サービス

　とくに現代の公立図書館は「これからの図書館像」[1]において示されているように、地域社会・コミュニティの情報拠点となることを目的とした情報サービスを充実させており、積極的に情報発信を行っている。

---

1) 文部科学省「これからの図書館像：地域を支える情報拠点をめざして」(http://warp.da.ndl.go. jp/info: ndljp/pid/286184/www. mext. go. jp/b_menu/houdou/18/04/06032701. htm) (2018/3/30最終確認).

第6章　情報提供サービス

表6.1　情報サービスの種類と特性

サービスの種類	利用者との関係	能動的/受動的	具体的なサービス	情報源
レファレンスサービス	直接的	能動的	質問回答サービス	文献（図書館蔵書、他の図書館蔵書）、WWW上の情報源
	間接的	受動的	レファレンスコレクションの形成	文献（図書館蔵書）
利用案内	直接的	能動的	図書館オリエンテーション	文献（図書館蔵書）
			文献利用指導	
	間接的	能動的	図書館案内パンフレット	文献（図書館蔵書）、WWW上の情報源
			HPでの利用案内情報提供	
レフェラルサービス	直接的	受動的	照会サービス	文献（他の図書館蔵書）、専門機関、専門家
			紹介サービス	
読書案内	直接的	受動的		文献（図書館蔵書）
カレントアウェアネスサービス	直接的→間接的	受動的→能動的	カレントコンテンツサービス	文献
			SDIサービス	文献
情報検索サービス	直接的	受動的	代行検索サービス	文献
	間接的	能動的	OPAC	文献（図書館蔵書）
			データベース検索サービス	文献
コミュニティ情報サービス	間接的	受動的	案内紹介サービス	地域の各種機関、専門家
		能動的	地域情報サービス	地域の各種機関、専門家

（出典）日本図書館協会図書館ハンドブック編集委員会編（2016）「情報サービスの種類と特性」『図書館ハンドブック（第6版補訂2版）』日本図書館協会，p.82.

　これまで図書館は図書館報や自治体広報、図書館ウェブサイトなどを通して情報公開・発信を行ってきたが、これらは図書館から利用者へという一方向性の情報発信となっていた。しかし、現在は国立国会図書館や公立図書館の多くがTwitterやFacebookなどのSNS（social networking service）を積極的に活用しており、図書館の公式アカウントから利用者に向けて双方向性の高い情報発信を行うようになってきている[2]。これらは発信型情報サービスと呼ばれ、図書館による能動的な情報サービスとして位置づけられている。

　また医療情報、法律情報など専門情報の提供、ビジネス支援、就職支援や子

2）館種を限らない場合、2015年時点で日本には144の図書館Facebookページ、353のTwitterアカウントがあったことをあげ、未だ図書館においては普及の途上にあるが、図書館のSNS活用自体は珍しくなくなったとの指摘がある。佐藤翔（2017）「図書館がSNSを活用していくためには」『図書館雑誌』111(4)，pp.220-223.

育て支援など、普遍的な情報提供の域を超えてそれぞれのコミュニティの状況に向き合った課題解決支援型サービスを実施する図書館も増えてきている（課題解決支援型サービスの詳細は第7章を参照）。

② レファレンスサービス

2.1 レファレンスサービスとは

レファレンスサービス（reference service）とは利用者の情報要求に対して、図書館の所蔵及び利用可能な情報源を用いて応えていく図書館サービス活動であり、情報サービスの中核をなすサービスとなる。またレファレンスサービスは閲覧、貸出しサービスと並び図書館の基本的なサービスとして位置づけられており、館種を問わず実施されている。

このレファレンスサービスにおいて、利用者から図書館へ寄せられる質問をレファレンス質問（reference question）といい、来館者から直接受ける方法が主となるが、その他にも電話、手紙や電子メールなどによっても質問を受付けている。なお公立図書館のなかでも、レファレンスサービスの件数が多い都道府県立図書館や市立中央図書館などでは貸出し業務のカウンターとは別に専用のレファレンスカウンターを設置して、レファレンス質問を受付けている図書館も多い。

2.2 レファレンス情報源とレファレンスコレクション

図書館では日々、さまざまな質問が寄せられており、これらに対して図書館員が図書館内外のレファレンス情報源（reference source）を用いて回答を行っている。このように図書館員は利用者と各種情報源を結びつける仲介役を担っているため、レファレンスサービスは図書館における人的援助サービスと呼ばれている。また利用者に直接応対するサービスであるため、直接サービスとも呼ばれている。

レファレンスサービスの基本姿勢として、典拠となる情報資源をもとに、信

第6章 情報提供サービス

頼性が高く適切な情報を提示することが求められる。このためレファレンスサービスを実施するには、回答の根拠となるレファレンス情報源が必要となり、図書館ではこれらをレファレンスコレクション（reference collection）と呼び、整備している。なおこのようにサービス実施に必要な情報資源を揃える活動などは、間接サービスと呼ばれている。

　従来のレファレンスサービスでは、図書館が所蔵する参考図書類などの物理的な情報資源がレファレンスツール（reference tool）と呼ばれ、レファレンスコレクションの中心とされてきたが、情報化社会の進展やデジタル化などにより、印刷メディアとしての参考図書類の刊行及び更新がなされなくなり、代わって各種レファレンスツールのデータベースへの移行が顕著になってきている。このため効果的なレファレンスサービスを実施するためには、印刷メディアに加えてウェブ情報やデータベースなどネットワーク情報資源も活用し、適切な回答が提供できるような体制づくりが求められている。

　このように現代の図書館はこれまでのレファレンスツールの主流であった参考図書類、図書や雑誌など物理的な情報資源に加えて、利用可能なネットワーク情報資源を選別し整備することが求められ、レファレンスサービスを実践する図書館員はこれら各種情報資源を日頃から研究・評価し、利用者の情報要求に対して最適な情報資源を提示できるように努めていくことが求められている。

③　質問回答サービス

3.1　レファレンスプロセスとレファレンスインタビュー

　レファレンスサービスにおいて、利用者からの質問を受けてそれに図書館が回答するサービスをとくに質問回答サービスと呼んでいる。

　この質問回答サービスにおいて回答を提示するまでの一般的な流れとして、①利用者からの質問提示、②質問内容の確認・分析、③探索戦略の策定、④探索事項の決定、⑤情報源の検討、⑥探索の実行、⑦利用者への回答提示という形で実施される。図書館ではこの一連の流れをレファレンスプロセス（refer-

73

ence process）と呼んでいる。

　利用者の情報要求を充足させるためには、とくに利用者がどのような情報・情報資源を最終的な回答として得ることを望んでいるのかを知ることが重要となり、このため、②質問内容の確認・分析の段階においてレファレンスインタビュー（reference interview）を行うことで、利用者と充分なコミュニケーションを図り、利用者の望みとなる真の情報要求を的確に把握することが質問回答サービスにとって肝要となる。

3.2　レファレンス質問

　質問回答サービスにおいて、図書館に寄せられる質問は問われる内容、難易度によって次の4種類に分類できる。

① 　案内質問（directional questions）：図書館で提供されるサービスの種類や内容、蔵書の所在に関する質問など図書館内の案内や指示を求める質問。回答として簡単な指示を与える場合は何も参照することなく回答できる場合も多い。

② 　即答質問（quick reference questions）：事実確認や簡単な情報入手など、単純で平易な質問となり、回答に際して時間を要しない質問。おもに図書館で利用可能なレファレンスコレクションを典拠とし、即座に回答することができる。

③ 　探索質問（search questions）：2つ以上の即答質問が重なるなど、即答質問よりも高度・複雑であり、回答に際して若干の時間を要する質問。回答には複数の情報資源を必要とする場合もあり、情報資源の所蔵数が限られている一般の図書館では書誌データを提供、提示することで回答とする場合もある。

④ 　調査質問（research questions）：探索質問よりもさらに高度な回答を必要とし、回答に際してまとまった調査時間を要する質問。回答には多種多様な情報資源の調査、比較評価を必要とすることから、図書館の実務として

は、人的、時間的な制約から、ある程度まで調査した段階で区切り、一応の探索結果を回答として示したうえで継続調査の有無を確認する場合が多い。

3.3 回答上の制約

質問回答サービスにおいて、図書館にはいくつかの回答上の制約が設けられており、受付けることができない質問や明確な回答を示すことが難しい質問もある。

例えば、質問内容に関わる制約として、将来の予測や仮定の問題など、図書館員個人の推理、推論を求める質問や個人の価値判断を求める質問は受けることができない。また法律、税務、医療、健康、美術品の鑑定など、回答に専門的な知識・技能を必要とする質問に関しては図書館員の力量を超えるものであるため、直接的な回答はせず、レフェラルサービス（referral service）として専門家や専門機関を紹介するなど、あくまで関連する情報・情報資源の提示・提供にとどめるような対応をとる場合もある。さらに1人の利用者に対して割くことができる時間もある程度の目安があり、質問事項が多い場合や探索内容が図書館員の通常業務における許容量を超えてしまう場合には、他の利用者へのサービスに対して支障をきたすおそれがあるため、限定的な回答となる場合もある。

3.4 レフェラルサービスとは

図書館で受付けた利用者からの質問・情報要求に対して、自館の情報資源では回答することが困難な場合や回答に専門的情報を必要とする場合に、図書館が対象となる特定分野の専門家・専門機関に照会し、情報を入手し提供するサービスをレフェラルサービスと呼んでいる。

またこのサービスは、図書館が専門家・専門機関との間に入り、調整し、利用者にそれらを紹介することで、利用者自身による情報入手を援助するサービスも行っている。

レファレンスサービス及び質問回答サービスには、回答に対する制約や自館の情報資源では対処できない要求もあるが、レファレンスサービス自体が「これからの図書館像」において図書館が長期にわたって利用されるために必要なサービスとして示されており、今後も図書館の基幹サービスとしてより一層拡充し、展開される必要がある。

4 図書館利用と情報リテラシー教育

施設の機能が図書館機能に限定される単独施設であれ、施設内で他の公共施設や商業施設と並存している複合施設であれ、図書館がどのような機能・サービスを利用者に提供しているのか、自分が求める情報資源はどの書架に排架されているかなど、図書館を利用するための情報をきちんと利用者へ提示する必要がある。

また現在の図書館は自館で所蔵する蔵書以外にも PC などのコンピュータ、タブレットやスマートフォンなど情報端末機器を用いて、ウェブ情報や各種データベースなど、外部の情報資源を利用することで豊富な情報資源へのアクセスを可能とする環境を整備することが求められている。

図書館の利用者のなかには、これらの情報端末機器を日常的に利用している者もいれば、逆に不慣れな者も当然存在しており、両者の間で情報格差（デジタル・ディバイド）が生まれてしまう危険性もある。図書館ではこのような格差をなくすために、図書館員が各種情報資源の利用方法などを援助するサービスやセミナーなどを通して利用者自身が情報端末機器、情報資源の活用方法を修得する情報リテラシー教育（information literacy education）を実施している。

このような図書館施設、図書館の保有する情報資源の利用方法などを伝えるサービスを総称して、図書館利用教育（library use education）という。図書館利用教育の内容としては、図書館施設の概要や基本機能、提供サービスを紹介する図書館オリエンテーション（library orientation）、情報資源の検索、利用方法を案内する文献利用指導（bibliographic instruction）などがある。また実施され

る図書館によって利用教育、利用指導、図書館案内、図書館ガイダンスなど、図書館によって異なる名称で呼ばれることもある（図書館利用教育の詳細は第12章を参照）。

5 読書相談サービスとカレントアウェアネスサービス

5.1 読書相談サービスとは

　図書館を利用する利用者の多くが、最初から「石井桃子さんの『子どもの図書館』が読みたい」といった具体的な要求を持って利用するわけではなく、「児童図書館に関係する本」「子どもと読書について書かれている本」「昨日の新聞に書評が載せられていた本」といった漠然としたテーマ、あいまいな情報をもって図書館を利用することが多い。このような利用者に対して、情報資源に対する豊富な知識を有する図書館員が相談にのり、利用者にとって適した情報・情報資源を提供するサービスを読書相談サービス（reader's advisory service）という。このサービスはレファレンスサービスの一環として行われることも多く、レファレンスインタビューを通してしっかりと利用者とコミュニケーションを図り、情報要求を満たすことが重要となる。ただし利用者へ選択・提示する情報資源は図書館員の個人的な好みに基づくものであってはならず、あくまで利用者の要求に合致する情報資源を紹介するといった形にとどめる必要がある。

5.2 カレントアウェアネスサービスとは

　現代社会では、高速なインターネットが利用できる光通信網などの通信設備が情報通信インフラとして整備されている。個人が PC やスマートフォンなど情報端末機器を使用して、容易に数億からなるウェブサイトを利用することができる一方で、あまりにも参照可能なウェブサイト数が膨大すぎて、すべてを見ることができない、探しきれないといった弊害も起きている。このような状況下において、図書館は情報・情報資源を収集、整理して発信する情報拠点と

しての役割を担うことが期待されており、能動的な情報提供サービス活動の一環として、特定のテーマや範囲を設け、整理した最新の情報を利用者に対して定期的に提供するカレントアウェアネスサービス（current awareness service）を実施している。このサービスはカレント（最新の）情報を提供することを目的とした情報提供サービスであり、利用者が設定したテーマやキーワードをもとに、新着図書の案内や目録配布、SDI サービス（selective dissemination of information）、コンテンツサービス（contents service）などが行われている。

図書館に関するトピックを扱っているものでは、国立国会図書館によって「カレントアウェアネス・ポータル：図書館に関する情報ポータル（Current Awareness Portal）」が公開されている[3]。

5.3 主なカレントアウェアネスサービスの内容

① SDI サービス（selective dissemination of information）：選択的情報提供サービスとされ、図書館の蔵書管理システムに利用者があらかじめ書誌情報やキーワードを登録しておくことで、関連する最新の情報を自動的に取得し、定期的に利用者へ通知されるサービス。

② コンテンツサービス（contents service）：雑誌などの逐次刊行物において特定のテーマ・分野に関する記事が記載された場合に、掲載誌の目次をコピーして目次速報誌という形に編集し、利用者に提供するサービス。とくに利用者の要求に応じて新着資料の目次をコピーして送付するサービスをコンテンツシートサービス（contents sheet service）と呼んでいる。ただしコンテンツシートサービスは情報資源のデジタル化や電子ジャーナルの増加などにともない、コピーの直接配布の形式からデータベースやウェブサイトでの公開などの形式へ移行している。

---

3) 国立国会図書館「カレントアウェアネスポータル」（http://current.ndl.go.jp/）（2018/3/30 最終確認）.

第6章 情報提供サービス

6 電子情報メディア

6.1 電子情報メディアの受容

　2000年代以降図書館設備の電子化が進められ、館内設備としてインターネットに接続できる PC の設置が増加し、情報提供手段の一つとしての地位を確立していった。現在の PC の利用環境は常にインターネットにつながっているオンライン状態で利用されることが多く、日々更新される多様なウェブ情報の活用が当たり前の状況にあるが、これは全人口の 8 割以上に普及したインターネット環境整備の賜物であり[4]、この状態以前では PC はそれ自体が独立した情報機器（スタンドアロン型）として利用されていた。また各種情報コンテンツは主に CD-ROM、DVD-ROM といった物理メディアの形をとるパッケージ型電子メディアとして製作、流通されており、スタンドアロン型の PC では、これらのデータを読み込んで利用されていた。

6.2 パッケージ型電子メディアとネットワーク型電子メディア

　当然のことながら図書館でもこれらパッケージ型電子メディアを購入し、図書など他の物理メディアと同様に図書館の資産として資源管理を行い、電子情報メディアとして利用者へ提供してきた。しかし次第に情報通信インフラが整備され、インターネット通信技術が強化・普及するとともに、商業的にパッケージ型電子メディアとして流通させる利点が薄れてきた。情報コンテンツの多くがインターネットを介したデータ配信へと切りかわり、パッケージ型電子メディアからネットワーク型電子メディアへと変遷していった。とくにレファレンスコレクションを形成している辞書、事典類は新規のデータ追加および削除が容易なこと、検索手段を豊富に提供できることなど、ウェブ環境で提供されるデータベースとの親和性が高く、積極的に移行されてきている。ただしこ

4）インターネットの利用率は2015年には約 1 億46万人、全人口において83.0％の利用率となっている。電通総研編（2017）『情報メディア白書2017』ダイヤモンド社, pp.164-165.

79

れらデータベースの導入には費用や管理技術面での負担が大きいため、公立図書館の多くはデータベース提供企業と利用契約を結び、使用期間、利用者数に応じて利用権（アクセス権）を購入するサブスクリプション型と呼ばれる利用形態をとっている。

　このような形態では、利用のために購入することが前提となるパッケージ型電子メディアと違い、契約に基づく一時的なアクセス権の付与となるため、契約期間が終了した後には図書館側に資産として情報資源のデータが残らないといったことも考えられる。

6.3　ネットワーク型情報資源と電子図書館サービス

　現在の社会における情報メディアは、それぞれ固有の特性を持っていた物理メディアから、動画や音楽などさまざまな情報コンテンツを合わせたマルチメディアとしての特性を持つネットワーク情報資源へと収束してきており、図書館においてもその一種である電子書籍（electronic book）や電子ジャーナル（electronic journal）など、電子化された情報資源を活用した電子図書館サービスが始まっている。

　しかし現在のところ、図書館において電子図書館サービスはあまり大きな広がりをみせておらず、この理由として多くの公立図書館では電子図書館サービスを導入するための充分な費用が捻出できないといった問題を抱えていることがあげられている。その一方で、ウェブ環境において有益な学術情報などは無償利用されるべきであるという趣旨のもと、オープンデータ（open data）、オープンアクセス（open access）といった形で公開され利用できるような情報コンテンツもあり、さまざまな利用方法が模索されている。

6.4　主な電子図書館サービスの情報コンテンツ

①　電子書籍（electronic book）：従来は図書、書籍という印刷メディアで提供されてきた文字情報を主体とする情報コンテンツが電子化され、PC やスマートフォンなどの情報端末機器を用いて利用される形となったもの。

主に Epub や pdf といったデータ形式が採用されており、国内の公立図書館では図書館流通センター（TRC）による TRC-DL、日本電子図書館サービス（JDLS）による「LibrariE」、メディアドゥによる「OverDrive Japan」などの電子書籍の貸出しサービスが導入されている[5]。

② 電子ジャーナル（electronic journal）：従来は雑誌という逐次刊行物の形で図書とともに印刷メディアの主流だったものが電子化されたもの。大学図書館では国内外の主要な学術雑誌が電子化されており、利便性が格段に向上してはいるが現在でも印刷メディアと並行して電子メディア版も出版されることもあり、契約における価格も高騰してしまい、必要とする情報コンテンツを継続購入することが難しくなるシリアル（ジャーナル）クライシスといった状況を引き起こしている。大学図書館ではこれらの問題に対応すべく、複数館で協定を結び図書館コンソーシアム（library consortium）を結成して利用の便を図っている。

③ オープンアクセス（open access）：電子ジャーナルの高騰などを受け、学術情報・研究成果をウェブ上で無償公開することによって公開や利用の促進を図る活動。商業的な基盤に乗せず情報が流通されるため、誰もが自由にアクセスし利用できる。2017年から開始された大阪市立図書館におけるデジタルアーカイブのデータ提供のように、オープンデータ化を促進する団体であるクリエイティブ・コモンズの規則に基づく権利管理を行い、保有資源の再利用、オープンデータ化を行う図書館もでてきている[6]。

---

5) 2017年10月時に公立図書館において電子書籍貸出サービスを実施している図書館は全国で65件（内訳として TRC-DL が50件、OverDrive Japan が6件、その他が7件となっている）。植村八潮ほか編著（2017）『電子図書館・電子書籍貸出サービス調査報告書』電子出版制作・流通協議会，pp.1-6.
6) 外村須美乃（2017）「大阪市立図書館デジタルアーカイブのオープンデータ化の取り組み」『図書館雑誌』111(6)，pp.380-381.

7 情報検索サービス

7.1 情報検索サービスとは

これまでみてきたように、現在の図書館ではさまざまな情報資源を整備している。利用者の目的に合わせて、これら各種情報資源、情報コンテンツを検索し、情報要求に応えていくサービスを情報検索サービス（information retrieval service）という。なお今日ではインターネットを介したウェブ情報やデータベースの利用は情報検索サービスには欠かせない要素となっている。

ウェブ情報の検索では、標準的なインターネットのシステムとなる WWW（World Wide Web）の範囲において、Google を代表する検索サイトを用いた検索行為が既に一般化しているため、簡易なキーワードによる検索によって表層ウェブ情報と呼ばれる情報群は容易に探し出すことができる。しかしある程度検索行為に慣れた利用者でも、WWW 以外の情報群や各種データベースの情報群など、これらの単純なウェブ情報の検索ではヒットしない深層ウェブと呼ばれる情報の検索には戸惑うことが多い。このため図書館における情報検索サービスでは、これら利用者が検索することが困難な情報の検索・入手をも目的として実施されている。

7.2 データベース検索

これらデータベースを用いた検索には、①システム内にシソーラスと呼ばれる索引語のまとまりが用意されており、使用できる検索語が限定されている方法、② Google、Yahoo！等のウェブサイトの検索と同様に検索者が検索語を比較的自由に設定して検索できる方法、③ AND 検索や OR 検索式など検索式を用いて質を高めた検索ができる方法などがあり、データベースの特徴・検索方法を知ることがまず重要となる。

図書館でおもに提供されているデータベースの種類はファクトデータベース、レファレンスデータベースの2種類に大別できる。またデータベースを構成す

第6章　情報提供サービス

るデータの種類（一般情報、社会科学情報、自然科学情報など）、用途（商用、個人用、オープンなど）などによっても分けることができる。

　現在はネットワーク型のデータベースの一種として図書館や博物館、文書館などMLA関連機関によって保有資源のデジタルアーカイブ（digital archive）が促進されており、これまで館内利用が前提で限定的な利用に留められていた史料や貴重書類などがデータベース化されているため、ウェブ環境において広く公開、利用されるようになってきている。

7.3　主なデータベースの種類

データベースの種類には以下のものがある。

① 　ファクトデータベース（fact database）：おもに図書や雑誌などの一次情報・資源によってデータが構成されているもの。各種統計や数値、情報資源の全文情報（フルテキスト）がデータとして収録されており、データベースを利用することによって事実（ファクト）に関する情報を得ることができる。

② 　レファレンスデータベース（reference database）：おもに書誌や文献目録などの二次情報・資源によってデータが構成されているもの。書誌情報を中心として編集されているものなど、該当する一次情報を検索するために参照・案内（レファレンス）する用途として使用される。

③ 　デジタルアーカイブ（digital archive）：MLA関連機関などで有形・無形の文化財をデジタル化し、劣化を防ぐ形で永久保存するとともに、保存データの活用のためにデータベースを構築し、ネットワークを用いて公開する取り組み。国立国会図書館ではデジタル化した保有資源を国立国会図書館デジタルコレクションとして公開している。また現在、多くの大学・大学図書館において学内で生産された学術情報やその成果を機関リポジトリとして蓄積し、ウェブ公開を行うなどの保存体制がとられている。これら学術情報・研究成果は徐々にオープンデータ化されるようになってきている。

83

7.4　次世代型 OPAC とウェブスケールディスカバリー

　現在図書館の蔵書は MARC と呼ばれる書誌データを基にした蔵書目録（実質的には目録データベース）によって管理されており、その検索システムとして OPAC が構築され利用されている。利用者はこの OPAC を用いて蔵書検索を行い、必要とする情報資源の確認を行っている。

　インターネットが普及する以前は、OPAC も当然ながら館内利用に限られており、図書館に来館して利用するものであった。しかし現在は公立図書館、大学図書館の多くが Web OPAC として OPAC をウェブ上に公開しており、時間や場所を問わずに利用できるようになっている。またこれら Web OPAC の発展型として、ウェブサイトの検索と同様に、検索語の綴りや語順をチェックし、正してくれる機能や予測変換機能などを取り込んだ次世代型 OPAC の導入も進められている。さらに大学図書館では OPAC の機能を拡張し、図書館の蔵書とウェブ環境にある外部のデータベースを一緒に検索することができるウェブスケールディスカバリー（web scale discovery）と呼ばれるサービスも実装され始めている。

　このように OPAC を用いるだけでさまざまな情報資源を一度に検索することができる検索システムの構築は、電子情報での資源管理が中心となる今後の図書館システムにおいて重要性を増していくと考えられる。

8　横断検索サービス

8.1　横断検索とカーリル

　第 3 章で述べているように、図書館で提供される情報サービスは、図書館が収集し蔵書として整備した情報資源を中心に行われてきた。これらはおもに図書館に来館した利用者に対して、図書館が所蔵する情報資源の提供をもって応えていくサービスであるが、納本制度がある国立国会図書館以外はどのような大規模図書館でも所蔵する情報資源には限りがあり、ましてや小規模で収容能力の低い市区町村立図書館では、自館の所蔵する情報資源のみで利用者の要求

に応えることは難しい。このため現代の各図書館は単館でのサービスを行うのではなく、近隣の図書館と協力体制を組み、図書館協力による情報サービスを実施している。

このような図書館協力のもとでは、各館のみならず対象館の蔵書全体を一元的に管理し、検索するシステムが必要不可欠であり、このシステム及び検索サービスを総称して横断検索（cross database retrieval）と呼んでいる。公立図書館では都道府県立図書館が県内の公立図書館の蔵書を検索できる横断検索システムを提供していることが多い。また日本国内の図書館蔵書及び Amazon などの書誌データベースを構築しているウェブサイトを同時に検索することができる「カーリル」と呼ばれるウェブサービスを提供している企業もある[7]。

8.2 国立国会図書館サーチと NDL ONLINE

図書館を含む複数の機関を横断検索することができるサービスとして、国立国会図書館は国立国会図書館サーチ（NDL Search）を提供している。

2018年1月からは国立国会図書館オンライン（NDL ONLINE）という名称のもとに従来の国立国会図書館蔵書検索（NDL OPAC）を拡張しており、国立国会図書館で提供されているデジタルコンテンツを横断的に検索できるサービスを実施している。

8.3 レファレンス協同データベース

これまで各図書館はレファレンスサービスの結果をレファレンス記録として記録し、蓄積することで自館のレファレンスサービス及び情報サービスの質向上を図ってきた。これらはまさに図書館における無形の財産であり、利用者の多様な情報要求に応えるための第一の情報源ともなってきた。

これらの情報の多くはレファレンスの記録としてウェブサイトを通して公開されたり、パスファインダー（pathfinder）と呼ばれる情報探索支援ツールとして館内で配布されたりするなど、利用者の自発的な探索を援助する資料として

---

7)株式会社カーリル「カーリル」（https://calil.jp/）（2018/3/30最終確認）。

活用されてきた。もちろんこれらの情報は当該図書館における探索実績の記録であり、レファレンスサービスを実施した図書館に最適化された情報となるが、特殊なテーマや情報資源を必要とする事例を除けば、図書館に普遍的に寄せられる内容である場合も多く、また現在のように図書館協力のもと、複数館でサービスを実施している場合などでは、レファレンスとして寄せられた事例は共通した課題となる場合もある。このため、これまで全国の図書館で蓄積してきたレファレンスの記録をレファレンス事例という形でとりまとめ、参照できるような共有データベースを国立国会図書館が主導して構築しており、「レファレンス協同データベース」として公開している[8]。

このデータベースでは、個別のレファレンス事例の他に、特定のテーマやトピックに関する情報の調べ方をまとめた「調べ方マニュアル」なども提供されており、図書館のみならず、全ての利用者にとっても有益な情報提供サービスとなっている。

---

8)2018年2月時点では、参加館数767館（内訳として公立図書館450館、大学図書館186館、専門図書館57館、学校図書館52館、アーカイブズ9館、国立国会図書館13館）、データ登録数が20万3751件となっている（http://crd.ndl.go.jp/jp/library/documents/stats_201802.pdf）（2018/3/30最終確認）。

第**7**章	地域支援サービス

1 地域支援サービスの歴史と意義

1.1 サービス対象としての地域社会

「地域支援サービス」とは、自治体としての都道府県や市町村、ならびにこれを構成する地域社会（コミュニティ）やそこに生きる住民一人ひとりが持つ課題や展望を、図書館の情報提供によって解決ないし発展させる取り組みを意味する。それは地域の環境や教育・文化、医療・福祉や防災・防犯、また産業振興など、あらゆる分野にわたる。

図書館法第3条では「土地の事情」に留意しつつ図書館奉仕を進めることを明記しながら、その例示の第1項目に「郷土資料、地方行政資料」の提供について述べている。図書館法は1950年に制定されたが、いわゆる郷土資料の収集は、戦前から公共図書館が熱心に取り組んできた分野であった。

1933年施行の「図書館令施行規則」の第7条には、中央図書館の実施すべき事項として、郷土資料の収集があげられている。そして戦後、日本国憲法にうたわれた地方自治の原則、つまり「住民権利の拡充」（住民自治）と「国からの独立性」（団体自治）という理念を背景に、図書館法が地方行政資料の収集と提供を明記することとなった。

1.2 まちづくりと図書館

残念ながら図書館法の制定とともにわが国に近代的な市民図書館が登場したわけではない。1963年の『中小都市における公共図書館の運営』（日本図書館協会）の登場と東京都日野市立図書館の実践、そして1970年の『市民の図書館』

の発刊を待たねばならなかった。

　しかしこの両書には、まだ「地域」というサービス対象が明確には示されていなかった。約30年後の2001年に発刊された『図書館による町村ルネサンスLプラン21』(日本図書館協会)に、「図書館は地域の情報拠点」という概念が示され、地域社会の活性化のための情報提供という役割がはじめて具体的に示されることとなった。

　それは地方分権が叫ばれるなか、住民や行政が地域課題を解決するための政策立案能力を高めるために、図書館が多様な情報提供を行っていく必要性を示したものだった。『市民の図書館』以降、「まちづくりに役立つ図書館」というスローガンは発せられたものの、具体的な地域支援サービスの理論や実践が十分に展開されたとはいえなかった。

　このことは1977年の段階で、地域行政資料の包括的な収集と提供によって自治の活性化を支えようとした日野市立市政図書室の実践が、全国に波及しなかったことに端的に現れている。

1.3　地方分権を支える情報拠点としての図書館

　本章で取り上げる「地域支援サービス」という概念は、単に「地域資料」の提供によって住民の地域学習や行政情報理解を促進するということにとどまらない。ここでは住民の地域での学び、暮らし、仕事などの全般的な情報提供や、コミュニティ活動への支援もその射程に入っている。それは地域住民が自主的・主体的に学び、地域社会を発展させていくことを、多様な資料・情報提供によって支えていこうとするものである(図7.1)。

1.4　コミュニティワーカーとしての図書館員

　地域社会を発展させていくために、図書館員には何ができるだろうか。それは一言でいうなら「まちに出る」ということになる。

　これからの図書館員は、図書館という館に閉じこもって資料提供に徹するだけではなく、地域課題としての子育て支援、学校教育支援、地場産業支援やコ

第 7 章 地域支援サービス

図7.1 滋賀県愛荘町立愛知川図書館の「地域行政資料コーナー」
(注) 郷土資料、行政資料をはじめ、各種機関発行のパンフレットや観光リーフレット、新聞の折込みチラシまで保存している。市町立図書館としては、異例の収集範囲を誇っている。
(出所) 筆者撮影。

ミュニティの活性化に到るまで、現場に出向き、多様な関係者との連携・協力を築きながら、いわば臨地的にサービスを展開していく「コミュニティワーカー」としての働きが期待されるのである。

地方分権の動きがますます活発化する今日、地域経営は住民との協働抜きには語れない。よく「グローバルな視点でローカルな実践を」といわれる。そのためには、地域に根を下ろしながらも、広い視野で世の中を見つめる必要がある。

つまり自治の担い手である住民や行政職員が、単に自身の知見や体験だけで議論するのではなく、さまざまな考え方や実践から学び、主体的な政策形成を進めることが重要なのである。そのような観点から、図書館の地域支援サービスは、多くの可能性と責務を有している。

2 コミュニティ情報サービス

2.1 コミュニティ情報とは

『図書館ハンドブック（第6版）』（日本図書館協会）は、コミュニティ情報サービスを「地域の各種専門機関に関する情報を記録したコミュニティ情報ファイルを作成し、地域住民の日常生活に必要な情報を提供する」と定義している。

地域住民に役立つ情報としては次のようなものがあげられる。

・自治体が刊行する各種行政資料
・地域の歴史や文化に関する郷土資料
・地元の出版社による図書や雑誌
・新聞の地域欄やミニコミ誌、折り込みチラシ
・国の出先機関や各種公的機関が発行するパンフレットやチラシ
・民間団体が出す PR 紙など

(1) コミュニティライブラリー

コミュニティへの図書館サービスという概念は、1980年代中頃のイギリス及びアメリカで具体化され、「コミュニティライブラリー」という用語としてわが国に紹介された。アメリカでは図書館が「コミュニティ情報センター」として地域情報を提供するだけにとどまらず、「コミュニティ案内・紹介」という、他の情報資源へ結びつけていくサービスも提供されている。

『公共図書館の計画・役割策定マニュアル』（アメリカ図書館協会、1987年）には、コミュニティ情報センターが「案内・紹介」の役割を果たすイメージを以下のように説明している。

　図書館は、サービスや資源を必要としている人々を適切に提供者に結びつけ

ることに役立っている。この役割は、図書館をコミュニティのコミュニケーションネットワークに含め、図書館がコミュニティの意思決定プロセスの一部となるようにすることに役立っている[1]。

つまり地域に暮らす住民に、図書館所蔵の各種地域資料を提供することはもちろん、ある情報ないしは情報源を持っている人物なり機関を紹介する、いわゆる「レフェラルサービス」による情報サービスをも指向しているのである。

こうした地域の多様な情報源を把握するには、図書館に送られてくる資料だけに頼らず、当該自治体の各部局が発行する資料や公的機関から送られてくるさまざまな行政情報資料を図書館に提供してもらうよう依頼する必要がある。また多くの住民が利用する駅やショッピングモールなどのパンフレットボックスを観察するなどして、活字になっている媒体は徹底的に収集することが重要である。

(2) 地域の動きが見える図書館

こうした資料や情報から、住民ボランティアが子育てサークルを運営していることや、地域の団塊世代有志がまちの清掃活動を始めたこと、あるいは長年合唱団活動をしているグループが県の大会で優勝したことや、有機野菜による農家レストランが日本農業大賞に入賞したことなど、さまざまな住民の動きがみえてくる。

これらの情報が、「行政」「教育」「福祉」「産業」「芸術・文化」「まちづくり」など、テーマ別にファイルされ地域情報としてコレクションされることにより、地域の活動を知る機会のない住民にも網羅的に認知してもらうことができる。また昨今はインターネット上にも地域の多様な情報が紹介されている。コミュニティ情報として有益なものをカテゴリー別に整理したリンク集を図書館のホームページで提供することも効果的である。

---

1) Pungitore, Verna L.（1989）*Public Librarianship: An Issues-Oriented Approach*, Greenwood Press（＝1993『公共図書館の運営原理』根本彰ほか訳，勁草書房）.

(3) 地域情報が役立つときはいつか

　例えば、地域の文化祭のプログラム構成に悩んでいた世話役が、図書館でふと目にした「芸術・文化」というファイルを手にとり、ミニコミ誌に紹介されていたコーラスグループに興味を持ち出演を依頼する、あるいは観光パンフレットの企画をしている行政職員が、近隣市町村の資料ファイルからデザインのヒントをつかむといったことが、図書館の「コミュニティ情報ファイル」をきっかけに生まれている。

　コミュニティ情報は、地域住民の暮らしや行政に役立ち、日常生活を潤わせ豊かにするものとして提供されているのである。

2.2　地域課題の解決につながるコミュニティ情報

　図書館が地域課題の解決につながる情報サービスを展開するには、それなりの現状分析とニーズ調査が必要である。例えば、

　①統計資料など各種データによる地域社会の状況把握
　②住民アンケートなど、市民要望に関する行政資料や利用状況などによるニーズ把握
　③直接、市民や地域づくりにかかわっている関係者からの意見収集

といったことがあげられる。

　以上のような調査に基づいて、課題に関連する資料・情報を収集することが、コミュニティ情報源を構成するうえで重要である。

(1) 図書館は地域課題情報の集積地

　図書館には、住民のさまざまな問題や課題が持ち込まれる。緊急性が高くすぐに情報提供が必要なものもあれば、長期的な展望を抱いてその実現のためにさまざまな情報を求める人もいる。

　例えば農山村地域では、過疎が進む山村の暮らしや文化を豊かに維持するた

第7章　地域支援サービス

図7.2　就職支援情報コーナー
(注)　資格取得や雇用関係、面接や履歴書の書き方、社会保障サービス関連の資料の他、ハローワーク発行の求人情報を提供している。
(出所)　滋賀県東近江市立永源寺図書館より筆者撮影。

図7.3　子育て支援コーナー
(注)　子育て関連資料の他、コミュニティの子育て支援情報やサービス機関のパンフレットなどを提供している。
(出所)　図7.2と同じ。

めの先進事例を探す人や、少しでも耕作放棄地を減らして農業の振興を図りたいという願いもある。市街地では、さびれた商店街の復興や、子どもが安心して遊べる環境づくりを模索する人たちもいる。

93

図書館では、そうした個々の住民が持つ課題ごとに、住民同士のネットワークを形成するきっかけをつくることができる。

　例えばある課題に関する資料展示コーナーをつくったり（図7.2, 図7.3）、あるいは文献リストを作成して配布したり図書館のウェブサイトに掲載することで、その利用頻度から課題への関心度を測定することができる。一定の注目度があれば、関連する識者を読んで講演会や学習会を開催することで、興味を持つ人々が図書館に集うこととなる。そこで継続的な学習活動を提案し、場を提供することで、そのテーマに関わる緩やかなネットワークができるのである（具体例は第15章を参照）。

(2) 図書館がつくりだす住民ネットワーク

　そうした地域課題に関する住民ネットワークができれば、個人が個別に課題に向きあうより組織的な力が形成され、いわゆる「地域力」が高まることにつながる。また図書館がかかわることで、そのネットワーク自体が「地域情報資源」そのものとなるのである。

　例えば地域の自然環境に関心ある住民グループを把握していれば、そうした活動に興味を示した利用者に案内することができるし、認知症の地域ケアを学習しているグループがあれば、そうした問題に悩む当事者に紹介することもできる。さらにいえば、このようなさまざまなネットワークによる学習活動が質量ともに高まっていき、新たな情報要求として図書館に寄せられることで、結果として図書館の情報提供能力も広範化・高度化していくことが期待できるのである。

2.3　コミュニティ情報が活用されるためには

　地域情報サービスを効果的に提供するには、情報の受け手との「関係性の構築」が重要である。つまり状況把握を的確に行い、適切な情報収集ができても、課題解決の担い手である行政職員や住民に情報が届かなくては、その提供は充分とはいえない。

第7章　地域支援サービス

地域課題に関わる人々が、図書館の情報提供をきっかけに実際的な活動を展開したり、そのための協働を模索したりといった動きにつながってはじめて「課題解決支援」は意味を持つといえるのではないだろうか。

2.4　地域メディアとしての図書館

政治学者の牧田義輝は、協働を前提とした地域活性化などのコミュニティ施策がうまく運ばない理由として「住民の側の情報不足」と「住民の不勉強」、「マスメディアによる偏重情報の悪影響」をあげている[2]。こうした分析は、公共図書館による情報提供の政策的重要性を示すものといえる。

住民に魅力的な情報提供をして自己学習を促し、商業主義的なマスコミでは取り扱わない「市場性の薄い」情報を含めた公平公正な情報提供を行うのは、公共図書館の最も重要な責務である。それをより効果的に提供するために、地域課題に合わせた文献リストやパスファインダーを作成し、配布ないしは図書館のウェブサイトに掲示することである。また図書館員が住民や行政のさまざまな会合にできるだけ参加し、課題解決に役立つ資料や事例など、多様な情報提供をすることが求められる。

③　地域産業支援

3.1　施策の背景

教育機関としての図書館が、ビジネス支援サービスなどの産業支援に加担することに違和感を示す意見もある。しかし「図書館法」が、「社会教育法の精神に基づき」「国民の教育と文化の発展に寄与」することを目的としているところに注目してみる必要がある。

「社会教育法」は、図書館などの教育施設を設置して行う社会教育活動の内容として、第5条に「8　職業教育及び産業に関する科学技術指導のための集会の開催並びにその奨励に関すること」と例示している。したがって図書館が

---

2)牧田義輝（2007）『住民参加の再生：空虚な市民論を超えて』勁草書房。

95

資料提供や集会の開催などによって、「土地の事情」に沿いながら住民の職業教育や産業支援を実施することは、むしろ「社会教育の精神」に合致した活動と位置づけることができるのである。

3.2　図書館機能への期待の変化

1990年代のバブル経済崩壊や、グローバリズムの潮流のなかで、自治体の経営基盤が脆弱になり、公共図書館のあり方も厳しく問われる情勢となった。最も重要かつ基本的なサービスと位置付けられてきた「貸出し」を重視したサービスモデルだけでは、公務員司書による図書館経営の存続が困難な状況となったのである。それは、図書館業務の委託化や「指定管理者制度」による管理運営という施策の展開によって現れた。

これに対して1990年代後半から、資料の貸出しだけでなく、地域産業の振興や起業、あるいはあらゆる人びとの仕事を支える活動によって、図書館の有用性を高めようとする活動が始まった。それは子どもの読書、あるいは趣味や楽しみのための施設と捉えられがちな図書館を、地域社会の活性化に貢献する地域を支える情報拠点へとサービスを発展させる動きであった。

3.3　地域産業支援の実際

図書館による産業支援は1929年にその端緒がみられる。東京市立京橋図書館で「実業図書室」が設けられ、200以上の新聞、商報類と名簿、広告資料など3000冊の参考図書を提供する実践があった。

戦後『市民の図書館』発刊以前の1960年代から、北海道置戸町立図書館は地場産業支援として、林業、木工業の発展に貢献した。

「オケクラフト」といわれる地場産の木材を使った木工品の振興を支援するため、さまざまな資料や集会の場を提供するなどして、当時としては斬新な活動を展開した。また図書館は公民館などとも連携し、単に資料提供を行うだけでなく、住民の集いの場、まちを活性化するための語らいの場として、地域に根をおろした活動を展開したのであった。

第 7 章　地域支援サービス

図7.4　「食と農」コーナー
(出所) 図7.2と同じ。

　2000年代に入り「ビジネス支援サービス」の必要性が話題となり、起業支援やビジネスパーソンへの情報提供が注目された。当初のビジネス支援サービスモデルは、都市部での起業支援やキャリアアップなどの資料提供や講座の開催であったが、次第に地方都市における地域産業へのアプローチというスタイルが出てくるようになった (図7.4)。

　例えば栃木県小山市立図書館では「農業支援」を打ち出し、農林業関連の専門資料の提供やパスファインダーをウェブ上で公開したり「おやま地産地消ライブラリー」を開設し、地域の農産物の紹介などを行っている。また鳥取県立図書館では、情報支援をしたある中小企業が開発した「シャッターガード」という製品が、通商産業省のグッドデザイン賞を受け、全国規模の市場を開拓することにつながったという事例もある。

3.4　地域産業支援サービスの具体例

　地域産業の振興は、的確なニーズ把握と関係機関との連携、協働が不可欠である。以下に事業の具体例を示す。

① 経営管理や経済動向など、産業・経済動向に関する専門的な図書・雑誌の充実
② 新聞記事データベース、経済情報、人物・会社情報などのデータベース提供
③ 先進事例の情報収集や紹介、現地視察などのコーディネート
④ 経営・起業相談、融資相談のための窓口設置や相談会の実施
⑤ 県・市町村関連各課、商工会議所、専門機関などとの連携、およびビジネス情報の提供
⑥ 先進事例、キーパーソンによる講演会・研修会の実施
⑦ 物産展、実演会など、地元産業の振興イベントへの会場提供
⑧ 商品・サービスの企画立案、広告・プロモーションに役立つ、芸術、文学系を含めた多様な資料の提供とパスファインダーの提供。

　上記のような事業を全面展開することは、財政事情や組織的な条件によって難しいかもしれない。しかし図書館が提供する情報が、住民の暮らしや仕事に役立ち、ひいては地域産業の活性化に貢献し得ることを理解したうえで、地域ニーズに即したできる限り多様な資料・情報を提供することが重要なのである。

　例えば近年は工業系の技術伝承が難しいことを背景に、機械工作や諸技術の図書が、非常にビジュアルに作られている。それらの資料を、中堅レベルの技術者が新人教育用に利用している事例もある。まちの図書館による資料提供が、地域工業の技術伝承の一助となっているといえるであろう。

　また、地域産業への情報提供は、図書館が単独で行うのではなく、関係課や商工会議所、地域自治振興組織やNPOなども巻き込んで、それぞれの得意分野を効果的にコーディネートするとともに、各種助成金、通商産業省、総務省、文部科学省などの補助金や委嘱事業なども活用しながら、多面的に展開することが重要である。

第7章　地域支援サービス

4　子育て支援サービス

4.1　施策の背景

　1970年代以降『市民の図書館』に「児童サービス」を重視する考え方が示されてから、公共図書館では子どもの育ちに合わせた適切な資料提供によって、子どもたちの豊かな感受性や想像力の成長を支援しようと努めてきた。昨今ではそうした資料提供としての児童サービスと絡めつつ、図書館が子育て中の保護者や保育者への多様な情報提供を行うことで、地域の子育て環境の向上を図ろうとする取り組みが行われるようになってきた。

　これは、1980年代中頃から顕在化した少子化問題や、1990年代末から核家族化に起因する児童虐待が急増し、家庭での育児を支援する社会的な取り組みが急務となったことが背景にある。

4.2　「子育て」を社会化する政策と図書館

　1993年、厚生労働省が「新エンゼルプラン」に基づく「子育て支援センター事業」を展開し、基礎自治体レベルでの保育所充実策や子育て相談、乳幼児家庭への保健師訪問事業などの取り組みがなされた。

　また文部科学省は1999年、「家庭教育への支援」「幼稚園における子育て支援等の充実」「子どもの『生きる力』を育むための体験活動の推進」「子育ての楽しさや子どもを生み育てることの意義に関する教育の推進」の4つの柱に基づく次世代育成支援としての取り組みを開始した。

4.3　「生きる力」を育む子どもの読書

　図書館では、「子どもの『生きる力』を育むための体験活動の推進」における「生きる力」の育成を、子どもの読書体験を豊かにすることで育んでいくという施策が期待された。

　乳幼児から絵本に触れることで、豊かな想像力を育むことや、絵本を通して

99

親子のコミュニケーションをより深めてもらおうと、児童文学研究家、絵本作家、児童・発達心理学者、保育研究者などの講座やワークショップなどを企画し、子育て支援事業の一角を担う実践が取り組まれたのである。

さらに2000年には、「子ども読書年」を起点とした「子どもゆめ基金」が文部科学省とその外郭団体により創設され、図書館ならびに図書館で活動する地域子ども文庫や読書ボランティアが、子どもと本をつなぐさまざまなプログラムを展開することとなった。

2001年には、子どもの活字離れを懸念する国会議員たちを中心に立法された「子どもの読書活動の推進に関する法律」が施行され、子どもの読書環境の整備によってその健やかな成長を支えることが、基礎自治体の責務となったのである。くわしくは、第5節でも述べる。

4.4　子育て支援サービスの具体例

図書館では生涯学習課などと連携し、文部科学省の補助事業として、家庭教育力の向上を図る施策や保育者を支援する講座なども展開した。

具体的には、絵本の魅力や子どもの育ちとのかかわりについて理解を深めるものや、絵本が親子のより親密なコミュニケーションを育む優れたツールであることを伝える講座などである。

絵本作家や児童文学研究者、あるいは児童・発達心理学者や保育研究者などを講師に、多様なプログラムが展開された。

(1) 親子のコミュニケーションツールとしての「絵本」

2002年に、森昭雄が『ゲーム脳の恐怖』を発表し、ゲームやテレビなどの脳機能への悪影響を主張したのに続いて、日本小児科学会が、「乳幼児のテレビ・ビデオ長時間視聴は危険です」という提言をしたこともあり、子育てにおける本の活用が注目されることになった。

また、2000年にはイギリスで1992年に誕生した「ブックスタート」という生まれたばかりの赤ちゃんに自治体が絵本をプレゼントする取り組みが開始され

た。これは図書館員とボランティアなどが乳幼児検診時に出向き、赤ちゃんと絵本との出合わせ方や楽しみ方を保護者に伝えながら、絵本が子育てにおけるコミュニケーションツールとしてとても優れていることをPRするものである。

　赤ちゃんと絵本を楽しむことで、子育てを楽しいものとして感じてもらうことや、育児不安を取りのぞく効果が期待されている。現場では保護者に絵本リストも渡し、より多くの絵本を知ってもらうとともに、図書館利用を促すことも目指している。

　この取り組みは、本を贈呈することが主たる目的ではない。その費用がなくても、図書館から絵本を持ち込み、赤ちゃんがいかに絵本を楽しめるかを、そして親子で絵本を通じた心の交流を図ることの大切さを伝えることが主眼なのである。

　滋賀県の東近江市では、混雑する検診時に開催する困難さを克服する手法として、母子手帳の配布とともに「ブックスタート引換券」を進呈し、図書館に来館してもらってブックスタートを展開している。絵本の引換えを機会に後日都合のいい時間に来館してもらえること、図書館のゆったりとした空間と絵本が並ぶスペースで、落ち着いて親子と向き合えるというメリットがある。

(2) 乳幼児と保護者のためのお話し会

　ブックスタートを契機に、乳幼児のためのお話し会を開催する図書館が増加している。通称「おひざでだっこのおはなし会」と称されるこの取り組みは、母親（時には父親）の交流サロンとしても機能している。

　こうしたなか、図書館の集会ホールを地域の子育てサークルに開放する取り組みも見られるようになってきた。

　2000年から始まった「子どもゆめ基金」による事業は、乳幼児から小学生、中高生の読書を活発化するためのさまざまな事業が全国で展開された。子どもが直接本の楽しさを感じるために、オーサービジットなど著者との出会いを作ったり、子どもに本の楽しさを届ける読書ボランティアを養成する講座、あるいは子どもが本と出会う意義を市民全体で議論する「子ども読書フォーラ

ム」のような事業も取り組まれるようになった。

4.5　出前の子育て支援プログラム

　従来から図書館では、図書館ガイダンスやブックトーク、お話し会などを幼稚園や小学校などに出向いて実施していた。2000年以降は保育園、幼稚園、小・中学校とも連携して、絵本講座や子育て講座など、図書館以外の施設を会場に実施する取り組みも見られるようになった。これにより来館機会を持たない子どもにも本の楽しさを届けることができ、かつ保護者会などと日程を調整することで、親にもそのメッセージを伝えることができるのである。

　また地域の読書ボランティアとも協働することで、コミュニティで子どもの読書、育ちを支えるネットワークを形成することにも役立つことができる。

　図書館がこうした出前講座を提供する意義は、単に資料や情報を揃えて来客を待つという消極的な姿勢ではなく、図書館が貢献できる政策課題の現地に臨み、幼稚園や学校といった現場で子どもや保護者、そしてボランティアとの交流を図ることにある。

　それは図書館が地域に根付くことであり、図書館が住民とともにあることを示す格好の機会なのである。

⑤　学校教育活動の支援

5.1　施策の背景

　「図書館法」の第3条には、各種図書館奉仕の事業によって学校教育を援助する必要性が記されている。公共図書館からの学校教育支援の施策としては、教員の教科学習用資料や学級文庫への団体貸出しに加え、図書館ガイダンスやブックトークなど、司書が直接出向いて働きかける事業も取り組まれてきた。

　基本的に学校の児童・生徒や教員への読書支援や教育活動支援は、学校図書館の役割と位置付けられている。わが国では学校図書館の理念や制度が提起され位置付けられるのは、戦後の教育改革以後のことであった。

102

第7章　地域支援サービス

　1953年に制定された学校図書館法では、学校図書館を、児童、生徒及び教員に図書、視聴覚資料等を提供することよって学校教育課程の展開に寄与し、児童生徒の健全な教養を育成することを目的として設置される学校の設備と定義している。

(1) 立ち遅れた学校図書館整備

　1947年に制定された学校教育法施行規則第1条に、図書館必置が規定されたこともあり、学校図書館づくりが各地で取り組まれた。しかし、専門職員である司書教諭を「当分の間置かないことができる」という附則が長らく放置されたため、学校図書館の発展は著しく停滞することとなったのである。

(2) 学校司書の登場

　司書教諭の配置が進まないなか、岡山市では1970年代から学校図書館の運営を専門に行う「学校司書」の配置をすすめてきた。こうした動きが全国から注目され、資格要件や採用形態は不十分ながら、学校司書を配置する自治体が増え始めた。

　その後1980年代の後半から、子どもの塾通いなどによる生活環境の変化が明らかになったことから、公共図書館の学校支援や、地域家庭文庫活動をしていた住民などによる、学校図書館の改善、整備要求の運動が展開された。

　また1990年代半ばには、詰め込み教育を批判する学校改革が論議にのぼり、「総合的な学習」に代表される自己学習力、「生きる力」の育成といった教育思潮が台頭したことも、学校図書館の役割を見直す契機となった。

(3) 学校図書館法改正でも機能しなかった司書教諭

　1997年ようやく学校図書館法が改正され、2003年から12学級以上の学校に司書教諭が発令されることとなった。しかし12学級以上のクラスを持つ学校は45％に過ぎないこと、また、司書教諭は学級担任などを持つ教諭の兼務が認められたことから、法改正による実際的な学校図書館の整備はそれほど進まな

かった。

5.2 学校図書館の機能と支援策

　学校図書館が持つべき機能は、教育課程の展開に役立つ資料・情報を、児童・生徒や教師の求めに応じて提供することにより、創造的な教授法や学習課程づくりに役立つとともに、子どもの豊かな読書経験を助け、図書館利用や情報リテラシーを含めた学習能力の育成を図ることにある。

　そのため学校図書館では、各教科の展開を豊かにするための図書を充分に揃え、かつ児童・生徒の「楽しみのための読書」に応える多様な資料を用意する必要がある。

(1) メディアセンターとしての学校図書館

　アメリカでは、学校図書館は児童・生徒が自ら学ぶために、また学ぶ訓練をするために必要な資料を豊かに揃えたいわゆる学習メディアセンターとして、学校教育の中心的な存在と考えられてきた。

　しかし日本の学校図書館の現実は、そうした活動を充分に展開できる資料費がないうえに、わずかな予算を有効な選書によって活用する専門職員もいないケースが大多数だった。

(2)「子どもの読書活動の推進に関する法律」の制定とその後の施策

　2000年から文部科学省の委託事業として始まった「子どもゆめ基金」は、全国各地の任意団体に読書振興プログラムなどを公募し、採択した事業に対して柔軟な財政支援を行った。この事業では公共図書館員、住民、そして学校が連携し、子どもの読書環境を向上させるためのさまざまなプログラムを展開した。

　その後、紆余曲折を経て、2001年、「子ども読書活動推進法」が公布施行された。2002年には、子ども読書活動の推進に関する基本的な計画が閣議決定され、「学校司書は司書教諭と連携・協力して学校図書館事務の処理に当」たるとして、これまで不明確だった両職種の位置づけが行われた。

また2007年には文部科学省が「新学校図書館図書整備5か年計画」を発表、2007年度から2011年度の5年間で、学校図書館図書標準[3]の達成を目指すため、更新冊数分を含めた約1000億円（単年度約200億円）を交付税措置することとなった。

しかし地方交付税の使途は自治体の裁量に任されているため、必ずしも学校図書整備に活かされたかどうかは疑問視されている。

5.3　学校教育支援の実際──「総合的な学習の時間」との関わり

図書館法第3条に公共図書館が学校教育を援助する必要性が記されたものの、その具体的な政策指針は長らく示されなかった。少なくとも『中小都市における公共図書館の運営』（1963年）には、移動図書館の停車場所として「学校」が例示されているが、『市民の図書館』（1970年）には、そうした記述は見当たらない。

1989年に発刊された『公立図書館の任務と目標』に、児童・青少年に対するサービスの重視や学校図書館との連携が記された。そして2001年、ようやく『図書館による町村ルネサンスＬプラン21』において、「学校と連携し、『地域の教育力』を高める」という考え方が、2ページを割いて具体的に示された。

2002年度からの新学習指導要領によって新設された「総合的な学習の時間」では、一律の指導内容や教科書は設定されなかった。さまざまな教科における子ども自身の興味・関心を手がかりに、その好奇心を引き出し、主体的な学習を進めることが求められたため、多様な図書館資料の提供は授業づくりの鍵を握るとされた。

ところがその後、PISA学力テスト[4]の成績で、かつて世界の上位にいた日

3）1993年、当時の文部省が公立小学校の学校図書館の図書の整備を図る際の目標として設定したもの。文部科学省ホームページ参照（http://www.mext.go.jp/a_menu/sports/dokusyo/hourei/cont_001/016.htm）（2018/1/1最終確認）。
4）PISAとは、経済開発機構（OECD）による生徒の学習到達度調査の略称で、義務教育修了時点で、社会生活を営む上で必要な学力をどの程度身につけているかを見るテストである。2003年実施のテスト結果が公表され、「読解力」が2000年の8位から14位に、「数学的リテラシー」が同じく1位から6位に転落したため、教育界に大きな衝撃を与えた。

本の子どもが大きく順位を落としたことから、「学力の向上」が叫ばれ学習指導要領も大きく改訂されることとなった。

　しかし大阪教育大学の北尾倫彦名誉教授は、PISA 学力テストが問うのは知識・技能の習得・再生ではなく、その活用能力であり、授業においても習得型から探究型への転換が求められてくると指摘している。

　つまり単なる詰め込み教育ではなく、知識・技能を使って問題を解決させたり、知識・技能によってなにかを表現し、主張させたりするなど、問題解決や表現を重視した授業を行う必要性が問われているのである。

　このような指摘は、想像力、読解力を育むといわれている読書という営みと深く関わっているものと思われる。

　それでは、具体的な学校教育支援の施策をみてみよう。

(1) 学校訪問（お話し会、ブックトーク、図書館利用ガイダンス）

　もっともポピュラーに行われているのは、学校の求めに応じて行うお話し会などの学校訪問である。各教室に入り、お話しやブックトークをして子どもに本、読書の楽しさを伝える活動である。1年生を対象に、図書館の役割や使い方などのガイダンスを行うこともある。

(2) 図書館見学・職場体験学習

　小学校3年の社会科では、まちの公共施設を学習する。その一環として「図書館見学」がある。図書館員が図書館の役割を説明し、館内を説明しながら見学してもらう。また子どもたちからの質問に応える時間も設け、場合によっては質問内容を逆に「図書館クイズ」にして、子どもたちに回答してもらう工夫もある。中学校2年生では、職場体験学習がある。棚の整理や本の装備、お話し会で紙芝居を演じてもらったり、移動図書館車の乗務体験をしてもらうこともある。場合によっては、カウンター業務を体験してもらうところもある。

第7章　地域支援サービス

(3) 団体貸出し

　教師へ教科学習に必要な資料を数十冊長期間（おおむね1カ月程度）貸出したり、子どもたちの読書用に「学級文庫」として100冊前後貸出しする。適宜、子どもたちからのリクエストに応じて資料を準備することもある。また、学校図書館の蔵書が不十分な場合、さらに長期間（6カ月～1年）、100冊以上の資料を貸出す「長期貸出し」というサービスも行われることもある。

(4) 学校図書館運営支援

　学校司書がいない学校や、司書教諭の未配置校、あるいは配置されていても兼務のため業務時間を確保できない学校に公共図書館の司書が訪問し、さまざまな支援をする活動。例えば古くなった資料の除籍選定や、新規購入資料の選定、書架配置を含めた図書館のリニューアルや、図書館コンピュータシステム選定の助言などを行う場合もある。

(5) 読書推進事業の提供

　2000年から始まった「子どもゆめ基金」などによる、読書活動推進事業を企画する際に、企画内容に学校の意向を取り入れたり、学校を会場にするなどして、子どもたちに読書の楽しさを伝える事業を確実に提供する取り組み。

(6) 学校司書派遣事業

　公共図書館での経験を積んだ司書を、学校司書として派遣する施策を行う自治体がある。滋賀県東近江市や愛荘町などの図書館で、図書館雇用の職員を学校に派遣している。この方式は、公共図書館との連携を図るうえで非常にメリットがある。

　2001年、「子ども読書活動推進法」が公布・施行され、基礎自治体でも「子ども読書活動推進計画」を策定する努力義務が課せられることとなった。その策定プロセスや内容は自治体によって千差万別で、実行性のある計画づくりが進んでいるかどうかは疑問がある。

例として滋賀県の東近江市では、市民、生涯学習課、学校教育課、図書館が協働して計画づくりを行い、学校図書館標準図書の蔵書達成校、学校司書派遣校、データベース化校などの実施目標を掲げ、計画の実現に向けた積極的な取り組みを行っている。

5.4 「学校司書」の法制化と学校図書館支援策の課題

　2014年6月の「学校図書館法」の改正により、これまで法的な根拠がなかったいわゆる「学校司書」が法制化されることとなった。条文では、

（学校司書）
　第6条　学校には、前条第1項の司書教諭のほか、学校図書館の運営の改善
　　　　及び向上を図り、児童又は生徒及び教員による学校図書館の利用の一層の
　　　　促進に資するため、専ら学校図書館の職務に従事する職員（次項において
　　　　「学校司書」という。）を置くよう努めなければならない。
　2　　国及び地方公共団体は、学校司書の資質の向上を図るため、研修の実施
　　　　その他の必要な措置を講ずるよう努めなければならない。

とされている。ただ学校司書の配置は努力義務の範囲であり、資格要件についても明確に示されていないことから、学校図書館活動を専門的な立場で推進することに疑問を持つ意見もある[5]。

　これまでみてきたように学校図書館が学校教育において重要であることが認識されながらも、その施策の進展には長い時間が必要であった。その大きな理由は、教員養成課程においてそもそも学校図書館活用教育について学ぶ機会がないことがあげられる。2018年3月に公示された新学習指導要領では、その改定のポイントとして「主体的・対話的で深い学び」の重要性が強調されている。

5）例えば、学校図書館問題研究会第30回全国大会（熊本大会）アピール「学校図書館法の一部を改正する法律についてのアピール」（http://gakutoken.net/opinion/2014gakutohou/）（2018/1/1最終確認）。

第 7 章　地域支援サービス

こうした施策の推進において、公共図書館が学校図書館の活動をより推進させるために、より積極的に関与していくことが求められる。

■□コラム□■

ビジネス書の出張展示サービス

　千代田区立千代田図書館（以下、当館）は、昼間区民の大多数を占めるビジネスパーソンを新たなターゲットとして意識しており、2011年より、忙しくて図書館へ行く時間がないビジネスパーソン向けのサービス「ビジネス書の出張展示」を開始した。

　出張展示では、ビジネス書（50～100冊程度）とPOPやパネル（推薦コメント）をセットにして企業のオフィスに出張し、

図1　表紙を見せPOPを付けてディスプレイ

社員の休憩室や空き会議室などのスペースに2週間ほど展示して、社員に自由に手に取ってもらい、本に親しんでもらう。展示中は基本的には社員個人への貸出はせず、ビジネスパーソンが自分に合うビジネス書と出会った後は、各自地元の図書館で借りたり、購入したりしてもらうという企画である。出張や展示にかかる費用は基本的にすべて図書館が受け持っている。「団体貸出」と「移動図書館」と「展示」の要素が合体した新タイプのサービスといえるだろう。

　出張展示の特色は、大きく5点。①気軽に開催してもらえるように、出張先企業は会場・テーブルなどを用意するだけで、設営と撤収は図書館員が行う。②普段あまり読書しない人にも興味を持ってもらえるように、本は全て表紙を見せてPOPを付け、スタンドに並べる。③社員の展示への関心を高めるため、出張先企業の社長や幹部などから推薦コメントをいただける場合は、それをPOPにして展示する。④展示したビジネス書のブックリストや当館の情報誌などを用意して、気になる本と出会えたあとのフォローアップや図書館自体のPRも行う。⑤展示を見た社員と企業側の担当者に、それぞれアンケートをとり、常にサービスの改善を行う。

　実施事例として最も多いのが、企業のオフィスへ出張し、休憩時間などに社員の方に展示を見てもらうタイプである。企業側の狙いは読書を通した人材育成や社内交流で、展示を見た社員からは「参考となるビジネス書を一挙に把握できるので便利」「紹介文POPがあるのがよかった」「並べ方がきれいで思わず手に取りたくなった」などの声が多数寄せられている。一方、企業の図書室を展示会場として、図書室の活性化を狙うタイプの出張依頼もあった。来場者からの反応は、前述の人材育成タイプ

第 7 章　地域支援サービス

図2　社員の休憩スペースの中に展示会場を設定

と同様の声に加えて、「すごく見やすかった。初めて来たが、また利用したい」などがあり、図書室利用促進の効果が見られた。企業図書室の担当者からは「本の効果的な展示の方法、スキルを学んだ」「次は社内報と連動企画をたてたい」などの声があり、活性化へのヒントが見つかったようである。

出張展示をきっかけに、これまで図書館が視野になかった利用者と図書館とのつながりができた。出張展示のためのセットを一から作るのは大変そうに思われるだろうが、当館では館内で行った企画展示のパネル・POPなどを再利用して出張セットを作っているので、あまり手間はかかっていない。また児童や保護者向けブックガイドなどを発行している図書館は、その文章を再利用すると、児童書の展示セットが簡単に作れるかもしれない。既存の素材を少し加工して、展示型のアウトリーチサービスを始めてみてはいかがだろうか。

(河合郁子)

第**8**章	図書館サービスと著作権

1 図書館の社会的意義と著作権

　著作権法（昭和45年法律第48号）は、著作物の利用に関する排他的権利を著作者に認める。図書館において利用に供される資料情報の多くには著作権が付着しており、当然その利用には著作権法上の配慮が必要となるが、著作物の公正な利用においては一定の条件のもとで著作権が制限される。図書館での著作物利用は、その社会的責任や機能を鑑みると著作権が制限される場面が少なくない。図書館では著作権法の目的や基本構造をしっかり理解したうえで、自身の社会的責任を果たすことを念頭にサービスを十分に展開することが必要である。

　わが国において、公共図書館を第一義的に規律する法律は図書館法（昭和25年法律第118号）であり、図書館法および関連法令に導かれ多様なサービスが利用者に提供される。この時に著作物を扱うならば、その範囲において著作権法との接点を持つことになる。図書館と著作権にはそれぞれに意義があり、両者の関係を考える際には、前提となる意義や目的をしっかり理解することが重要である。

　なお、本章において法律の条項を示すときには、とくに言及がない場合には全て著作権法を指す。

1.1 図書館の目的

　図書館法の第1条に規定されるように、公共図書館は「国民の教育と文化の発展に寄与する」ことを目的に掲げ、収集した資料情報を不足なく利用者及び住民に提供することを使命としている。図書館は、民主主義を保障し、知的自

由を擁護する機関であるといわれるが、日本国憲法がその基礎をおく民主主義社会においては、幸福を追求する権利（憲法第13条）が保障され、それにともなう自己判断、自己選択、自己決定、自己責任が求められる。こうした社会においては、意志決定の基本的要素となる情報が不可欠である。

　ひるがえって、図書館が収集する資料情報は多様性を持つ。適切に構築されたコレクション群は、さまざまな主題分野にわたり、相反する見解を含んだ多様な価値観で構成されている。利用者は著者の多様な価値観が表現された表現物に触れることで、自分ひとりでは思いいたらなかったアイディアから着想を得て、新たな考えをまとめるための情報収集を行う。さらにその結果を第三者に伝えようとするならば、自らの表現で新たな創造を試みる。多様な情報に触れ、情報を知識に変え、知識を創造に変えていきながら、学ぶ意欲や民主主義への参加の意識が喚起されるのである。こうした知的創造を支援するのが図書館である。

　国際的には、「ユネスコ公共図書館宣言（1994年改訂）」が公共図書館の基本的な原則について言及する。「地域において知識を得る窓口である公共図書館は、個人および社会集団の生涯学習、独自の意思決定および文化的発展のための基本的条件を提供する」とし、地域の情報センターとしての公共図書館の社会的意義を言及したうえで、あらゆる"情報格差"を是正するために、公共図書館のサービスが「年齢、人種、性別、宗教、国籍、言語、あるいは社会的身分を問わず、すべての人が平等に利用できるという原則に基づいて提供される」ことを明言している[1]。

1.2　著作権法の目的

　一方で、図書館サービスに供される情報資源の多くは、著作権法に規定される著作物に該当する。著作権法では、著作物の利用に関するさまざまな権利を

---

1)ユネスコ公共図書館宣言（http://www.jla.or.jp/library/gudeline/tabid/237/Default.aspx）原文は、"IFLA/UNESCO Public Library Manifesto 1994"（https://www.ifla.org/publications/iflaunesco-public-library-manifesto-1994）（2018/2/28最終確認）。

著作者が独占することを認めており、著作者以外の第三者が著作物を利用する場合には著作者の許諾を必要とする。しかしこうした権利が強まれば、著作物の円滑な利用が阻害される可能性が生じる。例えば公共図書館において、利用者が資料情報を利用しようとするたびに利用許可を必要としたならば、円滑なサービスはできなくなってしまう。著作権法ではそのようなことが起こらないように、さまざまな仕組みを用意している。詳しくはこの後に述べるが、ここではまず著作権法の目的を確認しながら著作権制度の基本理念を整理する。

著作権法の目的は、第1条に規定される。

第1条　この法律は、著作物並びに実演、レコード、放送及び有線放送に関し著作者の権利及びこれに隣接する権利を定め、これらの文化的所産の公正な利用に留意しつつ、著作者等の権利の保護を図り、もつて文化の発展に寄与することを目的とする。

条文に明記されるように、著作権法の目的は「文化の発展に寄与すること」である。文化の発展とは、多様な著作物の豊富化を指す。その手段として、著作者の権利やそれに隣接する権利として、著作物を広める者の権利保護を「公正な利用に留意しつつ」図るのである。図を使って解説する。

図8.1は、著作権法が目的とする著作物の多様化と豊富化に欠かせない"創造の循環"を表した概念図である。多くの場合、無から新たな著作物は生まれない。何らかの既存の著作物たる表現物に触れることで着想を得て、そこから新たな著作物が創造される。創造された著作物は手元においただけでは社会に対して何の影響を生み出さないので公表をする。公表された著作物は流通することで世の中に広まる。世の中に広まれば多くの人がその著作物に触れることができ、そこから着想を得た第三者の新たな創造につながる。この循環構造がうまく機能すると、世の中に多様で豊富な著作物が生み出されることになる。

この循環のなかで、著作者にとってとくに重要となるのは、著作物の公表と流通である。自ら生み出した著作物が公表され手元を離れたあとに、第三者が

第 8 章　図書館サービスと著作権

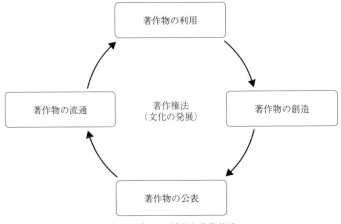

図8.1　創造の循環と著作権法

その著作物を自分が作ったものとして振る舞ったならば（盗用・剽窃である）、本当の著作者は当然嫌な気持ちになる。または、第三者がその著作物を使って商売をした結果、幸いにして多くの経済的利益を生み出したのにもかかわらず、著作者に対しては一銭の金銭的対価も支払われず経済的な困窮に陥っていたとするならば、その後の創作を続けられないかもしれない（もちろん、金銭的対価のためだけに創作を行うばかりではない）。少なくとも、著作者が安心して著作物を公表し続けられるように、著作物や著作者に対する一定の権利が保障される必要がある。つまり著作権法は、著作者が精神的、経済的にも安心して著作物を公表し続けられる環境を整えるという役割を持つ。

　一方で著作物を利用する立場からすると、強い権利保護によって著作物の利用がしづらい状況が生まれる。著作者が著作物の利用を望む者に対して利用を許可する（これを許諾という）にしても、実現困難な条件設定や過大な金銭的対価を要求したならば著作物の利用が妨げられることになる。詳しくは 3 節で述べるが、著作権法では著作者に対して著作物の利用行為をコントロールする財産的権利を与える一方で、著作物の公正な利用については著作者の権利に規制を加えている。これは文化の享受者たる一般市民が著作物を利用する者である

115

ことを念頭において、著作者の権利保護を行うということである。これが条文中の「文化的所産の公正な利用に留意しつつ」の意味である[2]。

1.3　文化の発展を目的とする図書館と著作権法

　著作物の創造という点で考えてみるならば、図書館は多様な著作物を収集、提供することで創造の循環の要点となる「著作物の利用」に寄与する。このことは、公共図書館を規定する図書館法第1条の目的規定において「国民の教育と文化の発展に寄与すること」を掲げ、続く第2条の図書館の定義として、「図書、記録その他必要な資料を収集し、整理し、保存して、一般公衆の利用に供し、その教養、調査研究、レクリエーション等に資することを目的とする施設」としていることからも明らかである。公共図書館は国民の教育とともに、「文化の発展に寄与する」という目的を著作権法と共有し、創造の循環において著作物の円滑な利用を支えているのである。事実図書館の典型的なサービスである閲覧、貸出し、複写などを行ううえで必要な著作物の利用は、著作権法に規定される著作物の利用行為にあたるが、その大部分は公正な利用として著作権の制限（第30〜50条）により著作者の許諾なく利用できる（次節以降で詳述）。

　実務においては著作権法の解釈に悩むことがあるが、基本的な考え方としては図書館のサービスを第一義的に規定するのは図書館法であり、第3条の図書館奉仕に象徴されるさまざまなサービスを円滑に行うことを念頭に、著作権法の解釈や整合を検討することが肝要である。

② 著作権の対象とならない情報

　われわれの身の回りはさまざまな種類の著作物であふれている。図書、雑誌といった伝統的な印刷媒体による記録情報のほか、DVD、携帯音楽プレイヤーのようなデジタルメディアに記録されたデータ、インターネットなどのサ

---

2)このことは、財産権の内容が公共の福祉に適合するように法律で定められる（憲法第29条第2項）ことからも合理的である。

第8章　図書館サービスと著作権

イバー空間に蓄積された情報など、こうした情報のほとんどは第三者による創作物であり、多くの場合それらには著作権が付着している。しかしながら著作権法上、すべての著作物が著作権法上の保護を受けるわけではない。またそもそも著作物として認められない情報もあり、それらは自由に使用することができる。

2.1　著作物にあたらない情報

著作権法では著作物を「思想又は感情を創作的に表現したもの」とされ、さらに「文芸、学術、美術又は音楽の範囲に属するもの」と定義される（第2条第1項第1号）。すなわち著作物とは、思ったまたは考えたことを創作的に（自身の個性が発揮され、他人の真似をすることなく）表現したものをいう[3]。このため個性のうかがえない単なる事実やデータ、数式、単語などは著作物に含まれないので自由に使用できる[4]。

2.2　自由に利用できる「著作物」

(1) 法令など

著作物に該当する場合であっても、憲法その他の法令、裁判所の判決などは、円滑な市民社会を送るうえですべての市民が自由に利用できるべきものであり著作権の成立が認められていない。なお、法令そのものには著作権は認められないものの、市販の法例集などは関係法令を集めて見栄えや検索性を良くするために工夫が凝らされていたりする。また、著作物に該当しない事実やデータを素材に創作された辞書などについても、その編集に創意工夫が凝らされ創作性が認められる場合には編集著作物（第12条）として著作権が認められる。

---

3) 表現された「もの」は、「物（ブツ）」ではないことに留意。物理的形態を持たない表現が物に固定されると、著作物の複製物として、例えば本という形（有体物）で所有できる。正規に入手した有体物は所有者が自由に処分できるが（古本屋に売るなど）、無体物である表現は、これを許諾を得ないで勝手に複製販売したり、無断に利用することは原則として許容されない。
4) また、表現の保護であるので表現される前の段階のアイディア（着想）は保護の対象ではない。

データベースについても同様に保護される（第12条の2）。

(2) 著作権の消滅

わが国において著作権は、著作物が創作された時点で直ちに発生する（第51条第1項）。この著作権は、著作者の死後50年までの間存続する（第51条第2項）[5]。著作権の保護期間を過ぎると著作権は消滅し、その著作物は公有財産、すなわちパブリックドメインとなり、誰もが自由に利用できるようになる。図書館においても、著作権の消滅した資料情報の利用には著作権を意識する必要がなくなる。

なお著作権の保護期間については、「環太平洋パートナーシップ（TPP）協定」の締結にともなう法改正が議論されるなかで、2016年12月に著作権の保護期間を著作者の死後70年に延長する改正案が国会において可決され成立した。しかし、その施行はTPPの発行時とされたため、その後にTPPの発効自体が凍結されたことにより、2018年2月現在では保護期間の延長も事実上棚上げとなっている。

③ 著作権制度の概要

3.1 著作権法で保護される著作物

2.1で述べたように、著作物とは「思想又は感情を創作的に表現したもの」であり「文芸、学術、美術又は音楽の範囲に属するもの」（第2条第1項第1号）とされる。これらは実際には人類が創作する表現のほぼ全域をカバーすると思われるが、第10条第1項では具体的な著作物を表8.1のように9種類に整理している。

著作物は種類ごとに利用の様態やそれにともなう保護のあり方が異なる。ただしこれらの種類は相互排他的ではなく、実際にはこのなかのいずれか一種類に該当するものもあれば、複数の種類に該当するものもある。例えばミュージ

---

5) 映画の著作物の著作権は、公表後70年の間存続する（第54条第1項）。

118

第8章　図書館サービスと著作権

表8.1　第10条第1項にみる著作物9種類

言語の著作物	図形の著作物
音楽の著作物	映画の著作物
舞踊または無言劇の著作物	写真の著作物
美術の著作物	コンピュータ・プログラムの著作物
建築の著作物	

カル作品であれば、劇中の音楽は音楽の著作物であり、演劇として舞踊の著作物でもあり、台詞については言語の著作物となりうる。そうするとそれぞれの著作物の側面で保護されることになる。

3.2　誰が著作者か

　著作者とは「著作物を創作する者」をいう（第2条第1項第2号）。この「者」とは、第一義的には人（自然人）をさす。しかしながら例えば会社組織で業務上創作した著作物について自然人しか著作者に認められないとすると、特定の社員（または複数の社員）が著作者ということになり、その著作物を社内で利用するたびに創作者に許諾を得るということは実務上煩雑であり合理的とはいえない。著作権法では、職務上創作された著作物を職務著作物として法人その他の団体組織も著作者となることを認めている（第15条）。

3.3　著作権法の権利対象（3つの著作権）

　著作権法が規定している権利には3つの種類がある（図8.2）。このうち、①著作者人格権と②著作財産権は著作者に与えられる権利である。③著作隣接権とは著作物を広める者、具体的には音楽を伝える演奏家や歌手、レコード製作者、放送局などに対して与えられる権利である。これらは著作物の素晴らしさを社会に伝えて利用を促す重要な役割を担っており、一定の権利利益を保護している。なお①著作者人格権と②著作財産権は、ともに創作すればただちに発生する無方式主義をとっている。

119

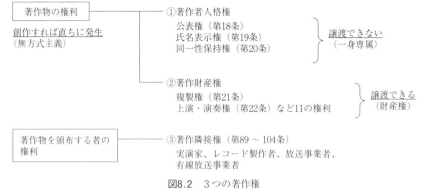

図8.2 3つの著作権

(出所) 筆者作成。

(1) 著作者人格権

著作物において著作者の思想または感情を伝える表現のなかには"その人らしい個性"が発揮されており、そうした点において著作物は著作者の人格が顕現された人格の流出物と考えられる。このことに関して著作権法では、著作者人格権として、公表権（第18条）、氏名表示権（第19条）、同一性保持権（第20条）が設定される。

公表権とは、創作した著作物の公表の有無を著作者自身が決めることができる権利であり、公表するならばその時期についても決めることができる。氏名表示権とは、創作者本人が著作者であることを主張することができる権利である。なお氏名表示権とあるが、氏名を表示しない（匿名）とすることや変名（ペンネームなど）を用いることについても含まれており、匿名とした著作物について第三者が勝手に実名を公表することは認められない。同一性保持権は、著作者が著作物の同一性を保持する権利、すなわち原則として第三者による不本意な改変が加えられることがないとする権利である。

著作者人格権は著作物から引き剥がすことができない権利であり、他人に譲渡することはできない（一身専属性）。

表8.2　著作財産権

複製権（第21条）	頒布権　（第26条）
上演権及び演奏権（第22条）	譲渡権　（第26条の２）
上映権（第22条の２）	貸与権　（第26条の３）
公衆送信権等（第23条）	翻訳権、翻案権等（第27条）
口述権（第24条）	二次的著作物の利用に関する原著作
展示権（第25条）	者の権利　（第28条）

(2) 著作財産権

　一方の著作財産権とは、著作物の利用をコントロールする権利を著作者の財産とみなし、その排他的権利を著作者に与えたものである。つまり、第三者が著作物を利用するときには著作者から利用許可（利用許諾）を得なければならないのである。われわれが日常的に著作物を利用するときに関わるのがこの著作財産権であり、一般的に著作権を処理するというのは、この著作財産権を処理することを指している。

　著作財産権には、表8.2のような11の権利が含まれる。

　例として、複製権は多くの種類の著作物の利用において働く。言語の著作物を写真に写し撮ることはもちろんのこと、書き写す行為も複製権の範疇となる。また、音楽の著作物や映像（映画の著作物）を録音・録画により複製することも対象に含まれる。上演及び演奏権は、演じたり演奏する権利として、例えば演劇だけではなく紙芝居に対しても働く。

　これらの権利は相互排他的ではなく、著作物の利用の様態に応じて複数の権利が働くことになる。例えば「読み聞かせ」では、小説の読み聞かせならば口述権の対象となり、絵本の読み聞かせでは文字を単に読むだけでなく絵を見せるので上演権が関係する（その絵をスクリーンに投影したら上映権が働き、さらに現物ではなく絵を拡大コピーしたりスライドに貼り付けたりしたならば複製権が働く）。このように著作権は、著作物利用の様態に応じて複数の権利に分かれて構成されており、このことから支分権の束といわれる。

　なお、著作財産権は他人に譲渡することができる（第61条）。著作権の譲渡を受けた者は、その譲渡を受けた権利についての著作権者となる。

表8.3　著作権の制限規定

私的使用のための複製（第30条）	びオンライン資料の収集のための複製（第42条の4）
付随対象著作物の利用（第30条の2）	
検討の過程における利用（第30条の3）	翻訳、翻案等による利用（第43条）
技術の開発又は実用化のための試験の用に供するための利用（第30条の4）	放送事業者等による一時的固定（第44条）
	美術の著作物等の原作品の所有者による展示（第45条）
図書館等における複製等（第31条）	
引用（第32条）	公開の美術の著作物等の利用（第46条）
教科用図書等への掲載（第33条）	美術の著作物等の展示に伴う複製（第47条）
教科用拡大図書等の作成のための複製等（第33条の2）	美術の著作物等の譲渡等の申出に伴う複製等（第47条の2）
学校教育番組の放送等（第34条）	プログラムの著作物の複製物の所有者による複製等（第47条の3）
学校その他の教育機関における複製等（第35条）	
試験問題としての複製等（第36条）	保守、修理等のための一時的複製（第47条の4）
視覚障害者等のための複製等（第37条）	送信の障害の防止等のための複製（第47条の5）
聴覚障害者等のための複製等（第37条の2）	
営利を目的としない上演等（第38条）	送信可能化された情報の送信元識別符号の検索等のための複製等（第47条の6）
時事問題に関する論説の転載等（第39条）	
政治上の演説等の利用（第40条）	情報解析のための複製等（第47条の7）
時事の事件の報道のための利用（第41条）	電子計算機における著作物の利用に伴う複製（第47条の8）
裁判手続等における複製（第42条）	
行政機関情報公開法等による開示のための利用（第42条の2）	情報通信技術を利用した情報提供の準備に必要な情報処理のための利用（第47条の9）
公文書管理法等による保存等のための利用（第42条の3）	複製権の制限により作成された複製物の譲渡（第47条の10）
国立国会図書館法によるインターネット資料及	

3.4　著作物の利用

　第三者から著作物を利用したい旨の申し出を受けたならば、著作権者は著作物の利用を許諾することができる（第63条第1項）。そして著作物の利用者は、その許諾に係る利用方法や条件の範囲において著作物を利用できる（第63条第2項）。

　このように著作権法は著作者および著作権者に対して非常に強い権利を与えているため、この権利が強すぎると著作物の利用が阻害されてしまうことにもつながる。しかしながら、そもそも著作物として認められない情報や著作権の対象とならない著作物は自由に使用可能である。また著作権の対象であっても、

第8章　図書館サービスと著作権

許諾なく利用できるとするものには、すでに述べた著作権の消滅の他にも一定
条件のもとで著作権が制限される場合がある。

3.5　著作権の制限

　著作権の制限とは、著作権の効力を制限する（すなわち自由に利用できる）と
いうことである。権利制限規定は、具体的には第30条以下（表8.3）において規
定される。多くの規定が設定されているが、基本的にはこれらは公益上の理由
により著作権を制限するものや、すでに社会的慣行として著作物の利用が行わ
れており著作権を制限しても著作権者の経済的利益を不当に害しないような場
合において設定される。そして、当然図書館においてもこれらの規定は適用さ
れる。次節では、図書館サービスとこれら制限規定との関係について述べる。

④　図書館サービスと著作権の制限

4.1　閲覧サービス

　閲覧サービスは図書館サービスの基本である。この閲覧については、対象の
著作物の種類ごとに関わる著作権が異なるが、基本的に図書館内において著作
物を閲覧させることについて著作権法上の問題は生じない。まず図書や雑誌な
どの印刷媒体の閲覧は、そもそも著作権法において権利設定が存在しないため、
不自由なく利用者に閲覧してもらえばよい。視聴覚資料の視聴においては、映
画やマイクロフィルムを再生するために再生装置を用いて画面に映し出すよう
な場合は上映権が働く。また、CD プレイヤーで音楽を再生すれば演奏権が働
くことになる。しかしながら、権利の制限規定では、営利を目的とせず利用者
から料金を受けない場合には、上映、演奏することができるため（第38条第1
項）、非営利無償のサービスを行う図書館において著作権法上の問題は生じな
い。
　閲覧に関連したところでは、所蔵資料のなかから映像資料を用いて上映会
（上映権が働く）、絵本の読み聞かせや詩の朗読会など（上演権、口述権が働く）は、

123

いずれも第38条第1項により可能とされる。ただし読み聞かせを行う者、朗読を行う者に報酬などが支払われる場合には著作権者の許諾が必要となる。

　なお、図書館での上映会については、過去にビデオソフトの権利者から民業圧迫との抗議が図書館になされたことがあった。これを受けて、2001年12月に、日本図書館協会に設置された専門委員会とビデオソフト業界団体である日本ビデオ協会（現、日本映像ソフト協会）との間で合意が交わされ[6]、あらかじめ上映会に使用することが権利者によって明示的に承認されているもの（いわゆる"上映権付きビデオ"）を購入して上映会を実施するとされたという[7]。しかしながら法は非営利無償での上映を認めており、図書館への上映権付きビデオなるものは法の規定を乗り越えての措置となる。

4.2　貸出しサービス

　貸出しサービスは、第38条第4項に基づき営利を目的とせず、貸与を受ける者から料金を受けない場合には、許諾を得ずに資料情報の貸与が可能である。わが国では図書館法において公立図書館での無料原則が確立されており、問題なく貸出しサービスが展開される。他の館種においても、入館料や貸出料を徴収せず営利を目的としない事業としてサービスが行われている場合には基本的に問題は生じない。

　ただしこの規定の例外として、映画の著作物[8]の貸与は除外されている。一部の視聴覚施設（公共図書館を含む）においては、相当額の補償金を支払うことであらゆる映画の著作物において貸与を可能としているが（第38条第5項）、補償金の徴収制度が未整備なこともあってこの規定は活かされていない。一方、

6）この合意は図書館サービスに関わる重要な事項であり、その合意内容が広く周知され議論されなければならない。しかし2018年2月28日現在、日本図書館協会のウェブサイトではその内容は確認できない。

7）南亮一「図書館における著作権の現状と動向について」『びぶろす-Biblos』平成20年夏号（電子化41号）国立国会図書館（2008年）（http://dl.ndl.go.jp/info:ndljp/pid/3526019/1）（2018/2/28最終確認）。

8）映画の著作物には映画のみならず、視覚・視聴覚的効果を生じさせる動画が含まれる（第2条第3項）。

各ビデオソフトメーカーからは"貸出用ビデオ"として一定金額を上乗せした特定のビデオタイトルが公共図書館向けに販売されている実態がある[9]。

4.3　複写（複製）サービス

わが国の図書館では複写サービスという名称が用いられることが多いが、法的には"複製"という用語が用いられ、これは印刷、複写、録音、録画などによるあらゆる再製を指す。コピー機やコンピュータなど機器を用いた複製のほか、手書きで文章を書き写す行為も複製物を作成している実態に違いはない。

権利制限規定において「図書館等における複製等」を規定した第31条では、わが国唯一の国立図書館である国立国会図書館、政令（著作権法施行令第1条の3）で定められる公共図書館（第1号）、大学図書館等（第2号）などの"図書館等"[10]において行われる非営利の事業として、図書館専門職である司書などの配置を条件に、次にあげるような複製行為を可能としている。なお、この規定において学校図書館は対象外であることに留意する必要があるが、一方で大学図書館が対象に含まれ、このように初等中等教育と高等教育を著作権制度上区別している状況は世界的に見ても稀有である[11]。

(1) 複写サービス

1) 館内における複写サービス

第31条第1項1号では、①利用者の求めに応じ、②その調査研究の用に供するために、③公表された著作物の一部分の複製物を一人につき一部提供する場

---

9) 次のURL（一般社団法人日本映像ソフト協会内）からビデオソフト供給メーカーについて参照できる（http://jva-net.or.jp/faq/qa_17.html）（2018/2/28最終確認）。
10) 他には、大学等における教育に類する教育を行い、学校教育法以外の特別法に基づく高等教育機関（大学校等）に設置された図書館（第3号）、一般公衆の利用に供する業務を主として行う施設で法令の規定によって設置された博物館・美術館の資料室等の図書館類似施設（第4号）、法令の規定によって設置された学術の研究を目的とする研究所、試験所等で資料を一般公衆の利用に供する業務を行うもの（第5号）、一般社団法人等において文化庁長官が指定するもの（第6号）となる。
11) 現状において学校図書館では、第35条の教育的利用の範囲で複製を行う他に、第30条の私的使用の範囲で複製を行うことになる。

合において複製できるが、④発行後相当期間を経過した定期刊行物に掲載された個々の著作物はその全部について複製可能としている。

　①は、複製が特定の利用者の要求があったのちに行われるということである。利用者のニーズを予測してあらかじめ複製物を作成しておくことは認められない。

　②は、利用者の複製物の用途が調査研究の目的に限るということである。ただし、この調査研究とは高度な学術研究のみを指すのではない。公共図書館であれば、日常的な課題解決や学習、レクリエーションなどを通じた国民の教育と文化の発展に関わる幅広い活動において必要な情報活動を含む。

　③は、複製可能なのは著作物の一部分である。この"一部分"についてどの程度を指すのかは条文には明記されないが、1976年9月にまとめられた文化庁著作権審議会「第4　小委員会（複写複製関係）報告書」[12]では、「少なくとも半分を超えない」という解釈が示されており、これを受けた形で図書館界では"著作物の半分まで複製可"とするのが一般的になっている。

　なお、複製できるのは著作物の一部分であり、例えば俳句が掲載された歌集であれば、その歌集の半分までではなく、掲載される一句がひとつの著作物となるため、全体が17文字の俳句については半分の8文字までの複製が可能ということになる。ところが、この複製にコピー機を用いると必然的に残り半分が写り込むことになる。そこで残り半分が写らないようにマスキングして複製すれば適法ということになるが、17文字の俳句ならば利用者は容易に全部を書き写すことができる。こうした実態があるなかでコピー機による複製のみに不便を強いることが合理的とはいえない[13]。こうした問題に対応して、図書館界は2006年1月に「複製物の写り込みに関するガイドライン」[14]を策定し、一部の

12）次のURL（公益社団法人著作権情報センター内）からも参照できる。http://www.cric.or.jp/db/report/s51_9/s51_9_main.html（2018/2/28最終確認）.
13）他にも、利用者が個人所有のデジタルカメラ等を持ち込み、第30条第1項に基づく私的使用のための複製を行うことは法的に問題ない。第30条第1項の私的複製の法理は場所を問わず適用され、図書館においては複製サービスの根拠となる第31条第1項第1号とともに重畳的に適用される。このため、機器使用による私的複製を何らか別の要因により禁じることは可能かもしれないが、その根拠として著作権を持ち出すことは誤りである。

著作物は除外されているものの[15]、著作物が掲載された同一紙面（原則1ページ）を複製する際には、複製対象以外の部分についてもマスキングなどにより複製の範囲から外すことを要しないとされた。

④は③の例外として、雑誌などの定期刊行物においては発行後に相当期間を経過したのちには、掲載された個々の著作物については一部分ではなく丸ごと全部複製できるということである。例えば、定期刊行される論文集や雑誌ならば、掲載された論文や記事をひとつ丸ごと複製できるのである。発行後相当期間についてはこれも明文規定はないが、一般的には次の号が発行されるまでと理解されている。すなわち月刊ならば翌月号の発行まで、日刊ならば当日限りとなり、その期間を過ぎれば相当期間を経過したことになる。

なお誤解してはならないのは、最新号すなわち相当期間を経過していない定期刊行物についても、第31条第1項第1号の原則を適用すれば個々の著作物の一部分、すなわち半分までの複製が可能ということである。

2）ILLにおける複写サービス

第31条第1項第1号により複製可能な資料は、その複製を行う図書館の所蔵資料に限定されるという解釈が伝統的にされていた。このため図書館間相互貸借（ILL）において他館から資料の現物を借り受け、利用者に提供する際に複製の申し出があったとしてもこれを受けることをせず、いったんその資料を所蔵する図書館に返却したのちに、再度該当ページの複製依頼をかけるといったことが行われていた。こうした業務形態は利用者にとって理解し難く、複製物を入手するまでに相当な時間を要するのみならず、送料などの経済的にも余計な負担を強いることになる。こうした解釈はサービスの実像をふまえていないように見受けられるが、そもそも貸出館と借受館のいずれで行うにしても複製の実態には変わりはない[16]。こうした状況をふまえて、2006年1月には、借

14）http://www.jla.or.jp/Portals/0/html/fukusya/uturikomi.pdf （2018/2/28最終確認）.
15）このガイドラインでは、楽譜、地図、写真集・画集（書の著作物を含む）、雑誌の最新号については適用除外とされる。

受館においても第31条による複製を可能とした「図書館間協力における現物貸借で借り受けた図書の複製に関するガイドライン」[17]が発表されている。

(2) 資料保存のための複製

第31条第1項第2号では、古書や稀覯本の損傷・紛失を予防するための複製、汚損や切り取りページを補完するための複製を可能とした規定である。このため、資料を一点購入して、保存用、貸出・閲覧用を目的として多数の複製物を作成するような行為は許容されない。

(3) 絶版等資料の図書館等への複製提供

第31条第1項第3号では、絶版などの理由により一般市場では手に入らない資料については、他の図書館からの求めに応じて複製提供できる。なお複製依頼が可能な図書館は、著作権法施行令第1条の3に規定された"図書館等"の施設となる。

4.4 障害者サービス

視覚障害者向けのサービスとしては、障害の内容に応じて作成された障害者向け資料を提供する方法と、対面朗読など一般資料を用いてサービスを展開する方法とがある。まず視覚障害に対応した伝統的な資料には、点字による点訳資料がある。一般市場における点訳資料の流通は少なく、一部のボランティアによって既存の著作物の点訳が行われることがあるが、法的にもこうした行為は図書館に限らず誰もが可能である（第38条第1項）。またデジタルファイルに変換された点字データを共有し、専用のソフトウェアとプリンタを用いて出力できれば自館の点字コレクションを増やすことができる。第38条第2項では、

---

16)現行著作権法の起草者である加戸守行は、複製できる図書館資料として「資料の所有権がその施設にあるか、他の施設から借りているかを問いませんが、複製施設において責任をもって保管している資料であることを必要とします」と述べている。加戸守行（2014）『著作権法逐条解説（6訂新版）』著作権情報センター，p.256.
17)http://www.jla.or.jp/Portals/0/html/fukusya/taisyaku.pdf （2018/2/28最終確認）.

点字データをネットワーク経由で送信することも可能である。他にも後述する政令で定められた施設においては、録音図書の作成も可能である。

2009年の法改正では、すでに障害者向け資料として市販され流通しているものを除いて、対象施設での拡大図書やデジタル録音図書の作成が可能となった（第38条第3項）。また、この時の法改正では対象となる施設が拡大されている。改正前には視覚障害者の福祉の増進を目的とする施設で政令（著作権法施行令第2条）で定めるものとして、おもに障害者対象施設（知的障害児施設、特別支援学校の図書館など）が対象であったが、これが視覚障害者等の福祉に関する事業を行う者に改められたことで、視覚障害者への情報を提供する事業を行う施設として大学図書館、国立国会図書館、公共図書館（司書の必置）、学校図書館などが加わることになった。これを受けて、図書館団体より「図書館の障害者サービスにおける著作法第37条第3項に基づく著作物の複製等に関するガイドライン」[18]（2010年策定、2013年一部修正）が出され、障害者サービスにおいて著作物の複製、譲渡、自動公衆送信を行う場合の指針が示されている。

なお、すでに作成された点字データやデジタル録音図書の DAISY データをダウンロードして利用する際には、視覚障害者情報総合ネットワーク「サピエ」[19]のサービスが有用である。

一般資料を用いたサービスについては、拡大読書器などで既存の著作物を画面に拡大して投影するような場合には上映権が働くが、これは先述の第38条第1項で対応可能である。また対面朗読についても口述権が働くが、これも同様に第38条第1項で対応可能である。

4.5　電子化資料

近年郷土資料を電子化し、インターネットに公開する図書館も増えている。既存の著作物をスキャナーなどで読み取ることにより電子化することは著作物の複製に当たるため、複製権の処理が必要となる。またそれらをインターネッ

---

18) http://www.jla.or.jp/portals/0/html/20130902.html （2018/2/28最終確認）.
19) https://www.sapie.or.jp/ （2018/2/28最終確認）.

トに公開しようとするならば、公衆送信権などの処理が必要となる。しかしながらすでに述べたように歴史資料については著作権が消滅しているものも多く、そうした著作物について複製公開することについては著作権法上の問題は生じない。

　わが国最大のデジタルライブラリー機能を有する国立国会図書館では、文化的所産の保存と蓄積の観点から所蔵資料のデジタル化を進めている[20]。著作権の消滅した資料の電子化はもちろんのこと、2009年の法改正により、国立国会図書館においては権利者の許諾なく所蔵資料の電子化が可能となった（第31条第2項）。また2012年の法改正では第31条第3項が新設され、同条第2項によって電子化された絶版等資料について、同条第1項の"図書館等における複製"の適用となる公共図書館図書館などへの送信が可能となり、送信先の図書館において閲覧はもちろんのこと、すでに述べた同条第1項第1号の複製要件のもとで利用者の求めに応じた複製物の作成と提供が可能となった。これを受け国立国会図書館では、2014年1月より「図書館向けデジタル化資料送信サービス」[21]を開始している。2017年7月時点で、図書、古典籍、雑誌、博士論文など約148万点の資料が利用できる。

20）国立国会図書館の資料デジタル化については http://www.ndl.go.jp/jp/preservation/digitization
/index.html（2018/2/28最終確認）。
21）利用者向け情報は http://www.ndl.go.jp/jp/use/digital_transmission/index.html、図書館員
向け情報は http://www.ndl.go.jp/jp/library/service_digi/index.html（2018/2/28最終確認）。

| 第9章 | 図書館サービスと市民・利用者 |

① 図書館の利用者とは

　著名な経営学者 P. F. ドラッカーは、「『われわれの事業は何か』を知るための第一歩は、『顧客はだれか』という問いを発することである」[1]と述べている。図書館の顧客（＝利用者）とは誰のことを指すのだろうか。

　一般的には利用者とは、その図書館を実際に訪れ、サービスを受けるものである。図書館で仕事をしていて、普段目にする「お客様」がこれである。登録して貸出しを受ける人も、ただ来館して本を読むだけ、あるいは休憩していくだけの人もいるかもしれない。あるいは図書館に直接訪れないまでも、障害があって自宅でサービスを受けるとか、少し視点を変えれば、相互協力で本の貸し借りを行う他の図書館も利用者といえるかもしれない。直接個人を対象としないバックアップ図書館、例えば都道府県立図書館にとっては、こうした図書館が利用者である。これら図書館のサービスが直接及ぶ範囲が、まずわれわれのイメージする利用者像となる。しかしそれだけではない。

　わが国の公共図書館の利用率は、伸びたといってもせいぜい30％程度である[2]。図書館に足を運んだことのない市民はまだまだ多い。これは実は、そもそも「本を読む人」の数にもかかわっている。評論家の斎藤美奈子も指摘するように、実は読書というのは趣味としては非常にマイナーなものである[3]。た

---

1) P. F. ドラッカー（1996）『現代の経営（上）』上田惇生訳，ダイヤモンド社，p.67.
2) 2015年1月の日本の人口は約1億3000万人。これに対して、登録者数は約5700万人（『日本の図書館統計と名簿（2016年度版）』日本図書館協会，pp.24-25.）であり、率にして約44％である。
3) 斎藤美奈子（2007）『趣味は読書。』筑摩書房（ちくま文庫）pp.15-18.

だでさえ多くはない「本を読む人」のさらに一部が利用しているに過ぎないのが「図書館」だとすれば、そこを訪れる「利用者」だけを想定しても対象を狭めるばかりである。

　図書館が公共的に維持されているのは、図書館の受益者が必ずしも直接にそのサービスを利用する当事者に限られるものではなく、社会全体の公共益が図書館のサービスを通じて実現されていると考えられるからである。消防サービスの受益者は、火災を引き起こした当事者に限られるわけではない。社会全体がその恩恵をこうむっているように、もちろん公共サービスとは本来そういう性質を持っているわけだ。しかし図書館は、目に見えやすい「サービス」を提供しているために、逆にそのような「公共性」が覆い隠され、ともすれば目の前の「利用者」しか見えなくなることがある。

　もちろん、目の前の「利用者」の要求に応えようというのはサービスの基本であるし、このこと自体、目に見えない顧客、将来の顧客をも含めたサービスの価値を最大にしようという意識と決して矛盾するものではない。あくまでもここで確認しておきたいのは、図書館の「受益者」は単にサービスを受ける利用者にとどまらず、実際には来館しないかもしれない多くの市民を含む社会全体として考えられるということである。しかも、必ずしも「現在」のそれとは限らないという点である。

　図書館とは、資料を蓄積・保存して「未来」につなげていくものであることを考えるならば、その受益は「未来」におよぶ。また「過去」から引き継がれたものを活用しつづけるという点では、「過去」の著作者もまた受益者である。「過去」から「未来」におよび、かつ目の前の地域住民から社会全体におよぶ広がりを視野に入れて、図書館の利用者をとらえることが重要である。そうすることで、図書館サービスが無限の広がりと可能性を持っていること、利用者というものが、実にさまざまな属性をもち図書館にはそれに対応する能力と工夫が常に求められていることが理解できるであろう。

　市民・利用者をサービスの「消費者」ととらえることも重要だが、こうした広がりに立てば、市民・利用者はサービスを単に消費するものではなく、広い

132

第9章　図書館サービスと市民・利用者

意味での「ステークホルダー」として「出資者」でもあり、図書館を支えるものでもある。アメリカではこうした意味を含めて市民・利用者を図書館のパトロンという言い方をする。税制の違いもあって寄付金を財源とする公共図書館が多く、市民も直接的に図書館を支援している感覚が強いゆえだが、市民の納めた税金で維持しているという点では、わが国の図書館も市民がパトロンであることは間違いない。市民が単なるユーザーやカスタマーにとどまらない関係を築きたいものである。

② 市民・利用者との協働

2.1 共に図書館をつくる仲間

　通常、図書館は個人を単位に利用されている。かつては読書会の指導など、グループ活動・学習に対して指導的な役割を果たすことが、公共図書館の教育的な役割と認識されていた時代もあったが、個人への「貸出し」を第一のサービスとして力を注ぐ過程で、そういう関わりはおのずと薄れていった。個人の内面の自由を尊重し、その秘密を守るのが図書館のもっとも重要な原則であることも、こうした過程を経て確立してきた。

　しかし利用者と図書館の関係を、単に個人とサービス提供という1対1のものに限定するべきではない。「私つかう人、あなたサービスする人」という枠を超えた可能性が図書館には開かれている。

　イベントに際して、地域ぐるみで実行委員会を組織して市民・利用者と一緒に運営するような事例や、児童サービスやハンディキャップサービスで広くみられる市民参加など、図書館サービスは市民・利用者の幅広い参加に支えられている部分が多い。地域にはさまざまなつながりがあり、図書館をめぐる人のつながりも、公式・非公式に存在する。こうした人びととの関係性をどのように保っていくのか、共に図書館をつくり上げていくという立場に立つとき、課題と可能性が見えてくる。

133

2.2 図書館友の会

　日本の公共図書館は、地域住民の粘り強い運動によって作り上げられてきた歴史を持っている。それらはある時は地域の家庭文庫運動であったり、図書館づくり運動であったり、あるいは図書館に関する勉強会であった。そうした活動は今なお各地で継続され、図書館の充実と改善のための力となっている。

　図書館をつくるための運動が図書館を支える運動となって、開館後も継続している例も多い。「図書館友の会」のような活動は要求を掲げてこの実現を目指すという意味での住民運動にとどまらない、一種の応援団である。これは市民・利用者との間の信頼関係の証であり、その期待に応えられるような図書館運営を行う、重しにもなっている。

　たとえば、ある図書館の「図書館友の会」は、もともとアメリカの姉妹都市の図書館視察団に参加した人々の間から自主的に立ち上がったものである。このときの経験を継承しながら、図書館についての勉強会を継続している。折々に司書を招いた講座や親睦会を行い、時には図書館主催の行事への協力を行ったりしている。

　全国的には「図書館友の会全国連絡会」といった会が存在し、相互の連絡や、政策提言なども行っている。

　アメリカでは図書館の存続がもっと直接的に市民の支持にかかっており、「図書館友の会」も単なる親睦の域を超えて、図書館振興のために行政への働きかけや資金調達を担っている。それらの横のつながりとしてアメリカ図書館協会（ALA）の傘下に「米国図書館委員会・アドヴォケーツ・友の会・財団協会（ALTAFF）」を形成している。日本にも紹介された図書館協約は、こうした友の会が図書館を支持する理由を（表9.1）に示すような6カ条にわたってあげたものだが、逆に言うとこれらに反した時には図書館を支持しない、という強い意味をもっている。

2.3 図書館協議会

　図書館友の会があくまでも任意団体であるのに対し、「図書館法」に明記さ

第9章　図書館サービスと市民・利用者

表9.1　図書館協約

私たちは次の点で図書館を信頼します。
　　図書館は……
私たちの子どもや若者たちを育てる場所ですから。
　―それは、驚きや面白くてわくわくする心の世界への扉を開いてくれます。
みんなが文字を読む力を持てるように努力してくれる場所ですから。
　―そのための鍵をみんなにあたえてくれます。
人々の多様な生き方や考え方にかかわるところですから
　―社会の多元性（Pluralism）と民主主義と平和の基礎です。
記憶を保存するところですから。
　―昨日の記録と、明日の可能性を結ぶところです。
知識を連続させるところですから。
　―情報の形やその流通の仕方が変化しても、それにかかわりなく常に開かれています。
読書の宝庫ですから。
　―詩神、妖精に心ときめき、夢想が発見を促します。
このような理由から、図書館は私たちの生活の中心です。そして私たちは、図書館への変わらぬ
支持を約束いたします。

（全米図書館友の会連合会顧問委員会）

（出典）竹内悊編・訳（2014）『図書館のめざすもの（新版）』日本図書館協会，p.56.

れた機関が図書館協議会である。

　図書館法はその第14条で「公立図書館に図書館協議会を置くことができる」「図書館協議会は、図書館の運営に関し館長の諮問に応ずるとともに、図書館の行う図書館奉仕につき、館長に対して意見を述べる機関とする」と規定している。必置ではないが、この規定を受けて多くの図書館で設置している。

　委員の選考基準は条例で定めることになっているが、委員を一般から公募する自治体も増えている。これらは市民の声を直接に図書館運営に反映させる仕組みであり、活用の仕方によっては大きな可能性を持っている。現に各地の図書館協議会のなかには、指定管理者制度の導入に慎重意見を述べたように、図書館のあるべき姿についての提言を活発に行っている例もみられる。

　一方でその存在自体がほとんど知られておらず、設置されていてもその活動内容が十分に明らかでない場合も多い。単なるお飾りの会議にしないためには、まずは議事録を公開するなどして、市民に開かれたものにしていく努力も必要である。

2.4 市民参加

このように、図書館の外部から図書館を支援したり働きかける方法のほかに、市民自ら図書館サービスの一端を担おうという動きもある。

ボランティア活動の一参加者としてみれば、図書館の仕事は、楽しくやりがいのありそうに見える仕事である。本が好きな人は、書架の間を歩いたり本を触っているだけで幸せという場合もあるし、それが誰かの役に立つともなれば、いっそうやりがいを感じることもできる。しかしそれだけに本来図書館の側が担うべき業務と、市民との協働によってより豊かに展開できる業務との境界線については、常に自覚的に検討しておく必要がある。

典型的な事例では、「選書ツアー」と呼ばれるイベントがある。一般の市民から参加者を募って書店店頭などで図書選定に参加するものだが、図書館業務の根幹である「選書」を、部分的にとはいえ市民にゆだねることの是非が論争となった[4]。図書館業務の「体験」としては意義あるものだとの意見もあり、規模も大きなものではないとしても、「本を選ぶ」ということが、いかなる責任のもとで行われるべきかの整理は不十分だったということになる。

そこまでいかなくとも、本を書架に戻す「返架」作業や書庫などからの出納などにもボランティアの協力を仰いでいる図書館はあり、さらに進んで市民団体やNPOが、業務委託や、指定管理者などとして市の図書館業務そのものを請け負う事例も登場してきている。しかし「協働」というからには本来、行政機関の側が一定の責任を果たしていることが大前提であり、市民参加の意欲を単に安上がりの労働力として見るような方法では、「協働」の可能性を十分に活かせるとはいえない。

現に一定の成果をあげている事例もある一方、「市民参加」の名目でNPO法人に図書館業務を委託し、内実は最低賃金すら出ないボランティアに図書館サービスを丸投げする結果となり、維持できなくなった例などもある。行政の側として市民とともにどのような図書館を作り上げていきたいのか、そのコンセンサスをていねいに築き上げることこそ、「協働」の第一歩のはずである。

---

4) 安井一徳（2006）「選書ツアー論争」『図書館は本をどう選ぶか』勁草書房, pp.53-86.

第9章　図書館サービスと市民・利用者

③　図書館における接遇

3.1　接遇のねらい

　続いては、より技術的な面に目を向けよう。

　接遇とは、『広辞苑』によれば「もてなし、接待、あしらい」と解説される。図書館サービスは基本的に接客業であり、利用者が司書と接するすべての場面で、この接遇は重要なポイントになる。

　もっともこのことは、あらゆる接客業に共通している。無愛想の代名詞のようにいわれてきたいわゆる「お役所」においても、接遇の改善は最近では当たり前のように強調されているのである。ホテルをはじめとする接客業については関連する図書も多く、技術的なことはそれらが参考になる。そこまでいかなくとも、「笑顔」と「挨拶」だけでもかなり多くのことが解決する。これらがないなどというのはもとより論外で、社会人としての資質そのものに関わるだろう。もともと図書館の仕事は、利用者に図書館を訪れてもらい、利用してもらうことで成り立つもの。日頃そのために奮闘している司書であれば、わざわざ図書館を訪れてくれた利用者に対しては「来てくれてありがとう」という喜びと感謝が、隠しようもなく表現されるものである。

　だが、図書館における接遇としてはそれだけでは足りない。カウンターなりフロアなりで利用者に接し、笑顔と挨拶で応答することは、利用者が何を求めているかを的確に判断し、図書館として提供できるサービスを的確に返すことができるかどうかに関わっている。

　単なる挨拶であっても、そこには利用者に対し「図書館はあなたに関わることを望んでいます」「何かお手伝いすることがありますか」というメッセージを発しているのである。笑顔の後ろには、司書としての知識・技術・配慮をまとわせなければならない。そういう点で、図書館業務は介護職や保育職などに典型的に見られるような、技術のみでは成り立たない、対象への共感・配慮を要求される「感情労働」であるともいえる。

137

これらは広い意味ではレファレンスインタビューの一種であり、その第一歩である。一体だれが仏頂面で挨拶も返さない司書に、自分の抱えている問題を相談しようとするだろうか。実際なにげない挨拶を一言交わすことで、利用者の要求が引き出され、レファレンスへと発展していくことはよくあることである。そうしたきっかけを見逃さない気配りが、司書には常に求められているのである。

3.2　服　装

　このためには服装も重要な要素である。個々の館には制服がある場合もあり、これらをきちんと着こなすこと、それらが清潔であることはもちろんだが、利用者からみてこの司書に聞きたいと思わせるものでなければならない。図書館では伝統的にエプロンが作業着として活用されることが多い。司書であることを示す標識でもあり、親しみやすさを演出する効果があるが、一方で知的な頼もしさを醸し出すには不向きだとの指摘もある。状況によっては男性ならジャケット・ネクタイの着用など、知的職業としての演出を服装によって行うことも重要である。カウンターへの出入口に全身の映る鏡を置いて、カウンターに立つ前のチェックを行うといった工夫をしているところもある。

　カウンターは一種の舞台であり、そこに立つ司書はスポットライトを浴びて立つキャストである。利用者は意外なほどくわしく、シビアにその挙動を注目している。利用者に期待を抱かせるに足る立ち居振る舞いには常に自覚的でいなければならない。

④　問題利用者

　図書館には、時として対応に困惑するような利用者が訪れることもある。これらは「問題利用者」と呼ばれ、近年では図書館経営上の課題の一つとして認識されるようになってきている。暴力や窃盗などの犯罪行為のほか、館内でのマナー違反・暴言・過剰な要求や一方的な意見表明などさまざまなパターンを

第9章　図書館サービスと市民・利用者

とるが、他の利用者への迷惑となり、図書館運営に支障をきたすようなものを
総称する。

　災害や、犯罪、事故など、図書館と利用者の安全に対する危機については、
図書館も危機管理意識をもって日ごろから備えておくことが何よりも重要であ
る。危機管理マニュアルの作成や、事例の収集、危機対応訓練は問題利用者へ
の対処についても有効であろう。図書館全体の問題として、組織的に関係機関
との連携をとりながら対処するのが基本である。

　利用者や職員の安全にかかわるような時や、明白な犯罪行為に対してはすみ
やかに毅然として対処しなければならないが、例えばホームレス風だというよ
うな理由で利用者を排除するようなことは許されない。公共図書館の公共性の
なかには、誰でもが自由に図書館を利用できる権利が含まれ、司書はあくまで
も利用者の図書館利用の自由を尊重しつつ、周囲との摩擦を未然に回避する現
実的な対処を行わなければならない。

　例えばある図書館の例として、ホームレスの利用者が臭気を発して問題に
なった際、地域の社会福祉団体と協力して、図書館を集合場所にこれらの人び
とを入浴させる試みを行ったということがある。単に臭気だけを問題にするの
ではなく、そういった人びとをどう地域社会のなかで見守り、支援していくか。
放任児童や、高齢者の徘徊、利用者同士のとげとげしたやりとりなど、トラブ
ルの多くは複合的な要因をもっており、図書館ひとりで解決することはできな
い場合もある。地域社会のなかの連携をいかに確保するか、場合によってはそ
のためのコーディネーターとしての役割に、誰でも利用できる公共施設である
図書館の可能性があるはずである。

　いずれにしても、図書館が常に利用者をよく見ていること。またそのことに
対する利用者との信頼関係を築くことは、問題解決の第一歩となる。

　本来カウンターやフロアでの利用者との交流は、匿名のサービスの機械的な
やりとりではありえない。しかし図書館が単なる窓口として、匿名の不特定多
数にただただマニュアル通りに数をこなすようになれば、量的拡大に比例して
トラブルも増えてくる。実際には利用者のほとんどは決して一見の客ではなく、

139

その図書館に登録し、繰り返し訪れる常連客であり、一定の信頼関係によって結ばれているはずである。もしそれが損なわれているのであれば、いかにそれを回復するかを考えなければならない。そのために、図書館側に問題がある場合には真摯にこれに向き合わなければならない。一見言いがかりにも思われるようなクレームにもそれ相応の理由がある場合もあり、図書館サービス向上のためのチャンスととらえる見方が必要である。

5 利用者コミュニケーション

　このような、笑顔と挨拶に始まる利用者コミュニケーションは、単に危機管理の問題を超えて公共図書館の使命と可能性をも指し示している。

　年齢や職業を超えて、多様なひとの集まる図書館は「本」と「ひと」を結ぶだけでなく、そうした場所を介して「ひと」と「ひと」を結ぶ機能をも持っている。図書館を公共的に開かれた一種の知的な「ひろば」とみなすこうした見方は、「ひろば論」と呼ばれ、1980年代後半から90年代初期の図書館の運営に大きな影響を与えた。図書館に高齢者や子どもの「たまり場」的な機能を意識的に持たせたり、イベントの共催や館報などの共同製作、市民の組織化にも積極的に関わって、一定の実績をつくりだした。

　一方で、あくまで「個人」をベースに情報提供サービスに徹することが重要であるというスタンスもあり、これによって図書館自体は市民に一定の人気のあるサービス施設として館数・貸出し数を増やすことに成功した。だが大規模な図書館になればなるほど、カウンターでの応対は数に追われ、個々の利用者との人間的コミュニケーションの幅は狭まるばかりである。図書館のサービスがあくまでも個人を重視してきたこともあり、「ひろば論」のように、地域のコミュニティをゆるやかに再生する意識的な試みは、必ずしも定着したとはいえない。

　司書にとって、現場でカウンターに立つことを通じて感じる一番の喜びは、顔の見える利用者とのつながりあいであり、自分がたよりにされ、それが次の

第9章 図書館サービスと市民・利用者

利用とその発展へとつながっていくことの実感であることは間違いない。こうしたつながりを意識的に保っていくことは、公共図書館の本質にも関わり、結果的に危機管理のうえからも有効なのである。

　図書館で待ち受けるだけではなく、地域に飛び出してさまざまな地域住民の営みと図書館との接点を追究することは、図書館サービスを発展させる重要な契機である。図書館に来ることのない、多様なニーズが地域には眠っているはずである。近年あらためてこのような図書館の可能性は再認識され、利用者コミュニケーションからさらに一歩進もうとする「つながる図書館」という側面がクローズアップされ、図書館が地域に飛び出していく多様な実例が紹介されつつある[5]。

　であればこそ、図書館業務の一環としてそのことに意識的に取り組む必要と可能性が出てくる。市民の声に耳を傾けるということ自体が、公共図書館の一つの機能とみなされうる。それが可能な体制、システムを構築する必要がある。貸出し窓口とは別に、読書案内窓口を設けることは、そういう意味でも有効である。貸出し・返却などの定型的業務を受けず、利用者用の座席も用意して、検索や読書相談に応じ、利用者の声に耳を傾ける役割を担わせる。名称はさまざまで、「本の案内」「図書館コンシェルジェ」など工夫されているが、重要なことは責任と能力のある司書がそこに配置され、図書館サービスの全体を見渡しながら応対するということである。

　利用者とのコミュニケーションという観点で、ほぼどこでも行われている代表的なものはいわゆる投書箱である。自治体の行政そのものへの意見募集はどこの自治体でも行われている。多くがクレームとなるほかないが、一件のクレームが表面化する背後にはその何倍もの潜在的不満があるといわれる。

　ほとんどの市民は、サービスがよくても悪くても沈黙しているのが普通である。市民・利用者に直接アンケートを配布して、図書館サービスの評価を求める調査を行うことは、手間と費用がかかるものの、やり方次第で有意義な結果

---

5) 猪谷千香（2014）『つながる図書館：コミュニティの核をめざす試み』筑摩書房（ちくま新書）238p.

を求めうる。図書館が独自に行う場合、外部の研究者などとの共同研究として行う場合などもあるが、客観的なデータに基づいて図書館サービスの改善、重点配分などを行うことができる。声なき声を収集する有効な方法といえる。

市民・利用者の姿を知り、図書館の姿を知ってもらうことは、相互理解の第一歩となる。

6 図書館利用案内

図書館サービスは多岐にわたるが、ほとんどの市民はその全体像を把握してはいない。せいぜい無料で本を借りられる場所というイメージで、レファレンスサービスなどもまだまだなじみの薄いサービスである。本来ならば学校図書館などを舞台に図書館利用教育が行われ、図書館というツールを使いこなすための訓練がある程度されることが、図書館利用の前提となるはずであり、司書教諭という教育職に要請されていることの一つはそういう役割のはずだが、学校図書館の現実はとてもそこまで追い付いていない。

図書館は子ども電話相談室のように、ぽんと叩けば答えが出てくるというような装置ではない。あくまでも調査主体である利用者の、調査活動を援助するのが図書館の務めである。レファレンスサービスなど図書館の情報機能が十分に力を発揮するためには、公共図書館の現場でも利用者教育を行う必要性は高い。

図書館の基本的な使い方、分類・目録の概念や、検索の基本的な技術、レファレンスツールの有効な利用法などを司書が直接指導する「図書館利用講座」というような機会を設けている図書館もある。図書館のバックヤードも含めた館内を案内する「図書館ツアー」なども有効な方法であろう。

7 パスファインダー

そうした案内手法の一つとして近年普及してきたもののひとつに「パスファ

第9章　図書館サービスと市民・利用者

インダー」がある。「パスファインダー」は、特定主題に関連して基本的文献・情報源を提示し、あわせて図書館の使い方、情報の探し方を案内する一種のパンフレットである。「道案内」の名の通り、どうしたらその情報に行きつくかということが伝わるように工夫されている。アメリカではレファレンスサービスの一環として早くから作られていたが、日本で注目されるようになったのは最近のことである。

　とくに大学・学校図書館におけるように、特定の主題に多数の利用者が集中するような場合や、郷土資料などテーマが比較的狭まったものに適している。本だけではなく、データベースやインターネットなど、さまざまな情報源への一種のポータルサイト的な役割をもち、現在では各地の図書館で作成したパスファインダーが、ネット上で共有されるなど、紙媒体にこだわらない活用が進んでいる。

　単に利用者の要求に応えるというだけでなく、図書館サービスへの理解を深めてもらうことで、利用者自らその要求を満足させることができるように援助するという方向性は望ましいものであろう。

143

第**10**章	児童サービス・ヤングアダルトサービス

1 児童サービスとその歴史

1.1 児童サービスとは

　児童サービスとは、子どもを対象にした図書館サービスの総称である。

　公共図書館は、子どもから高齢者まであらゆる年齢の市民を対象にしており、そのこと自体公共図書館の重要な特質である。市民一人ひとりの誕生から老年にいたる人生の各段階において、トータルでこれを見ることができるというのが、サービスの基盤だからである。

　したがって児童サービスは、公共図書館においては基本的なサービスであり、特殊な、独立したサービスではなく、公共図書館の普遍的なサービスの一部でなければならない。

　肉体的にも精神的にも発展途上にあるという、子どもの特性を理解した知識と配慮を要することは確かだが、利用者の一人ひとりを個として尊重し、その自由な意思によって利用されるという公共図書館の基本的な理念は、子どもへのサービスにあたってもまったく変わらない。子どもは単なる保護の対象ではなく、自ら考え、行動する権利の主体である。国連の「児童の権利に関する条約」も定めるように、「児童は、表現の自由についての権利を有する。この権利には（中略）国境とのかかわりなく、あらゆる種類の情報及び考えを求め、受け及び伝える自由を含む」[1]という、子どもの「知る自由」に基づき、子どもの「最善の利益」が考慮されなければならない。

---

1)「児童の権利に関する条約（1989年国連総会採択）」第13条　外務省のウェブサイト（http://www.mofa.go.jp/mofaj/gaiko/jido/zenbun.html）（2018/4/1最終確認）.

144

第10章　児童サービス・ヤングアダルトサービス

1.2　児童サービスの歴史

　児童サービスは、日本では大正期の東京市立日比谷図書館において館頭（館長）今沢慈海の指導のもと積極的な児童サービスが行われていたなど、早くから取り組みはあったものの、戦争による中断を経て、成人サービスに比べて軽視された状況が長く続いた。

　1965年に日野市立図書館が開館し、日本の公共図書館は、東京を中心に大きく発展した。この年、石井桃子の『子どもの図書館』[2]が出版された。著名な文学者でもあった石井桃子が、自宅を開放して始めた家庭文庫の活動を記録したものである。この本の出版は各地の家庭文庫活動に影響を与え、さらには地域の公共図書館での児童サービスの普及をも後押しすることになったのである。

　こうした動きを背景に1970年、『市民の図書館』[3]が刊行された。このなかで「児童サービス」は、「貸出し」「全域サービス」と並ぶ3つの柱のひとつとして位置付けられて、公共図書館普及の起爆剤となった。児童コーナーはほぼすべての市町村立図書館に普及するなど、公共図書館における児童サービスの存在感は格段に高まり、サービスもさまざまな展開をみせる。ヤングアダルト（YA）サービスや、乳幼児サービス、学校図書館との連携など、次々と新しい領域が開けてきた。

　2000年には「子ども読書年」として国会決議がなされ、国立国会図書館国際子ども図書館が発足するなど、大きな動きがあった。これをきっかけに2001年には子どもの読書活動の推進に関する法律が制定され、図書館の児童サービスにも大きな役割が期待されるようになっている。しかし一方で図書館をとりまく状況は厳しさを増し、同時に子どもたちのメディア環境も激変して、児童サービスの基盤も大きく揺らいでいるのが現状なのである。

---

2) 石井桃子（1965）『子どもの図書館』岩波書店（岩波新書）。
3) 日本図書館協会（1970）『市民の図書館』日本図書館協会。

② 児童サービスの対象

2.1 「子ども」とは誰か

そもそも「子ども」とは何であるか。単純に年齢で区切るならば、児童福祉法や児童の権利に関する条約にならって、子どもの読書活動の推進に関する法律ではおおむね18歳までとしている。しかし、16歳、20歳などの法的な根拠とは別に、意識としての「子ども」の範囲は年齢で一概に区切ることはできない。

乳幼児サービスは、人生における最初期の数年間を対象とする点でわかりやすい。ヤングアダルトサービスは、「子ども」から「大人」への移行期にある青少年を対象とする。しかし、肝心の「子ども」とは何かということが明確に区切られるわけではない。

2.2 子どもをとりまく社会へのサービス

成人サービスがそうであるように、児童サービスにおいても「求める資料を提供する」ことが図書館の機能である。しかし真に「求める資料を提供する」ためには、ひとり「子ども」だけを見ていたのでは効果を得られない。

「子ども」は社会的な存在であるがゆえに、児童サービスを効果的に実施するためにも、「大人」も含めたサービス全体をとらえることが必要である。実際、「子ども」だけ「大人」だけが本を読むような社会はありえない。「大人」が本を読まないのであれば、「子ども」が本を読む道理はなく、「子ども」が本を読まなければ、やはり「大人」も本は読まない。

公共図書館にとって児童サービスは単に「子ども」という限られた対象へのサービスなのではなく、「子ども」と、それをとりまく社会全体が対象となる、いわば未来を対象とするサービスであることを忘れてはならない。「子ども」とは哲学者ハンナ・アレントが指摘するように、人間事象の領域である世界を「破滅」から救う「奇蹟」であり、人間事象に信仰と希望が与えられる根拠である。

第10章　児童サービス・ヤングアダルトサービス

　福音書が「福音」を告げたとき、そのわずかな言葉の中で、最も光栄ある、最も簡潔な表現で語られたのは、世界にたいするこの信仰と希望である。そのわずかな言葉とはこうである。「わたしたちのもとに子供が生まれた」[4]。

　アレントがその著書『人間の条件』で述べる、この指摘こそ児童サービスの基盤である。

　図書館の実施する児童サービスは、一個の人格をもつ「子ども」に対し、社会を構成している「大人」が、公共的な責任においてどのように関わっていくのかということをその根底に持っている。児童サービスと成人サービスとを分かつのは、この関わりに対する意識の強弱である。

　その関わりつまりは責任の度合いが大きくなるのか小さくなるのかについては、図書館の現場ではさまざまな立場がある。またこれは対象年齢によっても幅が変わってくるし、実際に個別の子どもたちと接していくなかでつくられていくものである。

2.3　子どもから大人までの「神話的時間」

　とはいえ、「大人」と「子ども」の区切りがまったくないかといえばそんなことはない。鶴見俊輔が提唱した「神話的時間」という概念がある[5]。日本では古来、「7歳までは神の内」といういい方があり、その区切りが七五三だとされてきた。この年代までの子どもたちはいわば神話のなかに生きており、世界は魔法に満ちている。A. A. ミルンの『くまのプーさん』の主人公で、著者の息子がモデルであるクリストファー・ロビンは当時6歳。百町森のなかでぬいぐるみのクマであるプーさんやコブタ、イーヨーなどと暮らしている。この魔法に満ちた世界こそ、「神の内」の子どもの住まう「神話の世界」なのだろう。しかし、その時代はいつまでもは続かない。クリストファー・ロビンは、

---

4) ハンナ・アレント (1994)『人間の条件』志水速雄訳, 筑摩書房（ちくま学芸文庫）pp. 385-386.
5) 鶴見俊輔 [ほか] 著；横田幸子編 (1995)『神話的時間』熊本子どもの本の研究会, p.13.

ものがたりの結末で森を去ることになりプーに告げる[6]。

「ぼく…あのね、ぼく…プー！」「クリストファー・ロビン、なに？」「ぼく、もうなにもしないでなんか、いられなくなっちゃったんだ。」「もうちっとも？」「うん、少しはできるけど。もうそんなことしてちゃいけないんだって。」（中略）「プー、ぼくが…あのねえ…ぼくが、なにもしないでなんかいなくなっても、ときどき、きみ、ここへきてくれる？」「ぼくだけ？」「ああ。」「あなたも、ここへきますか？」「ああ、くるよ、ほんとに。プー、ぼく、くるって約束するよ。」「そんならいい」と、プーはいいました。「プー、ぼくのことわすれないって、約束しておくれよ。ぼくが百になっても。」（中略）「そうすると、ぼく、いくつだろ？」「九十九。」プーはうなずきました。「ぼく、約束します。」（中略）そこで、ふたりは出かけました。ふたりのいったさきがどこであろうと、またその途中にどんなことがおころうと、あの森の魔法の場所には、ひとりの少年とその子のクマが、いつもあそんでいることでしょう。

クリストファー・ロビンはこうして神話的な時間を経て「王とか女王とか呼ばれる人々のこと、分子と呼ばれるもののこと」などなどを学ぶ世界へと足を踏み出していく。就学年齢という制度もおそらくはこの「神話的時間」と関わりがある。

　年齢によるサービスの区別は、この関わりの幅と対応しているといってよい。例えば大人に全面的に依存して生存しているような乳幼児にとって、最初に手に取る絵本は、大人の関わりが全面的に必要である。そういう神話的時間の関わりこそ、「百になるまで」忘れぬ世界の基盤をつくる。その時代を経て、自立していくにつれその関わりは徐々に減っていき、ヤングアダルト期ともなると、大人に隠れて読むような本も当然出てきて、関わりはごく最小限に抑えら

---

6) A. A. ミルン (2000)『プー横丁にたった家』石井桃子訳, 岩波書店 (岩波少年文庫) pp. 265-267.

れていく。しかし、関わりがなくなるということはない。一切の関わりをしないというあり方自体、きわめて大きな関わりの仕方であり、どのように関わっていくのかのみが問題になるのである。

③ 「ことば」と「ものがたり」

そもそも、子どもに手渡そうとする「本」とは何か？

活字によって印刷されたものだけが、私たちの手渡す「本」ではない。その本質は「ことば」であり「ものがたり」だといってよい。人類は「ことば」を獲得することによって「人」となり、「ものがたり」によって成長し文化を築いてきた。

図書館にいる私たちは、子どもたちが、例外なく「ものがたり」を好むものであること、したがって「ものがたり」の器である「本」が好きなことを知っている。この自然な欲求は何によるものだろうか？

「ものがたり」とは、「なぜそうなのか」を解き明かすものである。E.M.フォースターの定義に従えば、「王が死んだ。そして王妃が死んだ」というのがSTORYであり、「王が死んだ。悲しみのあまり王妃が死んだ」[7]というのがPLOT「ものがたり」であるが、子どもたちは本能的に、この「なぜ」を求めている。なぜ、王妃は死んだのか。なぜ、じぶんは生まれてきたのか。生きているのはなぜなのか。なぜ、明日が来るのか。たのしいこと、ふしぎなこと、わくわくすることを求め、それらを通してこのなぜへの答え、この世界が生きるに値するものであることへの確証を求めている。すなわち、人生の原型となる「ものがたり」を獲得しようとしているのである。特に、「神話的時間」に獲得した「ものがたり」はその基盤である。公共図書館における児童サービスは、このことを公共的に保障しようとするものだともいえる。

そのなかで、願わくばより美しい「ことば」、よりよい「ものがたり」を子

---

7)E. M.フォースター（1994）『小説の諸相』（E. M.フォースター著作集8）中野康司訳，みすず書房，p.129.

どもたちに伝えていきたいというのが児童サービスのひとつの目標となる。ただし注意すべきは、よりよい「ものがたり」は、口当たりのよい、ハッピーなものばかりではない、という点である。世界が、夢と魔法の王国で幸福に満ちていればよいというわけではない。「よろこび」と同じように「かなしみ」も「くるしみ」も存在するのが世界である。生がなぜかはわからないがおとずれるように、死という避けることのできない別れもある。よりよい「ものがたり」とはこれらをすべて兼ね備えたものであり、世界各地の神話・昔話はそういう性質をみな備えている。

商業的に流布されている「ものがたり」は得てしてそうした側面に目をつぶり、「三びきのこぶた」の結末で、オオカミとコブタがなかよしになるというような改変が平気で行われている。本来伝わるものがたりでは、兄2人のコブタはオオカミに食べられ、結末でれんがの家を建てたコブタはそのオオカミを殺して食べてしまう。これによって、逆に敵の完全な除去と「いつまでも幸せに暮らしました」という安心が保障されるものがたりとなるのである。

これとは逆に、「お涙ちょうだい」という「ものがたり」も多数ある。「ハッピー」が商品であるように「感動」「泣ける」もまた商品であるケースもある。「死」や「戦争」、「癒やし」がまぶされてベストセラーとなっている作品は多い。作者は、必ずしもそれを自覚しているわけでも、意図しているわけでもなく、真摯に創作していることは疑わない。どのような本であれ、それを必要とする瞬間が誰にでもある場合がある。そのことへの敬意を失ってはいけないが、だからこそ公共的な責任としてよりよい「ものがたり」を判定するのが、司書の専門性である。

4 選 書

このため、児童サービスの基本は「選ぶ」ということである。そしてその結果は、蔵書によって具体的に表現される。個々のサービスは「本と子どもをむすびつける」ことを目標に組み立てられており、最終的にはすべて図書館の蔵

第10章　児童サービス・ヤングアダルトサービス

書に結び付けられて意味がある。

　例えば、子どもに本を紹介しても、子どもが来館してその本が書架にないのでは意味がない。紹介というサービスは、実際にその本が蔵書として棚にあるということによって支えられる。

　蔵書はサービスに反映し、サービスは蔵書に反映する。この一連のサイクルが児童サービスの根幹である。

　子どもを対象とする資料は膨大だし、予算は限られる。そのなかからどのようなものをそこに選ぶかに図書館の立場、子どもに向かい合うスタンス、利用者層のすべてが表現される。「よりよい」と一口にいってもその基準はさまざまである。押し付けは戒められるが、適切な導きも必要である。ただ、子ども自身は「よいもの」を自分で見つけ、選び取ることができるという信頼は共通のものでなければならない。

⑤　カウンターワーク・フロアワーク

　日常的な児童サービスとしては、カウンターワークとして、カウンターを中心に展開する貸出しや相談、レファレンスなどがあり、これは大人を対象としている場合と同様である。しかしカウンターというのは、時には利用者にとって高いバリアとして機能してしまう。カウンターに座っている司書に声をかけて何事かをたずねるのは、大人でも多少の抵抗はあるものである。まして子どもにおいてをや、である。

　そのため司書は積極的にカウンターから出て、フロアで利用者と接するようにしなければならない。返却された図書を書架に戻したり、棚を整理しながら、横目ではフロアの利用者の動向に目を配り、援助を必要としている利用者には声をかける。カウンター中心のカウンターワークに対し、こうした活動を総称してフロアワークと呼ぶことがあり、児童サービスにおいては重要なカテゴリーである。

　フロアワークの内容としては、状況によって、子どもたちに絵本を読み聞か

151

せたり、本の紹介をしたり、臨機応変にさまざまな展開が考えられる。しかし行き当たりばったりではなく、日頃から十分な準備と訓練をつんでおいて初めて可能になるという点で、きわめて専門性の高い、重要なサービスである。

「何か面白い本な～い？」と聞いてきた子どもに対し、その子の読書経験や、これまでの読書履歴、その時々の状況を読み取り、かつ自館の蔵書状況、蔵書の内容と照らして、最適のものを選び出し、それが子どもに通じるように組み立てて伝えなければならない。本を選ぶこと、本を知ることがサービスの基礎となるのはまさにこの場面である。

子どもは敏感で、目の前の司書に十分な能力があるかどうか、信頼に足るかどうかは即座に見抜く。そしてもしここで紹介した本が本当に面白かった時には、その司書への信頼は高く、強固なものとなるが、そうでなければ永久に見放されてしまう危険をもはらんでいる。

6　本の紹介

子どもと本を結びつける活動は、多かれ少なかれ本を紹介するということに関わっている。

子ども自身が「よいもの」を見分ける力を持っているということは、だから放置しておいてよいということとは違う。図書館に所蔵している資料は、そのまま棚に並べておいても必ずしも手に取られるとは限らない。また子どもたち自身が、自分の欲している本がどれであるかを知っているとは限らない。

内容的には優れていても、外見が地味なために手に取られることが少ないような本、タイトルから内容が想像しにくい本などが、ちょっとした紹介をするだけで、子どもたちの人気者になることはしばしばある。そうした本を子どもたちに手渡すことも、児童サービスの重要な機能である。

本の紹介をする際の基本は、当たり前のようであるが「紹介する価値のあるものを紹介すること」である。紹介しなくても子どもたちにおのずから人気のあるような作品や、とりたててどうということのない作品をわざわざ紹介する

第10章　児童サービス・ヤングアダルトサービス

必要はない。ここでも「選ぶ」行為が重要である。そして、その結果は子ども
たちがシビアに出してくる。

　具体的には、以下のような方法がある。

6.1　ブックトーク

　司書が子どもたちに直接に本を紹介するもので、一定の時間、対象を決めて
行うフォーマルなものと、随時求めに応じて、フロアワークの一環として行う、
インフォーマルなものとがある。前節の「何か面白い本な〜い？」というやり
とりは、典型的なインフォーマル・ブックトークである。

　あらすじや本の概要を説明したり、部分的に読み上げるなどやり方はさまざ
まである。フォーマルなブックトークでは、「ぼうけん」とか、「家族」などと
いった一定のテーマに沿って紹介する本を組み立てて、関連性をもたせながら
子どもたちに示す方法がよくとられる。また学校図書館などでは、特定の単元
に沿って、子どもたちの学習興味をひくような形で本を紹介することもある。
しかし、学校で行うこのような紹介は、単元の目標に沿ったものである場合も
多く、公共図書館で行われるそれとは異なるものと考えた方がよい場合もある。

6.2　紹介文

　文章で本の紹介をすることも、児童サービスのなかでしばしば行われる。定
期的な図書館だよりのようなものにして配ったり、新たに受け入れられた本の
紹介を行ったり、あるいは夏休みなどの長期休暇の前などに、おすすめ本のリ
ストなどとして配布する場合もある。紹介文を書くことで、司書もあらためて
本を読みなおし、内容を再確認する効果もある。

6.3　展示

　本の内容に関連して、子どもたちの興味を引くようなディスプレイを行うこ
とも、効果的である（図10.1）。季節やその時々のテーマを設定し、本を集めて
並べたりすることで、普段なかなか手に取られにくい分野にスポットを当てる

153

図10.1　展示

(出所) 筆者提供。

ことができる。司書の技術とセンス次第でいかようにも魅力的にすることができる。

6.4　表紙見せ

　展示として特別な飾り付けを行う余裕がなければ、書架の間に表紙を見せるように立てて並べるだけでもよい。(図10.2)絵本はとくに顕著だが、それ以外でも表紙が子どもたちをひきつけることは往々にしてある。表紙を見せて置かれた本は、それだけでも格段に手に取られやすくなる。そのこと自体が立派な本の紹介である。

　それでなくとも、ぎっしりと詰まった書架では、子どもたちには本を手にとりにくい。書架を十分に余裕のある状態に保ち、ところどころに表紙を見せて並べるように維持することは、展示以前の基本といえる。

　表紙見せだけでなく、ちょっとした紹介文をカードなどにして、表紙に添えるいわゆる「POP」も効果のある方法で、書店などでもPOPがきっかけにベストセラーが生まれていることはよく知られている。

第10章　児童サービス・ヤングアダルトサービス

図10.2　表紙見せ
(出所)　図10.1と同じ。

7　児童サービスの展開

　児童サービスにおいては、単に図書館で子どもが来るのを待つばかりではなく、積極的に図書館から出ていくことも必要である。各地の図書館では、さまざまなメニューが実践されており、日々斬新な企画が生まれている。ここでは例として、筆者の勤務する図書館（以下、当館）で現に行われているもの、過去に行われたものからピックアップして示す。

7.1　子どもに対しての取り組み
(1) お話し会

　お話し会と称される場で実践される「ストーリーテリング」は、児童担当司書の基本的な技術のひとつである。昔話などを暗記し、本を見ることなく直接子どもたちに語りかけるものである。絵本などと異なり、耳からだけものがたりを吸収することで、読み・書きが普及する以前の口承文芸の時代にさかのぼって、純粋に「ものがたり」を楽しむ経験を子どもたちに与えることができ

155

る。実施する側にとっても、「ものがたり」のもつ力を再認識させてくれるよい機会でもある。

　独特の雰囲気をこわさないように、独立した空間を用意し、年齢や人数もある程度制限するのが普通である。どんなに慣れた子どもでも3歳が下限だろう。「ストーリーテリング」の間はロウソクを灯すなどの演出を行い、途中の出入りも制限した方がよい。

　お話し会は「ストーリーテリング」を主体としたプログラムをいうことが多いが、「ストーリーテリング」は10分程度の昔話を暗記しなければならないなど技術的なハードルが高い。そこで「ストーリーテリング」はやらず、読み聞かせなど、他のプログラムを主体に組み立てることも多い。絵本や、紙芝居などを読んで聞かせる読み聞かせは、手軽に本の楽しみを体験させることのできる方法であり、題材の選び方によって、対象年齢も幅広くとることができる。

　一般市民、PTAなどの行事や、「パパによる絵本普及運動」などのように、図書館以外でも盛んに行われるようになっている。またわらべうたや、手あそびなどを組み合わせて一緒に楽しむこともある。これは「高齢者」をも対象に有効であるとされ、年齢を超える児童サービス的なノウハウの例ともなっている。どのような演目を選択するかに工夫が必要だが、子どもが楽しいプログラムは、年齢を選ぶことなく楽しむことができる。

　こうした会は、ある程度定期的に実施できると子どもたちも来やすい。そうした場合には、出席スタンプなどを押したり、スタンプがたまった子に記念品を渡したりすることもある。子どもたちはなぜかこうしたスタンプが大好きで、これをめあてに常連となる子は多い。

⑵ おたのしみ会

　おたのしみ会とは、クリスマス会（宗教行事を連想させる名称として使用に慎重な自治体もある）や、七夕会など、季節やシチュエーションに応じてさまざまな名称が工夫されているが、読み聞かせなどのほか、映画上映やクイズ、あるいは人形劇など、いろいろなプログラムを組み合わせて、子どもたちに図書館

第10章　児童サービス・ヤングアダルトサービス

を楽しんでもらうイベントである。図書館とは楽しいところだというイメージ
をつくってもらうためには内容は工夫次第でいかようにもできるが、単なるイ
ベントではなく、なんらかの形で子どもと本を結びつけるような動機と工夫が
ほしいところである。

　たとえば当館の場合は、クリスマスの時期に、大型絵本の読み聞かせ、映画、
うた、司書手作りの人形劇を組み合わせて「おたのしみ会」を行っている。

　これらのイベントの運営に、ヤングアダルト層の利用者や、常連の子どもた
ちを参加させる、あるいは地域住民を巻き込んで運営委員会的なものを組織す
る例もあり、子どもたちや地域とのつながりを強化する機会とすることもでき
る。

(3) 科学講座

　子どもと本を結びつける切り口として、「科学の本」を取り上げることもあ
る。「本好きの子」としてイメージされる、いわゆる文系的な「ものがたり」
ばかりではなく、理科系の知識絵本などを題材に、実際に実験や観察を行う機
会を設けるものである。女の子が文系、男の子が理系といった浅薄な理解は
ジェンダー的観点からも戒めるべきであるが、不思議なことに、個々の好みと
して、むかしばなし絵本の大好きな女の子、ものがたりには目もくれず、電
車・恐竜・自動車・昆虫の本しか読まず、大人顔負けの○○博士となっていく
男の子とがいるのは事実である。

　むしろこういった好みの違いをうまく架橋し、鉄道博士のA君にすぐれた鉄
道ものがたりを提示するなどして、読書の幅を広げていくことができる。文
系・理系をそれとなく自覚しはじめ、好みの幅を自ら狭めてしまうような年齢
の子どもを対象に、文系的イメージの強い図書館が、あえて理系的イベントを
行う意義はここにある。

　社会的に理科教育の必要性が叫ばれ、推進されていることもあり、さまざま
な団体や専門家がこうした実践を行っている。もちろん司書みずからが運営す
る場合もあるが、どちらかというと科学オンチで典型的に文系である場合の多

157

い司書が関わるよりも、科学教育に関わる教員など外部の専門家の協力を仰ぐことで、図書館に乏しいノウハウを補うこともできる。

当館では、夏休みに「科学で遊ぼう」と称して外部の講師を招いた講座を行っている。関連する団体として「科学読み物研究会」などの研究団体が全国的に活動している。

(4) ブッククラブ・読書会

単発のイベントではなく、ある程度固定したメンバーを組織して一緒に読書を楽しむことも割合よく行われている。司書の負担は大きくなるが、効果は高い。

当館で行った事例では、「詩と物語を読む会」の名称で小学校高学年から参加者を募り、夏休み期間中のイベントとして行ったことがある。内容的には、司書による詩やものがたりの読み聞かせ・ブックトークのほか、作家による講演なども組み合わせた週1回ずつの連続講座であった。

現役作家によるワークショップは、オーサービジットとも呼ばれ出版社や新聞社などがPRを兼ねて仲介してくれる場合もある。作家にとっても読者と接触する得難い機会であり、子どもたちにとっても、記憶に残るイベントになる。

7.2 大人に対しての取り組み──講座・講演会

子どもの読書を充実させるためには、まわりの大人たちに対しても適切な援助を行うことが必要である。乳幼児期から小学校低学年くらいまでは、たとえ子どもが自分で文字を追うことができたとしても、ものがたりを楽しむ段階に至るのは難しいことが多い。できるだけまわりの大人が、読み聞かせなどを通じて子どもにものがたりを手渡してもらうのが望ましい。しかし実際には絵本の選択や読み方など、初めての大人は知識もなく戸惑うことが多い。また過度に早期教育にはしったり、読み聞かせに苦痛を感じるような大人も少なくない。「焦るな」というメッセージと、「しかし何でもいいわけではない。子どもたちに伝えたい希望がある」という、相反するメッセージを伝えることが図書館の

第10章　児童サービス・ヤングアダルトサービス

図10.3　絵本講座

(出所) 図10.1と同じ。

役割でもある。

　当館では「親子で楽しむ絵本講座」として、実際に子どももいっしょになって楽しむところから、「わらべうた」や、絵本、読み聞かせについて学ぶ講座を行っている（図10.3）。講師は現場の司書である。講師として教える側に回ることで、現場の経験・知識を再度言語化して再構成する機会となり、司書の意識向上にも一定の効果がある。

　このほかにも、読み聞かせボランティアを対象にした「読み聞かせ講座」や、作家・研究者・編集者などを招いた講座など、大人を対象にした講座・講演会も、子どもたちの読書環境を、全体として向上させるうえでは必要である。

7.3　乳幼児とその周りの大人に

(1)「わらべうた」の会

　図書館が子どもたちの「ことば」を大切にする立場からいうと、子どもたちが最初に出会うことばとしては、絵本以前に両親や周りの大人たちとの間に豊かな言葉のやりとりがあることが前提となる。そうしたなかで「わらべうた」は、子どもたちの間で受け継がれ、育まれた貴重な文化遺産である。乳幼児に

対するサービスのなかでは、絵本の読み聞かせ以上に「わらべうた」を一緒にうたうようなことが有効な場合がある。

当館では、乳幼児とその保護者を対象に、ともに「わらべうた」を楽しむような機会を設けている。

(2) ブックスタート

英国で始まったプログラムで、日本でもNPO法人のブックスタート[8]を中心に普及が図られている。新生児に対して絵本をプレゼントして、読書への橋渡しを促すものである。

絵本は本来、周りの大人が読み聞かせてあげてはじめて効果を発揮するものだが、文字が読めるようになれば自分で読むものだという意識は根強い。またそもそも読書習慣のない家庭では、家庭に1冊も本がないというような状況も珍しいことではない。英国でのスタート時には主に識字教育の観点から、新生児のいる全家庭に本を届けることが目指されていた。しかし日本では父親の育児参加も乏しく、地域とのつながりも薄く孤独な状況にひきこもった育児を余儀なくされる母親が多い。そうした母親の集う場所・つながりを提供する機会としてこのイベントを活用するといった育児支援の意味合いがやや濃くなっている。

筆者の勤務する市では出生登録の際に本を贈るが、その機会を通じて絵本についての講座や図書館の利用案内を行い、啓発に役立てている。参加者は地域ごとに集まってもらい、講座の前後にはママ友タイムといった参加者同士の歓談時間を設け、近所の同年代の新生児を抱えた親同士の情報交換や友達づくりに資する配慮を行っている。保健所の集団検診の機会を利用する自治体も多く、こうした場合には保健所をはじめとする他機関との連携が強化されるメリットもある。

---

8)NPOブックスタートのウェブサイト（http://www.bookstart.or.jp/）（2018/4/1最終確認）.

第10章　児童サービス・ヤングアダルトサービス

7.4　図書館外への出張イベント

　地域の学校や、幼稚園、保育園、児童育成クラブ、児童館などの施設との連携は、児童サービスの実施について大きな意味を持っている。これらを訪問して、ストーリーテリングや読み聞かせなどを行う機会があれば、地域のほとんどの子どもたちに、いっぺんで図書館の存在をアピールすることができる。

　近年こうした施設の地域連携は積極的に進められているとはいえ、とくに学校などに市民団体などが入ってイベントをするなどということは容易なことではない。同じ自治体の一員である図書館の持っている信用は絶大である。かつて筆者は、図書館で開催するイベントを宣伝するために、隣接する小学校の給食の時間に勝手におしかけ、教室を巡回して、給食中の子どもたちの前でチンドン屋まがいのことを行った経験がある。こんなことは一般市民であれば到底認められないと思うが、学校の職員室では、隣接図書館の職員としてむしろ歓迎され、大いに宣伝効果をあげた。自治体の一員としての信用は、外部との連携の手段でもあり、目的でもある。

　この信用もまた一朝一夕で手に入るものではない。当館では、学期のはじめに各学校などから要望を募り、概ね1学年、年2回の割合で授業の1コマを使う形で施設訪問を行っているが、当初はこうした形での連携がなぜ必要なのか、説得し、受け入れてもらうことから始め、受け入れてくれた学校にはすべて訪問するというところから始まっている。

　これが有意義であることが学校の側に浸透し、すべての要望に応えきれないために要望の調整を行うに至るまで長い時間を要したが、現在のこうした出張イベントの回数は年間で1200回にもなっている。司書の負担はたしかに大きいが、子どもたちに図書館への信頼を抱かせるにはきわめて有効な方法である。一度学校などを訪問すると、子どもたちは実によく覚えていてくれ、カウンターで、あるいは街角ですら、「図書館の人でしょう？」と声をかけられる機会は格段に増える。これは一種の営業活動といえるかもしれない。

　ここでも重要なのは「選書」である（表10.1）。ストーリーテリングは習得に一定の努力が必要であり、選択の幅が広いとはいえない。経験と蓄積によって

161

表10.1　小学校でのプログラムの例（4年生）

1．ストーリーテリング「名まえ」（『魔法のオレンジの木』ダイアン・ウォルクスタイン採話より）
2．ストーリーテリング「フォックス氏」（『ジャックと豆のつる』J. ジェイコブス作より）
3．よみきかせ『密林一きれいなひょうの話』工藤直子作，和田誠絵，銀河社，1975
4．よみきかせ『じごくのそうべえ』田島征彦作，童心社，1978
5．ことばあそび『それほんとう？』より，松岡享子作，福音館書店，1981

その幅を広げていくしかない、かなり専門的な技術である。逆にそれだけに子どもたちに与えるインパクトは強く、のちのちまで記憶にとどまるもののようである。その貴重な時間を有意義なものにするため、組み合わせも含め、最も神経を使うのがプログラムの構成である。ウケねらいだけでは意味がないが、シーンとするだけでも寂しいものである。

7.5　サービスの担い手

お話し会や、施設訪問、イベントなどは、時として館内からさえ、カウンターワークに比べて二次的なサービス、余分なサービスとみられることもある。

しかし本来は、蔵書の構築から、カウンターワーク、フロアワーク、貸出し、出張イベントなどの外部へのサービスとすべてはつながっている。司書の責任で選んだ本を、子どもたちに直接紹介し、楽しんでもらい、そしてその反応を見ながら次の蔵書に反映させるという一連のサイクルがあって、初めてサービスとして成り立つものである。

児童サービスの展開は、工夫次第でいくらでも広がるが、このようなサイクルにきちんと組み込まれた、つながりのあるものかどうかは、常に点検する必要がある。そのうえでそのつながりを維持することが、公共的な責任を担う司書の任務である。さもないと客寄せのためにショッピングセンターで興業される「○○ショー」のように、単なるイベントとして消費されてしまうおそれがある。

一方、地域全体で子どもの読書活動を推進しようという機運は高まっている。家庭文庫活動の伝統もあり、関心をもつ大人が自主的なボランティア団体とし

て活動している例も多い。子どもへのサービスが、地域全体の子どもたちをとりまく環境と密接に関わりあっている以上、図書館は単独ではなく、地域のさまざまな機関や個人と密接に連携をとり、役割分担していくことは必要である。

　地域のなかでのこうしたつながりを生かしていくうえでの図書館が果たす役割は大きいが、本来公共図書館が公的に担うべき業務を、安易にボランティアに肩代わりしてもらうようなことになってはならない。

⑧　学校との連携

　地域の学校図書館は多くの子どもたちにとって最も身近な図書館であり、影響も大きいため、公共図書館は密接な連携を保つようにしなければならない。

　学校図書館法は、「学校には、学校図書館を設けなければならない」と定め、専門職員である司書教諭について「置かなければならない」と定めている。実際には司書教諭は1997年の法改正まではほとんど発令されなかった。発令されたのちも専任ではない場合がほとんどで、通常の教員の業務の傍ら分掌として発令されているにすぎず、学校図書館での活動は限られているのが現状である。

　この間法的根拠はないながらも、現場の必要に迫られる形で、地域によってさまざまな名目で職員が配置され、図書館活動の実績を重ねてきたが、全体としては人的にも物的にも十分とはいえない状況が続いている。職員のいない学校図書館は、単なる物置にすぎず、通常は施錠されて立ち入りさえできないというケースも珍しくない。

　このような状況が職員配置により劇的に改善されることが知られるようになり、さまざまな実践と運動が積み重ねられた結果、2014年には学校図書館法が改正され「学校司書」が法制化され、配置に努めるように要請された。しかしながら資格要件があいまいであることもあり、配置状況の改善は遅々としたものがある。学校司書を配置している学校の割合は、多少増加しているとはいえ、2016年4月現在で小・中・高等学校でそれぞれ59.2％、58.2％、66.6％にすぎない[9]。こうした地域の学校図書館の現状をふまえて、連携・支援に当たるこ

とが必要である。具体的には、団体貸出しや協力貸出しなどの資料面での支援のほか、職員に対する研修・助言・情報共有がその第一歩となる。

学校図書館は、学校教育の展開にあたって必要な資料を提供するという目的があり、公共図書館のそれとは重なり合いながらも異なっている。相互に補完的な関係にあるともいえ、それぞれの役割をふまえた連携が必要である。

⑨ ヤングアダルトサービス

ヤングアダルトサービスは、大人と子どもの境界線上にあるような、青少年、主にはティーンエイジャー「ヤングアダルト層」を利用者層に想定して行われるサービスである。

ヤングアダルト層は、知識欲においても、新しいものを受け入れる感覚においても、いわゆる大人以上のものを持っている。にもかかわらずあるいはそれゆえに、「児童サービス」の延長からは彼らは次第に離れ、「成人サービス」の枠にも収まらないまま図書館を離れていく。このことへの危機感からアメリカなどでは、早くから意識的に取り組まれてきた。日本では1980年代、都立江東図書館の半田雄二らによる実践が、先駆的なものである。

個々の人格の尊重を求める点で、この年代はいわゆる大人以上のデリケートさをもっている。「子ども」扱いされることを誰よりも嫌がるのが「ヤングアダルト」の特徴であると考えれば、児童サービスの一部ではなく、むしろ成人サービスの一部門、ないし独立した一領域と考えるべきである。

具体的には、独立した「ヤングアダルトコーナー」を設け、一定の蔵書をそろえることでヤングアダルト層の居場所を確保し、彼らへのさまざまな情報発信を行うのが基本である。また、利用者参加のプログラムや、利用者自身の情報発信も重視される。図書館に常備したノートに利用者が自由に書き込む方式は、そのためのツールとして広く実施されている。とはいえ、コーナーを作り

---

9)「平成28年度「学校図書館の現状に関する調査」の結果について」文部科学省のウェブサイト（http://www.mext.go.jp/a_menu/shotou/dokusho/link/1378073.htm）（2018/4/1最終確認）.

第10章　児童サービス・ヤングアダルトサービス

ノートを置けばヤングアダルトサービスというわけではない。

　J. D. サリンジャーの『キャッチャー・イン・ザ・ライ』が出版当初、有害図書扱いされていたことからもわかるように、若者文化は本来的にカウンターカルチャー（対抗文化）である。その最先端は常に挑戦的であり、「大人」の立場からは居心地の悪さを感じさせる。これらにあえて正面から向き合い、ヤングアダルト層が真に求める資料を彼らに提示しようとする努力がヤングアダルトサービスの本質である。

　例えば、2007年に大学生の勉強会運営改善に端を発したという「ビブリオバトル」（制限時間内に本の紹介を行い、一番読みたくなる紹介を行った者を表彰する競技。近年は全国大会が開催されるまでになっている）など[10]、ヤングアダルト層自身による発信を上手にコーディネートすることは、図書館のサービスのなかでもさまざまな展開の可能性をもっている。

　当初図書館が収集の対象にすらしていなかった文庫本や、コミックなどが図書館に導入される突破口となったのは、ヤングアダルトサービスへの取り組みからであった。今日では、これらはむしろ当たり前のサービスになりつつある。欧米ではゲームソフトなども、ヤングアダルト部門のコレクションとして提供する例もあり、これからも変化しつづけるだろう。時代の先頭で変化しつづける相手に対し、図書館側も常に変化を迫られる。これが、ヤングアダルトサービスの難しさと、それゆえの意義を形づくっている。

　内容的に「ヤングアダルト資料」といったものが存在するわけではない。出版事情として、いわゆるライトノベルなど、いかにもヤングアダルト向けといった形態が存在することは事実だが、それのみに頼り、あるいは逆に読者の主体性を無視した教養主義的な選書に陥っても意味がない。児童書以上に利用者に寄り添った選書実践が求められる。

　私的に批評的な観点からみると、いわゆる児童書の持つメッセージが「誰かがあなたを愛しています」であるのに対し、ヤングアダルト層の求めるメッ

---

10) ビブリオバトル公式ウェブサイト（http://www.bibliobattle.jp/home）（2018/4/1最終確認）.

セージが「誰かわたしを愛してください」、そして成熟するにしたがって「わたしは誰かを愛しています」に移行しているように思える。この移行がどういう段階で生じるのか、あるいは正当な評価であるかどうかは検証不能だが、ヤングアダルトサービスの内容・対象も単純に年齢によって切り分けることができないことは理解できるだろう。

　公共図書館の強みは、現実に対処しなければならない利用者が目の前にいるということである。「あるべき若者の理想像」といった観念的なものではなく、現実の彼らに「ここは自分たちの場所だ」という感覚を抱かせることがひとつの目標となる。そのための方法は、実は特別なものではない。彼らの存在をきちんと認識し、その主張と要求に耳を傾け、そのうえで、公共図書館という「大人」の責任を果たすことである。

　「本を知ること」「利用者を知ること」「本と利用者を結びつけること」という司書の基本的な専門性は、ヤングアダルト層に対する際にも重要である。「当り前の図書館」であることが実は一番難しい。しかし、各地のヤングアダルトサービスの実践からは、図書館が単に本とひとを結びつけるのではなく、そのような場を通じて、ゆるやかなひとのつながりを生み出してきたことが見えてくる。図書館がひととひととをつなぐものであることを、実はヤングアダルト層は切実に求めてもいるのである。

第10章　児童サービス・ヤングアダルトサービス

図10.4　屋外での読み聞かせ風景
（出所）図10.1と同じ。

第11章	障害者サービス

① 障害者サービスとは

　図書館の障害者サービスとは、視覚障害者や聴覚障害者、肢体障害者などへの特別なサービスを意味することではなく、「図書館利用に障害のある人びとへのサービス」と定義される。すなわち、図書館における障害とは、利用者個々人の心身の障害に起因するものを指すのではなく、図書館側（資料、施設、サービスなど）に存在する障壁・障害（バリア）を指し、図書館への利用・アクセスが困難な人びとを「障害者」ととらえている。

1.1　障害者サービスの理念

　図書館利用に障害のある人びとへのサービスである障害者サービスは、サービス対象者が限定された特別なサービスではない。「ユネスコ公共図書館宣言1994年」には「公共図書館のサービスは、年齢、人種、性別、宗教、国籍、言語、あるいは社会的身分を問わず、すべての人が平等に利用できるという原則に基づいて提供される」とある。また、「図書館の自由に関する宣言」には、「図書館は、基本的人権のひとつとして知る自由をもつ国民に、資料と施設を提供することを、もっとも重要な任務とする」と述べ、「5　すべての国民は、図書館利用に公平な権利をもっており、人種、信条、性別、年齢やそのおかれている条件等によっていかなる差別もあってはならない」[1]と指摘している。

　このように公共図書館には、読み、知る自由を保障する使命があり、障害が

---

1) 日本図書館協会図書館の自由委員会編（2004）『「図書館の自由に関する宣言1979年改訂」解説（第2版）』日本図書館協会。

第11章　障害者サービス

あることを理由に情報や資料の要求を阻害してはならない。障害の有無にかかわらず誰にでもこうした要求は存在する。障害者サービスとは、すべての人が図書館のすべてのサービスや資料を利用できる基礎的なサービスである[2]。

1.2　障害者の捉え方

　障害は社会によってつくられるため、社会側の障壁・障害を取り除くためのさまざまな実践（ユニバーサルデザインなど）が広がっている。いわば障害者の個人的な問題、さらには障害者への保護や救済としてとらえるのではなく、社会によりつくり出された障壁・障害を取り除き、誰でも平等に社会参加の機会が保障されなければならない[3]。

　障害者とは、障害者基本法の第2条において「身体障害、知的障害、精神障害（発達障害を含む。）、その他の心身の機能の障害（以下「障害」と総称する。）がある者であって、障害及び社会的障壁により継続的に日常生活又は社会生活に相当な制限を受ける状態にあるものをいう」[4]とされている。この法律は、1981年の「国際障害者年」や「国連障害者の10年」（1983～1992年）などを背景に、1970年に公布された心身障害者対策基本法を全面改正して制定されたものである。

　2006年には「障害者の権利に関する条約」が国連にて採択され、日本政府は2014年に批准した。同条約の前文には、「障害が、機能障害を有する者とこれらの者に対する態度及び環境による障壁との間の相互作用」より生じ、第1条には「全ての障害者によるあらゆる人権及び基本的自由の完全かつ平等な享有を促進し、保護し、及び確保すること並びに障害者の固有の尊厳の尊重を促進することを目的とする」[5]としている。

2）日本図書館協会障害者サービス委員会編（1994）『すべての人に図書館サービスを：障害者サービス入門』日本図書館協会。
3）佐藤久夫・小沢温（2016）『障害者福祉の世界（第5版）』有斐閣。
4）「障害者基本法」（http://law.e-gov.go.jp/htmldata/S45/S45HO084.html）（2018/3/28最終確認）.
5）外務省「障害者の権利に関する条約（略称：障害者権利条約）」（http://www.mofa.go.jp/mofaj/gaiko/jinken/index_shogaisha.html）（2018/3/28最終確認）.

169

この条約批准に向けて国内法の整備が行われた。2011年には障害者基本法を改正し、先の障害者の定義（第2条）において「その他心身の機能の障害」の追加と「『社会的障壁』により継続的に日常生活又は社会生活に相当な制限を受ける状態」が加わった。さらに2013年には、障害を理由とする差別の解消の推進に関する法律（障害者差別解消法）が公布された（施行は2016年4月）。

1.3　図書館利用に障害のある人

　図書館員は、図書館利用に障害のあるさまざまな人びとを常に意識することが重要である。単に建物の利用者（来館者）にとどまることなく、図書館利用に障害のある人びとは、次のようにみることができる[6]。

(1) 障害者

　視覚障害、聴覚障害、肢体不自由、内部障害（心臓等の内臓の機能障害）などによる身体障害（身体障害者福祉法第4条）、統合失調症やそううつ病などによる精神障害、発達期（おおむね18歳未満）までに生じた知的機能の障害による知的障害、さらに2つ以上の障害（視覚障害と肢体障害など）が重複する重複障害がある。

　また、脳機能の発達が関係する生まれつきの障害であり、コミュニケーションや対人関係をつくるのが苦手な発達障害がある。自閉症、アスペルガー症候群、注意欠陥多動性障害、学習障害などもある。このうち学習障害において、知的発達に遅れはないが文字を理解することが困難である障害をディスレクシア（読字障害）という。

(2) 高齢者

　人は加齢とともに視力や聴力、身体機能が低下し、図書館利用から遠ざかっ

---

6)こうした対象者以外にも、女性障害者の複合差別などにも視野を広げる必要がある。瀬山紀子・臼井久実子（2015）「障害のある女性の複合差別：権利条約批准までの議論と履行にむけた課題」『賃金と社会保障』1630, pp.51-59.

第11章　障害者サービス

```
┌ 「障害者サービス」┬ ・狭義の「障害者サービス」
│　　　　　　　　　 │ ・「高齢者サービス」（主に非アクティブシニア）
│　　　　　　　　　 │ ・「多文化サービス」
│　　　　　　　　　 └ ・「アウトリーチサービス」（の一部）
│
├ 「高齢者サービス」（主にアクティブ・シニア）
└ 「アウトリーチサービス」（の一部）
```

図11.1　図書館のアクセシビリティに係るサービスの類型

（出典）野口武悟・植村八潮編著（2016）『図書館のアクセシビリティ：「合理的配慮」の提供に向けて』樹村房，p.7の図1-1を引用。

てしまう。活字資料の利用や施設の利用上の障害のみならず、視聴覚機器や情報端末の操作、インターネット情報資源の利用についても、心理的な障害を及ぼす（詳細は第12章へ）。

(3) 来館が困難な人

　病院への入院や高齢者施設・介護施設などに入所して図書館への来館が困難な人である。また、けがによる身体的な障害、妊産婦、自宅にて寝たきりの人、さらには、少年院や刑務所の矯正施設などに入所している人も図書館の利用に障害がある。

(4) 外国人・非識字者

　日本国内には200万人以上の外国人が在留している。留学生も含め日本語の読み書きを苦手とした外国語を母国とする人などや、さまざまな事情により義務教育課程を修了できなかった人びと（夜間中学・自主夜間中学・識字学級通学者）も数多く存在する。

　これらをふまえ、図書館の障害者サービスを整理すると図11.1のように示すことができる。

1.4　『障害者白書』にみる障害者

　『障害者白書』（内閣府）の平成28年度版によると、身体障害、知的障害、精

171

表11.1 障害者数（推計） （単位：万人）

		総数	在宅者数	施設入所者数
身体障害児・者	18歳未満	7.8	7.3	0.5
	18歳以上	383.4	376.6	6.8
	年齢不詳	2.5	2.5	―
	総計	393.7	386.4	7.3
知的障害児・者	18歳未満	15.9	15.2	0.7
	18歳以上	57.8	46.6	11.2
	年齢不詳	0.4	0.4	―
	総計	74.1	62.2	11.9
		総数	外来患者	入院患者
精神障害者	20歳未満	26.9	26.6	0.3
	20歳以上	365.5	334.6	30.9
	年齢不詳	1.0	1.0	0.1
	総計	392.4	361.1	31.3

（出典）内閣府（2016）『障害者白書　平成28年度版』p.194の表1を参照して作成。

神障害の3区分で表11.1のとおり約860万人である[7]。もちろん、複数の障害をあわせ持つ人もいるため、正確な数値とはいえないが、この人数は国民の約6.7%に相当する。

　しかし、自身が障害であると知らない、障害者手帳を持ちたくないなどと考える人も多く、この『障害者白書』に示された数値をみても、まだまだ数多くの障害者が存在するといえる。同時に、障害を先入観で区分することなく、利用者一人ひとり障害が異なることにも留意する必要がある。もちろん、私たちは誰もが障害者になる可能性があることも忘れてはならない。

　さらに、特別支援学校や小・中学校の特別支援学級に在籍する児童・生徒（義務教育段階）は、表11.2のとおりである。これによると、この人数は義務教育段階の全児童生徒のうち、3.3%（約34万人）にあたるという。とりわけ近年は、障害の有無にかかわらず、地域の学校において誰もがともに学ぶインクルーシブ教育が推進されている。このことは、障害者の権利に関する条約に規定されているほか、障害者基本法にも同様の理念が盛り込まれている。

7）内閣府（2016）『障害者白書　平成28年度版』pp.192-195参照。

第11章　障害者サービス

表11.2　特別支援教育（義務教育段階）

特別支援学校 　視覚障害、聴覚障害、知的障害、肢体不自由、病弱・身体虚弱	6.9万人
小学校・中学校（特別支援学級） 　視覚障害、聴覚障害、知的障害、肢体不自由、病弱・身体虚弱、言語障害、 　自閉症・情緒障害	18.7万人
小学校・中学校（通常の学級）通級による指導 　視覚障害、聴覚障害、肢体不自由、病弱・身体虚弱、言語障害、自閉症、 　情緒障害、学習障害（LD）、注意欠陥多動性障害（ADHD）	8.4万人

（注）この数値については「平成24年に文部科学省が行った調査において、学級担任を含む複数の
教員により判断された回答に基づくものであり、医師の判断によるものではない」と記載されて
いる。
（出典）内閣府（2016）『障害者白書　平成28年度版』p.40の「特別支援教育対象の概念図［義務教
育段階］」（資料：文部科学省）を参照して作成。

② 図書館利用の障害

2.1　図書館利用の障害と障害者サービスの方法

　図書館を利用しようと考えても、図書館側に何らかの障害・障壁があるため
に、数多くの人びとの図書館利用を妨げている場合がある。こうした図書館利
用にあたっての障害・障壁については、次の３点に整理することができる[8]。

（1）物理的な障害

　図書館内や入口の段差・階段、高書架に排架された資料の閲覧など建物内に
おける物理的な障害がある。こうした障害に対しては、入口のスロープやエレ
ベーターの設置、身障者用の駐車場、だれでもトイレの設置、点字ブロックの
敷設、車いす利用者に適した閲覧机やカウンターの設置など、建物内のバリア
フリー化が求められる。

　他方で、肢体障害者、入院患者、施設入所者など図書館への来館が困難な場
合もある。こうした利用者へは、入院・入所施設などと連絡・調整を行い、図
書館資料を手元に届けるサービスを実施する。例えば、郵送貸出、宅配サービ

8）日本図書館協会障害者サービス委員会編（2003）『障害者サービス（増訂版）』（図書館員選
書12）日本図書館協会。

ス、病院・施設への団体貸出、電子書籍の提供などがある。

(2) 資料利用の障害

　図書、雑誌といった活字の資料や CD、DVD といった音声・映像による資料など、図書館に所蔵されている資料をそのまま利用できないという障害である。こうした場合は、利用者が資料を利用できるような方式に変換して提供することが求められる。『図書館等のためのわかりやすい資料提供ガイドライン』[9]には、「わかりやすい」資料制作プロセスとして、①すでにある出版物をわかりやすくする場合、②わかりやすい資料をオリジナル出版する場合、③マルチメディア版も含めてオリジナル出版する場合に整理し、わかりやすい資料提供における図書館の責任を指摘している。具体的には、点字資料や拡大・大活字資料、録音資料、LL ブック、字幕・手話入り DVD の提供などがある、さらには、対面朗読の実施、ルーペやリーディングトラッカー、拡大読書器、DAISY 再生機の設置などもある。

　近年は図書館内に設置されたパソコンにて、インターネット情報資源の提供が広がっている。したがって、使いやすいキーボードの設置、画面拡大の機能やスクリーンリーダーの整備などが求められる。同時に、図書館が提供するホームページや OPAC の画面などについても、JIS 規格（JIS X8341-3「高齢者・障害者等配慮設計指針　情報通信における機器、ソフトウェア及びサービス」）など、ウェブアクセシビリティの指針をふまえた整備が必要である。

(3) コミュニケーションの障害

　図書館カウンターでのレファレンスや予約、利用登録などにおいて、図書館員とのコミュニケーションが困難な場合がある。図書館員とのコミュニケーションの確保は重要であり、カウンターにおける筆談用ボードや、手話のでき

---

9)図書館等のためのわかりやすい資料提供ガイドライン作成委員会編，日本図書館協会障害者サービス委員会監修（2017）『図書館等のためのわかりやすい資料提供ガイドライン』日本障害者リハビリテーション協会。

第11章　障害者サービス

図11.2　ピクトグラムの例
(出所)　川越市立高階図書館提供。

る図書館員のバッジ着用などが求められる[10]。同時に、ピクトグラムや音声ガイドを用いたサイン・案内の配慮も必要である（図11.2）。

集会行事などの催しについても、配布資料のテキストデータ提供や、手話通訳、要約筆記をはじめ、手話や歌を交えたお話し会の開催、バリアフリー映画会の開催の事例などがある。

2.2　「合理的配慮」と「基礎的環境整備」

2013年公布の障害者差別解消法には、行政機関など（公立の図書館、国公立の学校も含む）における障害を理由とする差別の禁止を明記し、障害者への「合理的配慮」を義務づけている（第7条第2項）。民間事業者に対しては合理的配慮を努力義務としている（第8条第2項）。

合理的配慮とは、「障害者の権利に関する条約」によると「障害者が他の者との平等を基礎として全ての人権及び基本的自由を享有し、又は行使することを確保するための必要かつ適当な変更及び調整であって、特定の場合において

---

[10] 全国で手話条例を制定する自治体も増加している（例：鳥取県、神奈川県、三重県松阪市、山口県萩市など）。

必要とされるものであり、かつ、均衡を失した又は過度の負担を課さないものをいう」（第2条）とある。障害者個々人からの社会的障壁に対する除去の意志に対して、体制や費用など「均衡を失した又は過度の負担」にならずに合理的配慮を提供しない場合には、差別になることを示している。

同時に実施計画の策定や体制の整備など、「合理的配慮」に努める姿勢も求められる。同法の第5条には、「行政機関等及び事業者は、社会的障壁の除去の実施についての必要かつ合理的な配慮を的確に行うため、自ら設置する施設の構造の改善及び設備の整備、関係職員に対する研修その他の必要な環境の整備に努めなければならない」としている[11]。こうした合理的配慮の基礎となる環境の整備を「基礎的環境整備」という[12]。

2.3 「合理的配慮」と「基礎的環境整備」の事例

日本図書館協会・障害者サービス委員会では、こうした「合理的配慮」や「基礎的環境整備」の事例を具体的に示し、図書館における具体的な取り組み方法を次のように整理している[13]。

① 図書館の規則・サービス等で不当な差別的取扱いに当たるものがある場合、直ちに見直す。また利用者等から指摘を受けた場合も同様である。
② 基礎的環境整備としてガイドラインに示されているもの（現在容易に実現可能なものを中心に提示している）を計画的に整備・実施する。
③ 利用者から図書館利用上の障壁を解消するよう求められた場合、まずは

11）多くの自治体で障害者への理解促進や差別解消に関する条例が制定されている（例：千葉県「障害のある人もない人も共に暮らしやすい千葉県づくり条例」、埼玉県さいたま市「さいたま市誰もが共に暮らすための障害者の権利の擁護等に関する条例」（通称：ノーマライゼーション条例）、鹿児島県「障害のある人もない人も共に生きる鹿児島づくり条例」など）。
12）藤本裕人（2014）「インクルーシブ教育システム構築に向けた基礎的環境整備と合理的配慮の課題」（http://www.zentoku.jp/houkoku/pdf/shiryo_h26_fujimoto.pdf）（2018/3/28最終確認）.
13）日本図書館協会障害者サービス委員会編（2016）『図書館における障害を理由とする差別の解消の推進に関するガイドライン』p.6.（http://www.jla.or.jp/portals/0/html/lsh/sabekai_guideline.pdf）（2018/3/28最終確認）.

合理的配慮の提供により利用を保障する。多数寄せられた場合はもちろん
のこと1回の依頼でも、規則やサービスの整備を進める。

④　障害者からの相談に対応する職員を配置する。

⑤　障害者からの依頼と合理的配慮の提供に差異が生じた場合に備え、より
専門的・総合的に判断・調整ができる職員を配置する。

⑥　コミュニケーションを確保するため、手話・点字・外国語のできる職員
の配置、拡大文字・筆談・実物の提示・身振りサイン等による合図・触覚
による意思伝達等の方法の取得に努める。

⑦　障害ごとの特徴を知り、支援方法を習得する。

⑧　図書館を利用していない障害者や図書館のサービス・資料を知らない障
害者のために、積極的なPRを行う。また、新たなサービスを展開し多く
の障害者に使ってもらえる図書館にする。

　もちろん、先にあげた図書館利用の障害（3点）と重なる部分もある。しか
し重要なことは、各館で「基礎的環境整備」が充実することにより、図書館利
用の障害に対して個別に合理的配慮をその都度提供することではなく、図書館
において規則や要綱などを整備し、組織として計画的に障害者の図書館利用が
平等に保障されていることにある。

③　障害者サービスの実施館

　規則の変更や図書館員の研修など、組織として計画的・持続的に全ての人に
対して図書館利用を保障する姿勢と意識が図書館に求められることは、障害者
サービス実施館の調査からもみることができる。

　公共図書館における障害者サービスの実施館については、2010年度の調査が
ある[14]。これによると障害者サービスの実施率は66.2％であり、2005年
（56.2％）、1998年（49.3％）から年々上昇していることがわかる。公共図書館の
設置母体別にみると、都道府県立図書館（92.5％）、政令指定都市立図書館

（84.1％）、市区立図書館（65.4％）、町村立図書館（55.4％）であった。各サービスの内容をみていくと、障害者サービス用資料の来館貸出（87.2％）、対面朗読（39.3％）、施設へのサービス（36.9％）と続く。しかしながら、サービスは提供しているが利用者が0人の割合は、対面朗読（37.4％）、図書・視聴覚資料の郵送貸出（32.6％）などとなり、各館にてサービスが利用されていない実態がわかる。このほか、障害者に関する設備として、身障者用トイレ（84.5％）、障害者用駐車場（68.5％）、出入り口のスロープ（66.5％）の整備と続いている。

　また2017年の調査[15]によると、「障害者とのコミュニケーション確保のために講じている手段」として、筆談の準備（62.9％）、代筆・代行検索（37.8％）があげられているものの、「施設内に設置している読書支援機器」として、「拡大読書器・拡大鏡」53.7％に次いで「設置していない」が30.9％に及ぶ。「対面朗読の実施体制」についても「実施していない」が59.6％、「資料の郵送貸出・宅配サービスの実施」も「実施していない」が53.1％を占めている。

　さらに2016年の北海道内における調査[16]によると、障害者サービス実施館が50.7％であり、郵送・宅配サービス（46.7％）、特別支援学校・学級への本の貸出（43.8％）、筆談による対応（35.2％）、施設・病院への団体貸出（35.2％）と続く。しかしPR方法としては、59.0％が「特になし」と回答している。

　特別支援学校の図書館については2013年度の調査がある[17]。これによると、学校図書館の設置率は87.6％、学校司書の配置率13.3％、所蔵資料数平均4342

14）国立国会図書館編（2011）『公立図書館における障害者サービスに関する調査研究』シード・プランニング（http://current.ndl.go.jp/files/research/2010/2010research_report.pdf）（2018/3/28最終確認）.
15）図書館流通センター編（2016）『平成27年度「生涯学習施策に関する調査研究」「公立図書館の実態に関する調査研究」報告書』（文部科学省委託研究）（http://www.mext.go.jp/a_menu/ikusei/chousa/__icsFiles/afieldfile/2016/09/26/1377547_04.pdf）（2018/3/28最終確認）.
16）北海道図書館振興協議会調査研究チーム編（2017）『誰もが利用しやすい図書館をめざして：高齢者・障がい者サービス、できることからスタート（調査研究報告書）』北海道図書館振興協議会（http://www.library.pref.hokkaido.jp/web/relation/hts/index.html）（2018/3/28最終確認）.
17）野口武悟（2014）「特別支援学校における学校図書館の現状（Ⅰ）：施設と経営体制を中心に」『学校図書館』765，pp.45-49.；野口武悟（2014）「特別支援学校における学校図書館の現状（Ⅱ）：所蔵メディアと利用・活用を中心に」『学校図書館』767，pp.35-39.

第11章 障害者サービス

冊、公共図書館などとの連携47.0%という結果が示されている。

④ 障害者サービスのための資料

　図書館に所蔵されている資料をそのまま利用できない人に対して、利用可能な形態に変換された資料・アクセシブルな資料と提供方法について紹介する[18]。なお著作権法第37条第3項により、製作提供できる機関は視聴覚障害者情報提供施設（身体障害者福祉法第34条に規定）に加え、公共・学校・大学図書館でも認められ、「視覚障害者その他視覚による表現の認識に障害のある者」に提供が可能である。製作提供できる資料は、「視覚障害者等が利用するために必要な方式」とされ、貸出、自動公衆送信で提供が可能であり、製作館相互に資料の複製ができる（市販されている場合を除く）。

4.1　点字資料

　点字資料には、点字により表現された点字図書や点字雑誌がある。点字図書には、点字付きさわる絵本もある。点字雑誌には、例えば1922年創刊の『点字毎日』がある。

　点字図書については、『点字図書・録音図書全国総合目録』（1982年）が国立国会図書館から提供されていたが、現在ではNDL-ONLINEの一つとして提供されている。同目録に参加している図書館は2017年2月末現在239館である。

　点字資料は電子化が進展し、点字データの配信や音声版（DAISY）の発行も広まっている。点字データは音声で再生、メールで送信することもできる。図書館では、点字ディスプレイのパソコンへの接続、点字データ出力用の点字プリンタの設置などが行われるようになった。

---

18)国際図書館連盟特別なニーズのある人びとに対する図書館サービス分科会，野村美佐子・ギッダ・スカット・ニールセン／ブロール・トロンバッケ編（2012）『読みやすい図書館のためのIFLA指針（ガイドライン）（改訂版）』日本図書館協会障害者サービス委員会監訳，日本障害者リハビリテーション協会訳，日本図書館協会。

179

4.2　録音資料・DAISY資料

　録音資料とは、墨字資料を音声化したものである。市販のオーディオブックも販売されているが、図書館では図書館協力者やボランティアが携わり、図や写真、表紙の説明まで音訳していることに特徴がある。現在では、国際標準規格でもあるDAISY（Digital Accessible Information System：デイジー）により提供されている。DAISYには、音声DAISY、マルチメディアDAISY、テキストDAISYがあり、いずれもDAISY再生機を用いて章や節などへの頭出し再生や、再生したページへジャンプできる特徴がある。

　とりわけ近年は、「サピエ（視覚障害者情報総合ネットワーク）」による提供が中心となっている。サピエは、日本点字図書館がシステム管理、全国視覚障害者情報提供施設協会が運営し、点字やDAISYなどの検索、ダウンロード・ストリーミング再生（登録者のみ）ができる。全国の視覚障害者情報提供施設（点字図書館）、公共・大学図書館、ボランティア団体など330以上の団体が加盟している。また、DAISY録音編集システムを設置しDAISY形式の録音資料を製作する図書館や、活字資料をテキストデータ化し、音声で読み上げる音声読書器もある[19]。

4.3　布の絵本、触る絵本

　布の絵本は布やフェルトで作られているため、温かみがあり、乱暴に扱っても壊れにくい。材質の触感や、マジックテープ、紐、ボタンなどの仕掛けを誰でも楽しみながら利用できる。完成した製品や製作キットの販売のほか、ボランティアなどが製作して図書館へ寄贈する場合も多い。

4.4　大活字本・拡大資料

　大活字本は、通常刊行される資料よりも大きな活字（22ポイント前後、ゴシック体）で刊行される図書であり、図書館では大活字本コーナーに排架されてい

19）日本盲人社会福祉施設協議会情報サービス部会編（2015）『障害者の読書と電子書籍：見えない、見えにくい人の「読む権利」を求めて』小学館。

第11章　障害者サービス

る[20]。拡大資料とは、一般の図書のほかに、パンフレットや歌詞など私的なものも含め、文字を拡大した資料である（拡大写本ともいう）。近年は拡大表示のみならず、点字表示、音声読み上げなど汎用性の高いテキストデータへ複製の希望がある。また、図書館内に拡大読書器（モニター付の据置型、携帯型）やルーペの設置をする図書館も多い。

4.5　LLブック

LLとはスウェーデン語で「やさしく読める」という意味の単語を略したものである。LLブックは、わかりやすい文章や写真、ピクトグラムなどより表現され、活字（言語）による理解が難しい利用者にわかりやすく伝えている[21]。図書館によっては、LLブックリストを作成しているところもある。また、やさしく簡単な言葉で書き換える「リライト」もある。

4.6　字幕・手話入りDVD

字幕付きの映像資料には、セリフ以外にも音の情報も字幕として表記される特徴がある。手話付きの映像資料には画面の約3分の1のスペースに手話が入り、字幕の表記とともに選択することができる。これら資料の多くは、聴覚障害者情報提供施設などで製作・提供されている。

5　サービスの種類

本章では、図書館における障害者サービスの種類と具体的事例について、来館者へのサービスと来館が困難な人へのサービスに整理して紹介する。

---

20) 1980年代に社会福祉法人埼玉福祉会（埼玉県新座市）が大活字図書の製作と販売を開始した。
21) 藤澤和子・服部敦司編著（2009）『LLブックを届ける：やさしく読める本を知的障害・自閉症のある読者へ』読書工房。

図11.3　対面朗読室
(出所) 川口市立中央図書館提供。

5.1　来館者へのサービス

　図書館に来館することの意義として、①図書館の全ての蔵書に触れること、②図書館内に設置された情報保障機器(拡大読書器等)に触れること、③図書館員と接すること、などをあげることができる。図書館に来館することで障害者が社会で孤立せず、さらには図書館全体で障害者サービスに取り組む姿勢へと広がることにもつながる。

(1) 対面朗読

　対面朗読とは、活字の資料の利用ができない人を対象に、対面朗読室(図11.3)などにおいて指定された資料を音訳するサービスである。対面朗読には、資料の閲覧を保障することも含まれるため、新聞見出しや雑誌の目次を読む、図書館資料を探す、図を説明するなどのほかに、図書館に所蔵している資料以外のパンフレットや説明書などを音訳する場合もある。対面朗読の担い手には

図書館員や図書館協力者が多く、計画的な研修や育成、役割分担や連携も求められる。

⑵ 読み聞かせ、映画会、催し

日本語の字幕や音声ガイドが付いたバリアフリー映画会や、手話付きのお話し会（多言語によるお話し会）、手話ブックトークを開催する図書館もある[22]。とりわけ重要なのは、乳幼児や児童を対象とする障害者サービスであり、児童サービスやヤングアダルトサービス担当との協力体制が必要である。また障害者やその家族を対象とした講演会や、マルチメディア DAISY など情報保障機器類の操作説明会（体験会）などの開催もある。

⑶ 広報・PR

図書館利用案内や資料目録については、点字資料、拡大資料、録音資料などを用意していくことが必要である。障害者サービスのチラシ、ポスター、図書館ホームページや OPAC 画面についても配慮された設計が求められる。近年は「りんごの棚」（図11.4）と称する、特別なニーズのある子どものためのコーナーとして大活字本や点字つき絵本[23]、布の絵本、LL ブックをはじめ、障害を知るためのさまざまな資料、チラシやパンフレット、拡大読書器、リーディングトラッカー（読書補助ツール）などを設置する図書館が増えている[24]。このほか、聴覚に障害のある利用者への避難誘導、情報伝達の方法ついても検討する必要がある。

---

22) 日本図書館協会障害者サービス委員会編（1986）『聴覚障害者も使える図書館に：図書館員のためのマニュアル（改訂版）』日本図書館協会。
23) NPO 法人弱視の子どもたちに絵本を編（2010）『目の不自由な子どもが読む点訳絵本の手引き：わんぱく文庫の実践から』大阪北ロータリークラブ。
24）「りんごの棚」については次の資料を参照のこと。新山順子（2016）「特別なニーズのある子どものためのコーナー『りんごの棚』を設置しました」公益財団法人日本障害者リハビリテーション協会情報センター（http://www.dinf.ne.jp/doc/japanese/access/library/kawagoe-nishi_1602.html）（2018/3/28最終確認）。；鶴巻拓磨（2016）「川越市立高階図書館における『りんごの棚』への取り組み」『カレントアウェアネス-E』313（http://current.ndl.go.jp/e1849）（2018/3/28最終確認）。

図11.4　りんごの棚
(出所）小川町立図書館提供。

5.2　来館が困難な人へのサービス

　図書館に来館が困難な人びとへのサービスの前提として、①図書館へのアクセス手段をふまえた設置場所、②他機関との連携を含めた図書館ネットワークの構築、③個々の利用者との直接のコミュニケーション、④申込みや制限の障壁を少なくすることなどを考える必要がある。

(1) 郵送貸出サービス

　図書館が特定録音物等郵便物を発受することができる施設として日本郵便から指定されると、点字資料やDAISY資料は第四種郵便として視覚障害者へ無料で郵送することができる。専用の郵送袋や宛名カードなどの準備も必要である。これら資料以外の郵送貸出には、心身障害者用ゆうメール（半額で重度の

第11章　障害者サービス

障害者へ郵送）や、聴覚障害者用ゆうパックがある。

(2) 宅配サービス

　宅配サービスとは、資料を利用者の自宅まで図書館員が直接届けるサービスである。利用者と直接コミュニケーションできることから、利用者ニーズの把握や、レファレンス・読書相談なども可能である。図書館ボランティアが行う場合もあるが、利用者のプライバシーには留意する必要がある。

(3) 団体貸出、訪問サービス

　福祉施設（老人福祉施設、障害者支援施設など）や、病院、特別支援学校、矯正施設などへの団体貸出や読み聞かせなどの訪問サービス、移動図書館車の巡回、さらには図書館へ訪問しての見学会や職場体験などもある。これらのサービスのためには、施設や学校の職員との連携を欠かすことはできない。

6　すべての人に図書館利用を

　図書館の障害者サービスは、ひとつの図書館、そして図書館員一人で実施することは難しい。例えば図書館協力者による高度な音訳や点訳の技能、さらには図書館ボランティアによるサービス支援など、多くの人びとの力が必要である。また、訪問サービスにみられるように、自治体の福祉関係部署、社会福祉協議会、福祉施設や学校などへ図書館利用案内やサービスを周知することが求められる。さらには、視覚障害者情報提供施設（点字図書館）や聴覚障害者情報提供施設などからの資料の相互貸借や、図書館員の研修など連携の可能性もあろう。

　誰もが等しく図書館を利用でき、すべての人に図書館サービスを提供するためには、社会（もしくは図書館）によってつくられた障害を図書館員が認識し、多くの人びとを巻き込みながら共に障害を取り除く実践を広げることが欠かせない。

第**12**章	高齢者サービス

① 高齢化と高齢者

1.1 急速に進む高齢化

「少子高齢社会」という言葉に代表されるように、日本の高齢化は急速に進んでいる。2016年10月現在の高齢化の現状[1]をみると、65歳以上の高齢者は3459万人であり、総人口に占める割合（高齢化率）が27.3％を占めている。このうち65〜74歳（前期高齢者）が1768万人（13.9％）、75歳以上（後期高齢者）が1691万人（13.3％）である。

実は先進国のなかでも日本の高齢化率（総人口に対する65歳以上の人口比率）は急速に上昇している。1950年に4.9％、1975年に7.9％、そして1990年12.1％、2010年23.0％、2015年26.7％と推移している。高齢化率が7％を超えた社会を「高齢化社会」、14％を超えると「高齢社会」という。その移行期間についてみると、日本は24年間であったが、イギリス46年間、フランス114年間であり、日本は他国と比較しても急速に高齢化が進んでいることがわかる。

さらに高齢化率の将来推計をみると、2035年に33.4％（3人に1人が65歳以上）、2060年には39.9％（2.5人に1人が65歳以上）という数値がある。75歳以上に限ると、2060年には26.9％（2336万人）となることが予測されている。

さらに見逃してはならないのは高齢化の地域差である。2015年現在、高齢化率が最も高い地域は秋田県（33.8％）、高知県（32.8％）、島根県（32.5％）であ

---

1) 内閣府（2017）『高齢社会白書　平成29年度版』p. 2 -10.（http://www8.cao.go.jp/kourei/whitepaper/w-2017/zenbun/29pdf_index.html）（2018/3/28最終確認）. その他、ここでは次の文献も参照した。内閣府（2016）『高齢社会白書　平成28年度版』pp. 2 -12.

第12章　高齢者サービス

るのに対し、沖縄県（19.6％）、東京都（22.7％）、愛知県（23.8％）は低くなっている。2040年になると、秋田県（43.8％）、高知県（40.9％）と予測され、沖縄県（30.3％）、東京都（33.5％）においても30％を超えるとされている。

　こうした国内で急速に進む高齢化をふまえ、図書館は高齢者を対象とするサービスをどのようにして広げていけばよいのであろうか。

1.2　高齢者の姿

　図書館が高齢者サービスを実施するにあたり、館内にて個々人の高齢者に対してサービスすること自体を目的にしてはいけない。高齢者への図書館サービスを広げるためには、まず高齢者を知らなければならないであろう。次に整理した高齢者の姿から[2]、図書館としてどのようなサービスの可能性があるだろうか。

(1)　世帯・家族・経済

　2015年現在、65歳以上の高齢者がいる世帯は全世帯の47.1％を占めている。この内訳をみると単独世帯（26.3％）、夫婦のみの世帯（31.5％）で半数を超え、毎年増加傾向にある。高齢者の経済状況をみると、暮らし向きに心配ないと感じる高齢者は約6割であるものの、65歳以上に占める生活保護受給者は2.86％であり、全人口の生活保護受給者の割合（1.67％）より高い。

(2)　介護・介護者

　介護保険制度において65歳以上の要介護認定者または要支援認定者は、2014年度で591.8万人であり、10年前と比較すると約220万人増加している。主な介護者は、配偶者（26.2％）、子（21.8％）、子の配偶者（11.2％）であり、このうち女性（68.7％）が多い。介護者の年齢は60歳以上が約69％を占め、「老老介護」の実情もみえる。介護のための離職・転職者数も多く、女性が80.3％を占める。

---

2)前掲1)。ここでは平成29年度版では pp.13-53を、平成28年度版では pp.13-52を参照した。

187

(3) 就業・社会参加活動

2016年の65歳以上の労働力人口は11.8％で毎年増加傾向にある。就労希望年齢も「働けるうちはいつまでも」が42％と最も多い。社会参加活動については、60歳以上の６割が何らかのグループ活動に参加したことがあり、具体的には町内会・自治会（26.7％）、趣味のサークル・団体（18.4％）、健康・スポーツのサークル・団体（18.3％）と続く。活動してよかったこととして、新しい友人を得ることができた（48.8％）、生活に充実感ができた（46.0％）、健康や体力に自信がついた（44.4％）があげられ、若い世代との交流の参加意向についても約６割が希望している。

(4) 生活環境

男女別に60歳以上の高齢者で、近所付き合いの状況をみると、「付き合っていない」（「あまり付き合っていない」と「全く付き合っていない」）人は、女性が19.8％に対し、男性は25.3％である。振り込め詐欺の被害者の６割が60歳以上であり、養護者による虐待を受けている高齢者のうち、女性が77.4％を占め、虐待の加害者は40.3％が息子で最も多い。日常生活情報の情報源としては、テレビ（79.0％）、新聞（63.8％）、家族（38.2％）と続き、インターネット・携帯電話は15.8％にすぎない。また、孤独死を身近な存在と感じている高齢者割合は、一人暮らしで46.4％、夫婦世帯のみで14.6％となっている。

1.3　全世代を対象とする政策へ

このようにみていくと、高齢者の姿は時代とともに大きく変化していることにも留意しなければならない。もちろん国内の高齢者に関する法律や施策も同様であり、自治体における図書館の高齢者サービスの位置と内容も問われることになる。

1963年公布の老人福祉法においては、老人福祉の原理や基本理念とともに、老人福祉施設やその設備や運営の基準が定められた。1970年代には在宅サービスの基盤が整備され、施設福祉から在宅福祉へと方向づけられ、1989年に「高

齢者保健福祉推進十か年戦略」（ゴールドプラン）が発表された[3]。そして、
1990年の老人福祉法改正、1995年の高齢社会対策基本法公布へとつながる。同
法の第2条では、次の3点に掲げる社会の構築を基本理念としている。

①　国民が生涯にわたって就業その他の多様な社会的活動に参加する機会が
　　確保される公正で活力ある社会
②　国民が生涯にわたって社会を構成する重要な一員として尊重され、地域
　　社会が自立と連帯の精神に立脚して形成される社会
③　国民が生涯にわたって健やかで充実した生活を営むことができる豊かな
　　社会

このように、社会的弱者としての高齢者個々人の生活保障に限定されること
なく、「高齢社会」における全世代（全ての人）を対象としていることがわかる。
また、これまでに30回以上改正された老人福祉法の第2条においても、同法の
基本的理念が明記されている。

　老人は、多年にわたり社会の進展に寄与してきた者として、かつ、豊富な
　知識と経験を有する者として敬愛されるとともに、生きがいを持てる健全で
　安らかな生活を保障されるものとする。

ここでは年齢の規定はないものの、敬愛される「老人」の定義とともに、生
活保障についての義務規定が定められている。図書館は高齢者という括りに限
定されることなく、介護、年金、医療、仕事、住宅、家族など、「高齢社会」
全体のなかで、そして数々の高齢者政策の動向をふまえながら、図書館サービ
スをどのように広げるのかを念頭におく必要があろう。

---

3)1994年には新ゴールドプランが、1999年には「今後5ヵ年間の高齢者保健福祉施策の方向」
（ゴールドプラン21）が策定された。

2 　地域に住む高齢者の学び

2.1 　地域福祉の視点

　2000年に名称と内容が大幅に改正された社会福祉法（旧法：社会福祉事業法）には、地域福祉が明文化されている。すなわち、高齢者福祉においても、弱者としての高齢者への支援から、地域で暮らす高齢者の生きがいを育み、元気に生活できる機会を社会が創る方向性へとシフトしている。いわゆる身体機能の低下を高齢者個々人の問題として矮小化することなく、高齢者が地域で暮らすために社会で支えあい、地域全体で支援するという視角が求められている。

　まさに図書館も地域に位置している。平日に数多く来館する高齢者を否定的にとらえる姿勢ではなく、こうした地域福祉の視点から図書館サービスをどのように位置づける可能性があるだろうか。

⑴ 地域包括ケアシステム

　例えば、地域包括ケアシステムの構築を目指す動きが各地でみられる。地域包括ケアシステムとは、「高齢者の尊厳の保持と自立生活の支援の目的のもとで、可能な限り住み慣れた地域で、自分らしい暮らしを人生の最期まで続けることができるよう、地域の包括的な支援・サービス提供体制」[4]のことであり、2011年の介護保険法改正により具現化された。専門職による介護保険サービスの強化と同時に、「自助」「互助」「共助」「公助」を見すえ、地域住民を日常的な生活支援サービスの担い手として位置づけている。

　こうした方向性は、2015年策定の「認知症施策推進総合戦略」（新オレンジプラン）においても指摘されている。この戦略では、「認知症高齢者等にやさしい地域づくり」を推進するための7つの柱を掲げ、地域包括ケアシステムの実現のなかで、認知症高齢者に限定されず、認知症について社会全体をあげての

4）厚生労働省「地域包括ケアシステム」（http://www.mhlw.go.jp/stf/seisakunitsuite/bunya/hukushi_kaigo/kaigo_koureisha/chiiki-houkatsu/）（2018/3/28最終確認）.

第12章　高齢者サービス

取り組みモデルが示されている。

(2) 福祉コミュニティ

　高齢者に限られたことではないが、福祉コミュニティの概念も1970年代以降から活発に議論されている。福祉コミュニティとは、「自発的創造的な連帯活動の中から、共通し、あるいは関連した福祉的生活課題を共有分担して、長期的展望にむけた学習と実践で取り組む生活様式をつくり出す」[5]地域共同体である。

　このほかにも、地域で生きる多様な住民を認めあうこと、地域社会の一員として取り込み、支えあう「ソーシャル・インクルージョン」(社会的包摂) の理念や、人と環境との間に生じた諸問題など (相互作用に着目) の緩和のため、両者にアプローチして援助実践を行う「ソーシャル・ワーク」という方法論もある。小・中・高等学校における福祉教育においては、単なる疑似体験や施設への慰問にとどまらない世代間交流として、多様性や個別性を視野に入れた教育プログラムも広がっている。

　こうした地域福祉の視点から、地域に位置する地域包括支援センターや高齢者施設、社会福祉協議会のみならず、生涯学習施策やまちづくり施策とのつながり、公民館や図書館、博物館、学校、さらにはNPO の地域団体などとの連携・ネットワーク化が重要であることがわかる。

2.2　高齢者の学びと図書館

　高齢化問題の中心が高齢者の側にあるのではないという視点をふまえていくと、図書館はいったいどのようなサービスが可能であろうか。図書館は福祉施設ではなく教育機関である。もちろん、図書館利用における高齢者観の二重性[6]として指摘されるように、加齢による身体的障害にともない社会的弱者・

---

5) 越智昇 (1993)「新しい共同社会としての福祉コミュニティ」奥田道大編著『福祉コミュニティ論』学文社, pp.214-234.
6) 堀薫夫 (2012)「高齢者への図書館サービス論と高齢者の図書館利用論・読書論」堀薫夫編著『教育老年学と高齢者学習』学文社, pp.204-227.

191

保護を要する者としてとらえられる一方で、全ての高齢者の健康、参加、安全の機会を最適化し生活の質を高める「アクティブ・エイジング」の視点からの高齢者観も重要である。そこでここではまず、図書館と関わりのある高齢者の学びについて、近年の国の施策を中心に概観する。

2001年に策定された「高齢社会対策大綱2001」は、1996年の高齢社会対策基本法の第6条に基づく大綱である。ここには、「3．学習・社会参加」において、生涯学習の推進体制と基盤の整備や、学校における多様な学習機会の確保、公民館、図書館、博物館などにおける社会教育の充実、スポーツの振興、高齢者の社会参加活動の促進などが明記されている。

2012年には、第5期中央教育審議会生涯学習分科会に設置された「超高齢社会における生涯学習の在り方に関する検討会」により、『長寿社会における障害学習の在り方について：人生100年　いくつになっても学ぶ幸せ「幸齢社会」』が提出された[7]。ここには、高齢者を社会的弱者ではなく地域社会の一員としたうえで、学びを通した生きがいの創出、自己完結型の学びとは異なる地域課題と関連した「学びの循環」、ICT・情報リテラシーなどが指摘され、図書館は社会教育施設のひとつとして期待されている。巻末の事例には、「シニアによる絵本の読み聞かせボランティア『りぷりんと』」の事例なども掲載されている。

2017年には、学びを通じた地域づくりに関する調査研究協力者会議により『人々の暮らしと社会の発展に貢献する持続可能な社会教育システムの構築に向けて』が提出された[8]。社会教育主事をはじめとする社会教育行政の推進体制整備に基づいた報告書であるが、少子高齢化やグローバル化を背景に今後の

---

7)超高齢社会における生涯学習の在り方に関する検討会編（2012）『長寿社会における生涯学習の在り方について：人生100年　いくつになっても　学ぶ幸せ「幸齢社会」』文部科学省生涯学習政策局社会教育課（http://www.mext.go.jp/a_menu/ikusei/koureisha/1311363.htm）（2018/3/28最終確認）.
8)学びを通じた地域づくりに関する調査研究協力者会議編『人々の暮らしと社会の発展に貢献する持続可能な社会教育システムの構築に向けて』文部科学省生涯学習政策局社会教育課(http://www.mext.go.jp/b_menu/shingi/chousa/shougai/035/gaiyou/1384046.htm)（2018/3/28最終確認).

社会教育に期待される役割が示されている。ここでは，①地域コミュニティの維持・活性化への貢献、②社会的包摂への寄与、③社会の変化に対応した学習機会の提供をあげ、公民館、図書館、博物館とともに、地域における新しい学びの場や社会教育施設の運営・整備も指摘されている。

国の施策とは異なるが、高齢者の学びとの関連ではこの他に、学び続け成長する存在として高齢者を位置づける「ラーニングフルエイジング」[9]や、社会教育の再定義として社会から排除される人たちが可視化される時代状況を背景とした「社会教育福祉」の概念[10]も指摘されている。

③ 高齢者への図書館サービス

従来、図書館において障害者サービスのひとつとして高齢者サービスが位置づけられ、社会的弱者として高齢者をとらえていた。さらに近年は、高齢者というひとつの独立した利用者区分としてとらえる傾向にもある。しかし高齢社会や高齢化・高齢者、そして社会福祉の視角や高齢者の学びをふまえていくと、地域に住む高齢者に対し教育機関としての図書館はどのようなサービスを広げることができるであろうか。

3.1 図書館利用の障害

人は年齢を重ねると身体的な障害がともなうようになる。例えば、視力や聴力の低下、手足の運動機能や平衡感覚、反射神経の低下、記憶力・判断力の低下などである。高齢者に限ったサービスではないが、まずは図書館利用の障害としての高齢者サービスを概観する。

---

9) 森玲奈編著（2017）『「ラーニングフルエイジング」とは何か：超高齢社会における学びの可能性』ミネルヴァ書房。
10) 松田武雄（2014）『コミュニティ・ガバナンスと社会教育の再定義：社会教育福祉の可能性』福村出版。

(1) 資　料

　拡大図書の提供は欠かすことはできない。大活字本の購入をはじめ、館内には拡大読書器や拡大鏡の設置が求められる。また、活字読み上げ装置やインターネットの閲覧については音声パソコンの設置、さらにはウェブアクセシビリティに配慮した図書館のホームページやOPACの設計、DAISY（デイジー）規格による録音資料の提供も必要である。

　なお、これらの資料や機器は、設置・導入自体を目的化することなく、必要としている人へどのように結びつけていくのかが課題である。

(2) 施　設

　館内施設については、段差がないフロア・アプローチであること、スロープやエレベーター、多目的トイレ、階段などにおける手すりの設置がある。スイッチやドア、水道の蛇口などにも配慮が求められる。また対面朗読室の設置、車椅子の貸出や専用の机、低書架への資料の排架、入口付近の音声案内、わかりやすい掲示・案内表示などもあろう。駐輪場や駐車場についてもスペースの配慮が必要である。

(3) サービス

　図書館へ来館が困難な人びとへは、自宅への宅配サービスや移動図書館車による巡回がある。移動図書館車の巡回については、図書館から離れた地域への巡回のみならず、高齢者施設や病院などへ巡回している図書館もある。また、地域内の各施設への団体貸出や、時限的な開館ではあるが出張図書館を実施している図書館もある。図書館の直接のサービスとは異なるものの、コミュニティバス・路線バスの停留所の設置（働きかけ）もある。

3.2　高齢者へのサービス

　さらに高齢者の日常生活に図書館利用や読書活動を埋め込み、図書館サービスを広げるために、「学び・自己実現」と「社会参画の場」という2点から図

第12章　高齢者サービス

書館の可能性をみると、次のように整理できよう。

(1) 学び・自己実現

　高齢者個々人へ学びや自己実現を射程にすると、例えば次のような図書館サービスを検討することができる。

① 高齢者に関心のある資料の充実（歴史小説、健康情報、新聞・雑誌など）、特集図書の展示、特定主題の別置・排架法の検討、他機関・施設のパンフレットの配置と情報提供
② 高齢者に関心のあるテーマについての映画会、講演会、展覧会、音読教室の開催
③ タブレット端末の貸出しや使用方法、インターネットの利用、資料・情報の探索など、情報リテラシー支援に関する講習会・ガイダンス
④ 健康情報（ヘルスリテラシー支援）[11]や保険、年金、介護、詐欺、就業・就職、介護、食生活など、高齢者の生活問題に関わる講演会や相談会

　高齢者個々人を対象に図書館内にて行われるこうしたサービスを実施するにあたり、地域に暮らす高齢者の課題に接すること、他機関との連携（講師の依頼など）が重要である。同時に、単に図書館サービスを実施することにとどまらず、次に示すような高齢者の社会参画へとつなげることも視野に入れる必要があろう。

(2) 社会参画の場

　先に述べたように、高齢者の社会参加活動への意欲は高い。図書館においてこうした「場」をどのような方法で提供することができるであろうか。

① 図書館友の会や図書館ボランティアによる図書館活動への参画（図書の

11）戸ヶ里泰典・中山和弘編著（2013）『市民のための健康情報学入門』放送大学教育振興会。

装備・排架、乳幼児・児童へのお話し会、学校訪問、図書館見学会など）

② 図書館ボランティアを対象とした講習会（お話し会、製本・修理の技術など）

③ 図書館協議会などにおける図書館経営への参画

④ 読書会やビブリオバトル、高齢者向けのお話し会

⑤ 自分史講座、郷土史講座（「まち歩き」など）、ミニコミ誌の作成

⑥ 文学、芸術など、創作に関する講座

⑦ デジタルアーカイブ構築のための地域資料（情報）の収集や保存

⑧ 図書館まつりの開催、学びの成果に関する発表の場づくり

このようにみると、図書館サービスや参画型の活動のなかに高齢者が活躍する可能性を見出すことができる。魅力的な図書館サービスを構築し、世代をこえた人と人とのつながりをつくる場として図書館を活かすことができよう。

しかし留意すべき点として、①集客やにぎわいの創出のみを目的としない教育機関としての図書館の位置づけ、②イベントの実施における図書館資料とのつながり、③図書館主体の企画・運営にとどまらない利用者主体による企画・運営（自主講座編成）がある。とりわけ高齢者の満足度に固執することなく、高齢者同士でともに学びあい、高齢者が講座・イベントの主体として成長し、同時に図書館職員も高齢者からともに学びあうという姿勢が重要であろう[12]。こうした図書館における講座の企画・運営の方法論をさらに検討することが求められる。

3.3 地域の高齢化へのサービス

では地域の高齢化に対する図書館サービスには、どのような可能性があるだろうか。もちろんこれまでに紹介した高齢者への図書館サービスと重なる部分もあるが、高齢化問題の中心が高齢者の側にあるのではないという点をふまえ、

---

12) 佐藤一子（2013）「社会を創る市民の学びと講座の役割」朝岡幸彦ほか編『講座づくりのコツとワザ：生涯学習デザインガイド』国土社，pp.8-16.

第12章　高齢者サービス

高齢者が地域で暮らすために社会で支えあい、地域全体で支援するという視点
から図書館サービスの可能性や計画を検討することも必要である。図書館サー
ビスの対象や「館（やかた）」に留まらない図書館サービスの可能性として、例
えば次の点を考えることができる。

① 　高齢者の介護を担う家族（離職者なども含む）や、施設で働くスタッフ・
　　専門職、地域住民・団体（町内会、見守り隊）など、高齢者との関係性をつ
　　ないでいる人を対象とした学びの場の形成
② 　介護付き有料老人ホーム、サービス付き高齢者向け住宅、特別養護老人
　　ホームなどのほか、グループリビング、コレクティブハウジングなど高齢
　　者の多様な住居の場への図書館サービスの提供
③ 　高齢者らが集う老人憩いの家、カフェ型の対話手法を用いた学びの場、
　　高齢者による地域課題解決プロジェクト・相互学習の場などへの図書館資
　　料の提供
④ 　介護予防や疾病予防のため、生活習慣の改善や健康増進（喫煙、過労、
　　栄養バランスの意識化など）、介護における固定的な性別役割分業観念（家事、
　　子育て）など、社会の通念や慣習を変化させるヘルスプロモーションを視
　　野に入れた情報提供
⑤ 　「回想法」や「思い出語り」などの方法[13]による高齢者の心理的ケアや、
　　相互依存を重視する場面における図書館資料の活用[14]

とりわけ近年は、「認知症の人にやさしい地域の図書館」のあり方を考える
取り組みも広がっている[15]。認知症に限定されず、すべての人にやさしい図書
館を意味する「認知症にやさしい図書館」づくりや、「認知症にやさしい図書

---

13)フェイス・ギブソン（2002）『コミュニケーション・ケアの方法：「思い出語り」の活動』
的野瑞枝訳、筒井書房。もちろん、この方法は一方通行のサービスではなく、実践者も共に学
び、人間同士の関係を尊重することにもつながる。
14)野村美佐子訳（2009）「図書館における新たな視点：認知症の人のためのサービスガイドラ
イン」『図書館雑誌』103（7）, pp.454-456.

館ガイドライン」[16]の策定も進んでいる。また鳥取県では、認知症対策を推進する事業「オレンジネットワーク鳥取モデル」のなかに、県内図書館ネットワークを活かし、図書館の音読教室の展開が位置づけられている[17]。

　図書館によるサービスをこうした場や地域全体で確実に広げるためには、地域内での連携やネットワークを構築することが必要であり、これらを図書館サービス計画や地域の読書推進計画に盛り込むことも重要である。例えば医療、保健、福祉専門職との協働、連携があろう。社会福祉士、介護福祉士、精神保健福祉士、看護師、栄養士、訪問介護員、理学療法士など、専門家同士の連携がある。こうした専門家は同一機関に所属していない場合もあり、高齢者施設や社会福祉協議会、地域包括支援センター、男女共同参画センター、民生委員や地域のボランティアなどとの連携も不可欠であろう。

3.4　学校を核とした世代間交流の場へ

　近年は地域全体が学校という理念を背景に、学校と地域の連携が進められている。2016年12月に中央教育審議会が答申した『新しい時代の教育や地方創生の実現に向けた学校と地域の連携・協働の在り方と今後の推進方策について（答申）』[18]では、「学校を核とした地域づくりの推進」が掲げられ、コミュニティ・スクールの推進、学校運営協議会における地域住民の連携協力が示されている。さらに地域と学校との協働体制について、「支援」から「連携・協働」へ、「個別の活動」から「総合化・ネットワーク化」へと方向づけ、各地域に

---

15) 加藤学（2016）「認知症の人にやさしいまちづくりと図書館」『LRG：ライブラリー・リソース・ガイド』16，pp.6-52；舟田彰（2017）「認知症の人にやさしいまちづくり：地域に身近な図書館の取り組み」『月刊社会教育』734，pp.25-30.
16) 超高齢社会と図書館研究会編（2017）『認知症にやさしい図書館ガイドライン（第1版）』（http://www.slis.tsukuba.ac.jp/~donkai.saori.fw/a-lib/guide01.pdf）（2018/3/28最終確認）.
17) 中尾有希子（2017）「『図書館で健康長寿！』鳥取県立図書館の高齢者サービスと県内への広がり」『みんなの図書館』484，pp.12-20.
18) 中央教育審議会（2015）『新しい時代の教育や地方創生の実現に向けた学校と地域の連携・協働の在り方と今後の推進方策について（答申）』（http://www.mext.go.jp/b_menu/shingi/chukyo/chukyo0/toushin/__icsFiles/afieldfile/2016/01/05/1365791_1.pdf）（2018/3/28最終確認）.

「地域学校協働本部」の設置を推進している。ここでは地域社会における教育活動、土曜日や放課後の教育活動など連携・協働のため、高齢者、青少年、一般成人、NPO 団体、大学、福祉施設、PTA など幅広い層の地域住民や団体の参画が期待されている。

こうした地域と学校との連携・協働に高齢者の積極的な関与を視野に入れると、図書館サービスのさらなる可能性が問われよう。

4 歳を重ねるすべての地域住民を視野に

アメリカ図書館協会（American Library Association；ALA）による「高齢者のための図書館情報サービス・ガイドライン（2008年版）」には、次の7点の柱が示されている[19]。

① 高齢者に関する最新のデータを入手し、それを図書館計画と予算化に組み込むこと。
② その地域に住む高齢者に特有のニーズと関心が、地域の図書館の蔵書・プログラム・サービスに反映されることを保証すること。
③ 図書館の蔵書と利用環境が、すべての高齢者にとって、安全かつ快適で魅力的なものになるようにすること。
④ 図書館を高齢者に対する情報サービスの拠点にすること。
⑤ 高齢者をターゲットとした図書館サービス・プログラムを設けること。
⑥ 図書館への来館が困難な地域在住高齢者に対して、アウトリーチサービスを提供すること。
⑦ 高齢者に対して丁重かつ敬意をもってサービスができるように、図書館職員を訓練すること。

---

19)次の文献から引用した。堀薫夫（2010）「高齢者向けの図書館サービス」『カレントアウェアネス』306（http://current.ndl.go.jp/files/ca/ca1732.pdf）（2018/3/28最終確認）.

2008年版ではあるものの、高齢者を対象とする図書館サービスは単なる集客の重視、流行の後追いではなく、多様な高齢者を尊重する図書館員の姿勢や、図書館の年度計画のなかに高齢者サービスを位置づける必要性を読み解くことができる。地域における教育機関としての図書館は、地域に暮らす多様な人びとを認めあう地域福祉力の構成要素であり、高齢社会の課題を個人や家族に押しつけることはあってはならない。人が年齢を重ねることとは、単に月日のみが経過し、身体的な老化がともなうことのみならず、職業キャリアや友人関係、趣味、社会との関わりなど広がりや変化がともなう。

読書や図書館利用を地域に暮らす住民へどのように埋め込み、どのように地域をともにつくる活動につなげるのか。年齢を重ねるすべての地域住民を視野に図書館の高齢者サービスを地域全体で計画的に実践する必要があろう。

| 第13章 | 多文化サービス |

① 多文化サービスとは

1.1 多文化サービスの定義

多文化サービスは、多言語サービスともいわれる。主に当該図書館のサービス地域で使われるマジョリティの言語とは異なる言語を用いる人びとに、母語で書かれた資料や文化に関する資料を提供するサービスである。近年言語的なマイノリティだけではなく、先住民や性的マイノリティに対して、彼らの文化に関わる資料を提供することも含めるようになってきている。

多文化サービスの定義を『図書館情報学用語辞典』で確認すると「図書館利用者集団の文化的多様性を反映させたサービス。主たる対象としては、移民、移住労働者、先住民などの、民族的、言語的、文化的少数者（マイノリティ住民）がまず第一義的にあげられる。外国語（もしくはマイノリティ言語）コレクションの構築および提供がサービスの中心であるが、図書館員の研修、マイノリティ住民の職員採用、各国語の利用案内や館内掲示の作成、図書館協力、PR なども含まれる。多文化サービスのための資料としては、外国語資料にとどまらず、マイノリティ住民がその地域の主要語を学ぶための資料、異文化相互理解のための資料なども不可欠なものとしてそろえる必要がある」[1]としている。

また、国際図書館連盟（以下、IFLA）の多文化社会図書館サービス分科会の「多文化主義（定義）」[2]のなかで「『多文化社会図書館サービス』は、すべての

---

1) 日本図書館情報学会用語辞典編集委員会編（2013）『図書館情報学用語辞典（第4版）』丸善, p.146.

館種の図書館利用者に対する多文化情報の提供と、これまでサービスを受けてこなかった集団を特に対象とした図書館サービスの提供という2つを含んでいる」とされ、「IFLA／ユネスコ公共図書館宣言」(1994年)[3]では、「言語上の少数グループ（マイノリティ）……に対しては、特別なサービスと資料が提供されなければならない」と明示されている。

　日本では多文化サービスについて、「図書館の設置及び運営上の望ましい基準」(2012年)において、「（外国人等に対するサービス）外国語による利用案内の作成・頒布、外国語資料や各国事情に関する資料の整備・提供」[4]となっている。

　さらに日本図書館協会の「公立図書館の任務と目標」の図書館サービスの項目のひとつには、「アイヌ等少数民族並びに在日朝鮮・韓国人その他の在日外国人にとって、それぞれの民族文化、伝統の継承、教育、その人びとが常用する言語による日常生活上の情報・資料の入手は重要である。図書館は、これらの人びとへの有効なサービスを行う」[5]と日本の公共図書館で具体的に想定されうる多文化サービスの内容が記されている。

1.2　多文化サービスの対象者

　多文化サービスの対象者について「IFLA／ユネスコ多文化図書館宣言」では、あらゆる種類の図書館利用者とマイノリティ、保護を求める人、難民、短期滞在許可資格の住民、移住労働者、先住民コミュニティといった、十分なサービスを受けてこなかった文化的・言語集団をあげている。またIFLAの

---

2) 多文化社会図書館サービス分科会「多文化主義（定義）」(https://archive.ifla.org/VII/s32/pub/multiculturalism-jp.pdf)(2018/3/30最終確認).
3) 「ユネスコ公共図書館宣言1994年」(https://www.ifla.org/archive/VII/s8/unesco/japanese.pdf)(2018/3/30最終確認).
4) 文部科学省生涯学習政策局社会教育課(2012)「図書館の設置及び運営上の望ましい基準（平成24年12月19日文部科学省告示第172号）について」(http://www.mext.go.jp/a_menu/shougai/tosho/001/__icsFiles/afieldfile/2013/1/31/1330295.pdf)(2018/3/30最終確認).
5) 日本図書館協会図書館政策特別委員会「公立図書館の任務と目標」(http://www.jla.or.jp/library/gudeline/tabid/236/Default.aspx)(2018/3/30最終確認).

『多文化コミュニティ：図書館サービスのためのガイドライン』には、多文化サービスの対象者として「先住民、移民のコミュニティ、混在した文化的背景を持つ人々、多国籍者、ディアスポラ、保護を求めている人、難民、短期滞在許可資格の住民、移住労働者、ナショナル・マイノリティ」[6]があげられている。多文化サービスの中心的な対象者は、言語的、文化的マイノリティだが、マイノリティの文化理解を促進するという意味でマジョリティもその対象に含めることもある。

　日本では、1990年まで在日外国人の9割以上が韓国・朝鮮籍、中国籍の人びとで占められていた。そのため日本では、韓国・朝鮮籍、中国籍の人々が念頭におかれることになった。その後中南米の日系人の来日増加にあわせて、具体的に想定される対象者の範囲が広げられてきた。その際に意識されたのは、言語的、文化的マイノリティの人びとであった。しかしながらアイヌのような先住民やLGBT（Lesbian, Gay, Bisexual, and Transgender）のような性的マイノリティは対象者としての意識が希薄のままである。今後はこうした人びとも多文化サービスの対象として明確に意識していく必要がある。

1.3　多文化サービスの範囲

　日本の公共図書館が行っている多文化サービスの一般的な取り組みは、外国語資料の収集と提供や多言語の利用案内、図書館ウェブサイトの多言語化、サインの多言語化などである。しかし「IFLA/ユネスコ多文化図書館宣言」[7]には、多文化サービスの中核的な活動として、日本の一般的な取り組みよりも幅広い以下の5点があげられている。

6）国際図書館連盟多文化社会図書館サービス分科サービス分科会編，日本図書館協会多文化サービス委員会訳・解説（2012）『多文化コミュニティ：図書館サービスのためのガイドライン（第3版）』日本図書館協会，p.11.
7）「IFLA/UNESCO 多文化図書館宣言」（https://www.ifla.org/files/assets/library-services-to-multicultural-populations/publications/multicultural_library_manifesto-ja.pdf）（2018/3/30最終確認）.

① デジタル資源およびマルチメディア資源を含む、多文化・多言語のコレクションとサービスを提供する。

② 口承文化遺産、先住民文化遺産、無形文化遺産に特に配慮して、文化的な表現と文化遺産を保存するための資源を配分する。

③ 利用者教育、情報リテラシー、ニューカマーのための情報資源、文化遺産、クロスカルチュラルな対話を支援するプログラムなどを、図書館に不可欠のサービスとして組み込む。

④ 情報の組織化とアクセス・システムを通して、利用者が適切な言語で図書館資源を利用できるように準備する。

⑤ 多様な集団を図書館に引き付けるために、マーケティングと適切な媒体に適切な言語で書かれたアウトリーチ資料を開発する。

このように公共図書館における多文化サービスが、単なる外国語資料の収集・提供や多言語化を図るだけのものではないことを理解しておかなければならない。

2 多文化サービスの発展

2.1 IFLA における多文化サービスの扱い

IFLA で多文化サービスを扱っていく動きは、1981年にワーキンググループ、1983年に民族的言語的マイノリティへの図書館サービス・ラウンドテーブル、1986年に IFLA 東京大会の場で多文化社会図書館サービス分科会に昇格する流れであった。そして、1987年『多文化社会図書館サービスのためのガイドライン』を策定、刊行した。ネットワーク環境の整備などの変化をふまえて、1998年に第 2 版、2009年に第 3 版が策定、刊行されている。

2.2 日本の公共図書館における多文化サービス

日本の公共図書館で多文化サービスの先駆けとなる取り組みが始まったのは、

第13章　多文化サービス

1970年代からである。1971年東京都立中央図書館が中国語図書の収集を開始し、1975年に韓国・朝鮮語資料の収集を追加で始めたが、この取り組みは広まらなかった。

1986年に東京で開催されたIFLA大会の多文化社会図書館サービス分科会で、開催地の事例報告が私設図書館「アジア図書館」の活動であったことを受けて、日本での多文化サービスの欠如が明らかになった。そして「韓国・朝鮮系と中国系とを中心とする在日の文化的マイノリティー（少数派）が相当数いるにもかかわらず、彼らの為の適当な図書館資料や図書館サービスが特に公共図書館において欠けていることを認識させられた。　　我々は、国会・国立国会図書館・文部省そして図書館サービスに責任のある地方自治体に対して（社）日本図書館協会と協力し、マイノリティーが必要とする情報や資料は何かを調査することを要請する。そして、その調査に基づいて解決の道を提示すること」[8]が分科会及び全体決議として表明された。1988年日本図書館協会は「日本の図書館」の付帯調査として「多文化サービス実態調査（1988）」を実施した。

1988年、大阪市立生野図書館に「韓国・朝鮮図書コーナー」が設置やハングルの新聞購入がなされた。こうした取り組みは大阪市生野区の韓国・朝鮮籍住民が人口の約4分の1を占め、在日韓国・朝鮮人に関するレファレンスが多く寄せられていたという地域の実情に応じるために生野図書館が独自に始めたものであった。また、1988年に厚木市立中央図書館に「国際図書コーナー」が置かれた。

1993年、韓国・朝鮮籍住民が多く居住する地域の荒川区立日暮里図書館において、ハングル（コリア語）資料の提供が開始された。この取り組みは、英語圏以外の外国人でも英語を読める人は多いこと、また職員も多少は読めるので対応しやすいという理由で、1990年から英語資料を収集したが、利用が伸びず、地域状況を考慮すればハングル資料が望ましいとなった背景があった。

1990年に改正された出入国管理及び難民認定法により、日本人の配偶者及び

---

8)「国際図書館連盟東京大会資料・多文化社会図書館サービス分科会および全体会議決議」『図書館雑誌』81(7), p.393.

205

図13.1　日系ブラジル人向けのポルトガル語資料を提供する大泉町立図書館（群馬県）
(出所) 筆者撮影。

日本人の子として出生した者を受け入れるための「日本人の配偶者等」の在留資格や日系人の子孫（日系3世）などを受け入れるための「定住者」の在留資格が明示されたことで、ブラジルやペルーなどの中南米諸国からの母語の異なる日系人の入国が急増した。入国した日系人は一定の地域に工場労働者として集住することがあり、彼らに対応するために、1990年代半ばから公共図書館での多文化サービスが活発になった。

1999年群馬県大泉町では、日系ブラジル人からのポルトガル語資料要望を受けて、2000年より大泉町立図書館（図13.1）にポルトガル語資料コーナーが設置された。同館では、ポルトガル語の図書館ウェブサイトを開設し、町教育委員会主催の言葉を学ぶ多言語サロンの会場を提供するなどの取り組みを行っている。

また1990年代半ばには、横浜市立中央図書館、大阪市立中央図書館、福岡市総合図書館などの大都市の図書館の建て替えの際に多文化サービスに関わるコーナーが設置・拡充され増えていった。

第13章　多文化サービス

2.3　アメリカの公共図書館における多文化サービス

　アメリカの公共図書館で取り組まれてきた多文化サービスは、19世紀末から移民を念頭においた多言語資料の収集や提供から始まった。この時期は、ヨーロッパからの移民の割合が相対的に高かった。そうしたヨーロッパからの移民を念頭に、ウィスコンシン州では、酪農を営む移民の母語であるドイツ語、デンマーク語、ノルウェー語、イディッシュ語、ポーランド語、ボヘミア語で書かれた図書を巡回文庫（第14章参照）方式で提供した例もある。しかし、多くの場合、移民を受入国の社会や文化に同化させるアメリカナイゼーションを目的としていた。この目的をふまえて、移民の母語によるアメリカの歴史、政治、生活に関する図書提供、市民権取得試験のための学習資料や学習場所提供、英語学習資料の提供、図書館で英語教室の開催などが行われた。移民の母語で書かれた読物や文学の提供も行われたが、多文化サービスというよりも移民をアメリカナイゼーションするために図書館へ引きつける呼び水に過ぎなかった[9]。

　1960年代半ばから通常の図書館サービスでは十分なサービスを享受できていない「不利益を被っている人びと」を念頭においた図書館サービス（第14章参照）のひとつとして、ヒスパニックに対するカリフォルニア州オークランド公共図書館のラテンアメリカ分館開館やニューヨーク公共図書館のヒスパニックに図書館の存在を知らしめるサウス・ブロンクス計画が取り組み始めた。この時期から実質的に多文化サービスといえる取り組みが始まった。

　また1965年にアメリカの移民国籍法が改正され、実質的にアジアからの移民に門徒を開放し、カナダや中米からの移民数に上限を設けたことで、アジアの移民の急増と中米メキシコからの不法移民の増加につながった。現在、アメリカの多くの図書館ではコレクションの規模はさまざまだがスペイン語資料を提供（図13.2）しているし、スペイン語の利用案内や図書館ウェブサイトを提供するところもみられる。そのために、スペイン語話者の図書館員を配置する図

---

9)小林卓（2016）「20世紀初頭のアメリカにおける移民サービス：アメリカナイゼーション運動との関わりで」『マイノリティ、知的自由、図書館：思想・実践・歴史』相関図書館学方法論研究会編，京都図書館情報学研究会，pp.12-13.

207

図13.2 ヒスパニックを念頭においたスペイン語資料コーナー(アメリカ、ローソン・マクギー図書館)
(出所)図13.1と同じ。

図13.3 移民コーナー(アメリカ、ニューヨークモーニングサイトハイツ分館)
(出所)図13.1と同じ。

書館もある。

　さらにニューヨークなどの移民の多い街の公共図書館では、新しくアメリカに来た移民に焦点を絞った移民(New Americans)コーナー(図13.3)を設置し、移民の申請、登録に関する資料提供やパンフレットの配布を行っている。

　そして移民を念頭においた英語教育プログラムを初級や上級クラスに分けて実施し、アメリカで生活していく際に必要となる知識とともに、英語力を身につけられるようにしている。

2.4　移民を積極的に受け入れる国における多文化サービス

　1960年代以降、北西ヨーロッパにおける外国人労働者の大規模な受け入れや

ホワイト・カナダ移民政策や白豪主義の撤廃により、北西ヨーロッパ諸国、カナダ、オーストラリアなどの国々を中心に移民の出身国が多様化した。また難民の受け入れも積極的に行われてきた。それに対応することが求められた公共図書館が現場から模索するかたちで多文化サービスを発展させてきた。

北欧では100カ国以上の移民や難民の母語に対応するため、言語的、文化的マイノリティに対する図書館サービスを支援するセンターが設置され、各公共図書館へ多言語資料を提供することで、各公共図書館が多言語資料の提供ができる環境が整えられている。あわせて多くの図書館が移民・難民の子どもの学習支援や多言語による就業情報などを提供している。さらにデンマークのコペンハーゲン公共図書館では、デンマークに移民してきた人が、新たに移民・難民としてやって来た人びとに自身の経験を織り交ぜながら、地域社会、学校制度、就業、デンマーク語習得、余暇、情報源について話をするイベントなどを実施している[10]。

カナダでは、例えばバンクーバー公共図書館が英語とフランス語のほかに日本語、中国語、ハングル、スペイン語、ベトナム語、ヒンディー語のウェブサイト[11]を開設し、日本語で書かれた図書や雑誌、DVDを含む多言語資料を提供している。またトロント公共図書館でも100以上の言語資料を提供するほか、英会話サークル、英語教室、多言語によるお話し会やストーリーテリングに取り組んでいる。

オーストラリアでは、メルボルン公共図書館の中央館にあたるシティ図書館で、日本語、韓国語、中国語、ヒンディー語などの図書、雑誌、DVDなどが提供されているが、特に映像資料が豊富である（図13.4）。同市内のドックランド図書館やノースメルボルン図書館でも同様に多言語の図書、雑誌、DVDを提供しているが、提供される言語は図書館ごとに異なっている。

これらの事例にもみられるように、移民や難民の受け入れが積極的な国々の

---

10) Københavns Biblioteker "Events"（https://bibliotek.kk.dk/temaer/copenhagen-libraries-english/arrangementer）（2018/3/30最終確認）.
11) Vancouver Public Library「日本語　バンクーバー公立図書館にようこそ」（http://www.vpl.ca/library/details/getting_started_japanese）（2018/3/30最終確認）.

図13.4 多国語雑誌コーナーで提供されるヒンディー語の雑誌や日本語のDVD（オーストラリア、メルボルン・シティ図書館）
(出所) 図13.1と同じ。

公共図書館は、多言語サービスを積極的に取り組んでいる。

3 多文化サービスの実施に向けた手順

3.1 多文化サービスの実施方法

公共図書館において多文化サービスを取り組み始めるには、サービス対象者である「さまざまな言語的・文化的背景をもつ人々」を見出すことから始め、以下の手順で進めていくことが理想である。

① コミュニティ分析：当該図書館のサービス地域の外国籍住民の国別地域別内訳人数、社会・経済状況のデータ、外国籍住民への各種調査結果や国際交流団体、文化的マイノリティ支援団体からの聞き取りなどを通してコミュニティの特徴をまとめる。
② 既存の図書館資源とサービスの分析：当該図書館の資源やサービス内容を分析し、まとめる。
③ ニーズ評価：図書館利用者・潜在的利用者に関する情報探索課程の文化的・行動的側面、情報の種類や言語などの情報ニーズの状況、利用者の情報環境を分析し、まとめる。

第13章　多文化サービス

④　地域の状況にあった多文化サービスの立案：事業名、事業目的、計画目
　　標（数値目標）、現況、事業内容、年度別計画、必要予算、人員配置（多言
　　語ができるボランティアの確保）などを含めて立案する。

⑤　サービスの実施と評価、改善：実際に多文化サービスを開始した後は、
　　資料の拡充状況（所蔵数）、資料の利用状況、講座やイベントの参加状況、
　　多言語ウェブサイトへのアクセス件数等の状況を把握し、計画目表（数値
　　目標）に照らして達成状況を評価する。達成できていないところがあれば、
　　既存の計画の見直しを図る必要がある。

　多文化サービスに取り組んでいく際には、これまでに取り組まれてきた外国
語資料やマイノリティ文化資料の収集と提供事例が参考になる。そうした情報
を得るために、国外ではIFLAの多文化社会図書館サービス分科会のウェブサイ
ト[12]があり、日本では1991年結成のむすびめの会（図書館と在住外国人をむす
ぶ会）が発行する『むすびめ2000』という会報や2002年発足した日本図書館協
会多文化サービス研究委員会が編集した『多文化サービス入門』などが参考に
なる。

3.2　多文化サービスの広がり

　日本の多文化サービスは、マジョリティ住民の言語とは異なるマイノリティ
住民に対する多言語サービスが先行したこともあって、先住民や性的マイノリ
ティといった文化的少数者に対する多文化サービスの取り組みは立ち遅れてい
る。

　アメリカでは、すでに述べた「不利益を被っている人びと」を念頭においた
図書館サービスの一環として、1960年代後半から先住民や性的マイノリティ[13]

12）IFLA "Library Services to Multicultural Populations Section"（https://www.ifla.
org/mcultp）（2018/3/30最終確認）.
13）アメリカ図書館協会には、1970年設置のゲイ解放専門委員会を前身とするゲイ、レズビア
ン、バイセクシャル、トランスジェンダーラウンドテーブルが存在している。詳しい活動は、
GLBTRT（http://www.ala.org/glbtrt/）（2018/3/30最終確認）で確認できる。

に対する図書館サービスに本格的に取り組み始めた。

先住民に対する図書館サービスの対象は、ネイティブアメリカン、ハワイ先住民、アラスカ先住民などがあげられるが、主に取り組まれているのがネイティブアメリカンに対する図書館サービスである。ネイティブアメリカンは、約320の居留地に住む人と居留地以外に住む人がいる。居留地は、部族政府が立法、司法を独自に統括し、そこに部族図書館が設置されている。部族図書館には連邦政府からの補助金が投入され、アリゾナ州やニューメキシコ州などの州立図書館が支援しているところもある[14]。先住民は独自の言語をもちながらも、文字をもたないものが少なくなかった。そのため部族図書館のサービスは、マジョリティの言語である英語によるものである。しかしそこで提供される内容は、ネイティブアメリカンの文化の継承を意図したストーリーテリングや歴史や文化、工芸品の講座とともに、社会問題となっている薬物やアルコール依存のテーマといった先住民の文化を意識したものになっている。

同じくアメリカでマジョリティの言語である英語により提供されるサービスが、性的マイノリティに関する図書館サービスである。このサービスは、図書館コレクションの提供やイベントや講座の開催などが中心で大都市の公共図書館での取り組みが目立っている。例えばサンフランシスコ公共図書館の中央館には、ゲイ・レズビアンに関するコレクションを集めたセンター（James C. Hormel LGBTQIA Center）が存在する。そこでは、ゲイやレズビアン、バイセクシャルなどの歴史、文化などに関わる資料が提供されている。またフィラデルフィア公共図書館インディペンデント分館でも図書館の一角にゲイ・レズビアンの権利確立運動家の名前を冠したゲイ・レズビアンコレクション（図13.5）があり、広く提供されている。

日本でも、少ないながら LGBT に関する図書を集めて展示する取り組み（大阪市立図書館、福岡県立図書館、埼玉県立熊谷図書館、八王子市立図書館など）や先住民の文化を意識した「やさしいアイヌ語講座」や「アイヌ刺しゅう講座」

---

14) 吉田右子（2016）「先住民共同体と公共図書館」『マイノリティ、知的自由、図書館：思想・実践・歴史』相関図書館学方法論研究会編，京都図書館情報学研究会，pp.149-175.

第13章　多文化サービス

図13.5　ゲイ・レズビアンコレクションの例（アメリカ、フィラデルフィア公共図書館インディペンデント分館）
（出所）図13.1と同じ。

を実施するなどの取り組み（むかわ町立穂別図書館）が行われている。これから多文化サービスに取り組んでいく際には、多言語によるサービスにとどまらず、性的マイノリティ[15]や先住民を含めた文化的マイノリティの存在を意識しつつ取り組んでいくことも大切である。

---

[15] 国際図書館連盟で、性的少数者に対する図書館サービスが明確に意識されるようになったのは、2013年12月に国際図書館連盟の Lesbian, Gay, Bisexual, Transgender and Queer/Questioning Users Special Interest Group が設置されてからである。

213

第**14**章	アウトリーチサービス

1　アウトリーチサービスと拡張サービス

1.1　アウトリーチサービスとは

　アウトリーチサービスは、アメリカの公共図書館で始まったサービスの考え方である。そのサービスを理解する前提として、アメリカの公共図書館では「すべての人」（to all）へのサービスを意識し、地域全体に図書館サービスを拡張することを目指してきたという背景を押さえておく必要がある。

　1970年代半ば、アウトリーチサービスが日本に紹介されたものの、コトバが先行し、その内容、本質をくわしく理解している図書館員は多くはなかった[1]。1997年刊行の『図書館情報学用語辞典』で、アウトリーチサービスの定義が総括的に示されたことで、サービスの背景も含めてようやく人びとに理解されることになる。

　アウトリーチサービスの定義を本書で確認すると「施設入所者、低所得者、非識字者、民族的少数者など、これまで図書館サービスが及ばなかった人々に対して、サービスを広げていく活動。アウトリーチは米国において、1960年代以降、黒人市民権運動などの社会的背景のもとに発達した概念および実践活動である。そこでは社会的に不利益をこうむっている人々の多くが、そのまま図書館の未利用者であるという事実が図書館の側の責任として問題にされ、従来のサービス提供方法を改革し、未利用者を利用者に転化していく方策が模索された。「すべての人への図書館サービスの浸透」という概念については、米国

---

1)小林卓（2012）「日本の公立図書館における障害者サービスをめぐる言説：1970-90年代を中心に」『図書館界』63(5), pp.356-370.

では、サービスの空白地域をなくしていく活動には extension service、extension work などの用語が使用される場合が多い。サービス圏域内であるにもかかわらずサービスが及んでいない住民を対象とした活動には outreach の用語が使われる場合が多い」[2]とされる。この辞典の定義が自治体の図書館サービス計画などで取り入れられることで、アウトリーチサービスの理解が促進された。

また、「国際図書館連盟／ユネスコ公共図書館宣言」(1994年)[3]は、「理由は何であれ、通常のサービスや資料の利用ができない人々、たとえば言語上の少数グループ（マイノリティ）、障害者、あるいは入院患者や受刑者に対しては、特別なサービスと資料が提供されなければならない」とし、「地域社会のすべての人々がサービスを実際に利用できなければならない。それには適切な場所につくられた図書館の建物、読書および勉学のための良好な施設とともに、相応な技術の駆使と利用者に都合のよい十分な開館時間の設定が必要である。同様に図書館に来られない利用者に対するアウトリーチ・サービスも必要である」と記している。

さらに「図書館の設置及び運営上の望ましい基準」(2012年)[4]では、市町村立図書館による「利用者に対応したサービス」のひとつとして、「（図書館への来館が困難な者に対するサービス）宅配サービスの実施」が例示されている。

アウトリーチは、英語で「手を差し伸べる」という意味をもつ。アウトリーチサービスという考え方は特定のサービス方法と結びつく概念ではなく、何らかのかたちで社会的に不利益をこうむっている人びと（the disadvantaged）へ図書館サービスを図書館側から積極的に働きかけることを強く意識している。その特徴としては、対象者の潜在的なニーズに基づく、伝統的な図書館サービス

---

2)日本図書館情報学会用語辞典編集委員会編（2013）『図書館情報学用語辞典（第4版）』丸善, pp.1-2.

3)「ユネスコ公共図書館宣言1994年」(https://www.ifla.org/archive/VII/s8/unesco/japanese. pdf)（参照2018/3/30).

4)「図書館の設置及び運営上の望ましい基準（平成24年12月19日文部科学省告示第172号）について」文部科学省生涯学習政策局社会教育課, 2012 (http://www.mext.go.jp/a_menu/shougai/tosho/001/__icsFiles/afieldfile/2013/01/31/1330295.pdf)（参照2018/3/30).

の他に行われる実験的、試行的、臨時的サービスであるために人手と費用を要する点である。

1.2　アウトリーチサービスの対象者

　アウトリーチサービスの対象者について、アメリカのエレナ・ブラウン（Eleanor Brown）は1971年の著書の中で、①経済的に苦境にある人、②身体に障害のある人、③精神的な障害のある人、④人種差別を受けている人、⑤刑務所やその他の施設に収容されている人、⑥高齢者、⑦社会参加の機会を奪われた若者、⑧英語に不自由な人（非識字者含む）の集団をあげている[5]。また日本では、事例分析に基づき久保田正啓が、①入院患者、②高齢者、③保育園児、④心身障害者、⑤矯正施設入所者、⑥被差別地区住民、⑦被災地の人、⑧ビジネスパーソンの集団をあげている[6]。ここであげられている対象者は、公共図書館によるアウトリーチサービスの主要な提供先として意識されてきたものである。

　前節で確認したアウトリーチサービスの定義に基づいて対象者を理解すれば、何らかの理由で図書館サービスを享受できない人びとを対象としている。そのためアウトリーチサービスの目的からすれば、その対象者は実験的、試行的、臨時的サービスから通常サービスへと位置付けが変われば、成人サービス、児童・ヤングアダルト（YA）サービス、高齢者サービス、多文化サービスなどの他の利用者別サービスの一部としてとらえることも可能である。他の利用者別サービスで提供される通常サービスでは対応できない成人サービス対象者の一部である若い母親、高齢者サービス対象者の一部である福祉施設入所者といった図書館の潜在的利用者が存在した場合、その人たちをアウトリーチサービスの対象者と考えることになる。さらに何らかの理由で図書館サービスを享受できないということを大局的に理解すれば、現状の図書館サービスに魅力を感じない潜在的利用者までも含まれることになる。

---

5) Eleanor F. Brown （1971）, *Library Service to the Disadvantaged*, Metuchen, NJ, Scarecrow Press, p.5.
6) 久保田正啓（2015）「日本の公共図書館のアウトリーチ・サービスにおける『図書館を届ける活動』の意義」『三田図書館・情報学会研究大会発表論文集2015年度）』pp.41-44.

第14章　アウトリーチサービス

図14.1　巡回文庫の例（オーストラリア、メルボルン公共図書館）

(出典) Bev.Roberts (2003) *Treasures of the State Library of Victoria*, Focus Publishing, p.27.

2　拡張サービス

　アウトリーチサービスに関連するものとして、拡張サービスと呼ばれる図書館サービスがある。拡張サービスは、図書館の整備が途上の時期に未だ図書館が設置されていない地域（範囲）へサービスを提供することを目的としたところにその起源がある。特に図書館サービスの中核となる貸出サービスを拡張していくことで、人々へ図書館を届けることを意図していた。

2.1　巡回文庫と移動図書館

　拡張サービスの初期の事例として、1860年からオーストラリアのメルボルン公共図書館が、近郊の町へ図書を60冊ほど箱に詰めて郵送し、提供する取り組みがあった（図14.1）。当時巡回文庫（traveling library）は「貸出し図書館（circulating library）」と呼ばれており、まさに貸出しサービスを拡張するものであった。この取り組みが、1890年代にアメリカのニューヨーク州やウィスコン

217

図14.2 移動図書館の例(アメリカ、ノースシカゴ公共図書館)
(出所)筆者撮影。

シン州などで、図書館未設置地域へ図書を詰めた箱を定期的に届ける巡回文庫として取り入れられた。アメリカで取り入れられた巡回文庫は、図書館から遠方地域の学校や商店などの人びとの集う場所へ送付し、3カ月から半年間提供される仕組みであった。送付先の学校や商店主が貸出などの管理を行ったもので、現在は管理の煩雑さもありほとんど行われていない。

その後、1905年メリーランド州ワシントン・カウンティ・フリー・ライブラリーで開始された馬車や自動車を用いる移動図書館(図14.2)という形態へと変化した。日本でも1949年8月から千葉県立中央図書館による訪問図書館ひかり号をはじめとして、各地で移動図書館による拡張サービスが実施されてきた。いずれの図書館拡張サービスも図書館サービスの空白地帯の解消を目指して、図書館未設置地域に図書館サービスを届けるものであった。

2.2 配本施設

巡回文庫や移動図書館よりも、固定的な拡張サービスの拠点とされるのが配本施設(deposit station)(図14.3)である。配本施設は配本所とも呼ばれ、図書館が数百冊から数千冊程度の図書を図書館から遠方の公民館や集会所などに配置し、地域住民に提供する仕組みである。日本ではこうした取り組みによって、

第14章　アウトリーチサービス

図14.3　自治会集会所に置かれた配本施設
（出所）さいたま市、上小配本所を筆者撮影。

図書館サービスの空白地域が解消されつつあるが、まだ414自治体（2017年4月1日時点）に図書館法に基づく公立図書館が存在していない。つまり、図書館サービスの空白地域が存在しているということである。そうした空白地域の自治体住民に対して、都道府県立図書館による配本サービスや団体貸出しなどの拡張サービスが行われている。

3 アウトリーチサービス

3.1　日本の公共図書館におけるアウトリーチサービス

日本の図書館ではアウトリーチサービスが多義的に用いられており、特定のサービスと結びつけてとらえられることも多い。各図書館の計画書やウェブサイトから確認してみると大きく3つに分けることができる。

ひとつめが、拡張サービスをアウトリーチサービスと呼んでいるものである。

・「近隣に施設がない地域には動く図書館によるアウトリーチサービスを実

219

施」（豊中市立図書館）

・「移動図書館（アウトリーチ・サービス）」（松戸市立図書館）

・「自動車図書館等によるアウトリーチ・サービス（個人及び団体貸出し）」（伊万里市）

2つめが、個別的な宅配サービスや団体貸出しをアウトリーチサービスと呼ぶものである。

・「障害者サービスの宅配」（中野区立図書館）

・「重度心身障害者や要介護高齢者（65歳以上）など、来館による図書館利用が困難な方々にも図書館資料を利用していただけるよう、図書を自宅等に無料で配達して貸出しを行うサービス」（青森県立図書館）

・「子育て支援拠点や市立病院では、図書館からのアウトリーチサービスが実施され」（筑後市立図書館）

3つめが、アウトリーチサービス本来の考えに近い例である。

・「図書館のサービス圏域内に居住するにもかかわらず、高齢や障害、入院等の理由によりサービスを受けられない人々に、図書館側から出向いて行う各種のサービス」としての郵送貸出しや自動車文庫（川崎市立図書館）

・「アウトリーチサービス（図書館に行けない方への支援）」としての郵送貸出しサービス（一宮市立図書館）

・「ハンディキャップのある人へのアウトリーチ活動（施設に入っている人びと、居宅の障害のある人や高齢者など、これまでの図書館サービスが及ばなかった人びとに対して、サービスを広げてゆく活動）」としての郵送貸出しや自動車文庫（富山市立図書館）

・「来館困難者に対するアウトリーチサービス」としての宅配サービスや代理人による貸出登録等の申請に関する規定（八尾市立図書館）

第14章 アウトリーチサービス

・「図書館のサービスポイントから比較的遠い地域に住む人々、或いは何らかの理由で図書館を訪れることができない人々ために、図書館の方から出向いて行う各種サービスの総称」としての郵送貸出や移動図書館（防府市立図書館）

２つめと３つめはとらえ方が異なるものの、提供されるサービスだけをみれば、ほぼ同じといえる。

ここでアウトリーチサービスととらえられている郵送サービスや移動図書館といったサービスの多くは、長期的に取り組まれる常設的なサービスとなっている。実験的、試行的、臨時的な図書館サービスというアウトリーチサービスの特性に照らせば、日本のアウトリーチサービスの多くは障害者サービスや高齢者サービス、館外サービスなどの継続的に取り組むことを前提としたサービスとしてとらえることができる。

3.2 アメリカの公共図書館におけるアウトリーチサービス

アメリカの公共図書館で取り組まれてきたアウトリーチサービスは、サービス方法の側面だけ見れば日本と大きく変わらない。

しかし、その背景にある考え方が根本的に異なっている。1950年代後半からアメリカの大都市では白人を中心とする中産階級が郊外へと流出し、比較的低所得の黒人や移民といった人びとの割合が増加するという人口構成の変化にともない、図書館利用が減少した。それに対して公共図書館は、そうした人びとに対する新たな図書館サービスの模索を始めていたものの、散発的な状態であった。

1960年代に入ると公民権運動がマイノリティ運動へと拡大し、図書館のアクセス権利の実質化が意識された。大都市の公立図書館を中心に施設、サービス、資料へのアクセスを保障するため、伝統的な図書館サービスとは異なる、大都市の多様なマイノリティを意識した新たな方法で実現しようとした。すべての人に図書館サービスを開放し、ただ利用者（一部の中産階級）を待っていること

221

だけでは、真の意味での「すべての人びと」にはならないと考えるようになり、図書館がもつ中産階級的性格を打破しようといっそう積極的な姿勢を図書館員に望むようになったという背景があった。そうした考えに基づくサービスの代表例が以下でみていく、ニューヨークのブルックリン公共図書館やメリーランド州ボルティモアのイノック・プラット・フリー・ライブラリーによる取り組みであった。

イノック・プラット・フリー・ライブラリーは、1965年3月から地域社会活動局と連携し、「図書館地域社会活動事業」を開始した。それまで図書館がうまくサービスを届けられなかったあらゆる年代の人びとに対し、図書、映像フィルム、音楽テープ、ゲームなどのメディアを用いて柔軟な資料提供を図るものであった。また人びとの集まる30カ所の地域社会活動センターのロビーにはペーパーバックを並べた回転書架が置かれ、15カ所の地域社会活動センターには1000冊ほどの小規模図書室も設置された[7]。

1961年からブルックリン公共図書館では、図書館員がコミュニティのさまざまな会合に参加し、貧困層に図書館の存在を認識させようとしたコミュニティ・コーディネータ事業、移動図書館でマイノリティの人びとの居住する地区へ出向き、歩道に図書を並べ提供する歩道サービス、理容室、美容室、居酒屋に図書を配置する3Bサービスに取り組んだ。こうしたサービスの多くは、予算不足、ニーズの変化、通常サービスへの組込みなどの理由によって、1970年代半ばから停滞する状況がみられた。それでも現在までアウトリーチサービスは形態を多様化させながら継続している。

④ アウトリーチサービスの実施に向けた手順

4.1 アウトリーチサービスの実施方法

公共図書館においてアウトリーチサービスの取り組みを始めようとするため

---

7)Lowell A. Martin （1967） *Reaches Out : Library Service to the Disadvantaged, Baltimore,* MD, Enoch Pratt Free Library, 54p.

には、サービス対象者である「何らかの理由で図書館サービスを享受することができない人びと」を見出すことから始め、以下の手順で進めていくことが理想である。

(1) 利用者プロファイルの作成

　当該図書館のサービス対象地域内の公共施設、学校、高齢者施設、医療機関、矯正施設、各種団体などの設置状況や人口構成、産業、所得水準などの状況から、図書館の潜在的利用者を分析するものである。その分析結果は、利用者プロファイルやコミュニティプロファイルとしてまとめられる。

(2) 図書館プロファイルの作成

　当該図書館の施設やサービス内容、利用状況などを分析した図書館プロファイルを作成する。

(3) 潜在的利用者の特定

　利用者プロファイルで明らかとなった潜在的利用者に対応したサービスが提供されているのかを図書館プロファイルで確認する。対応するサービスが提供されていない潜在的利用者がその図書館に合ったアウトリーチサービスの対象者となる。

(4) 潜在的利用者の特性にあったサービスの立案

　特定された潜在的利用者がどのような理由でサービスを享受できていないのかを改めて分析し、それを解消するサービス方法を立案する。立案するサービス方法には、財源や人員などの制約は考慮しなければならないが、前提や前例は存在しないものと考えたほうがよい。特定された潜在的利用者を支援する他の組織や団体が存在していれば、連携を図ることを視野に入れてもよいだろう。もちろん他の図書館の取り組みも参考になるが、潜在的利用者のおかれた状態は地域事情によって異なるため、当該図書館に合わせた方法へ柔軟に変更して

いかなければならない。

(5) 財源や人員の確保

サービスを実施するための財源や人員を具体的に確保しなければならない。確保できた財源や人員が予定よりも限られていれば、当初のサービス計画を実施可能な範囲に見直すことが必要となる。

(6) サービスの実施と評価、改善

立案したサービス計画に基づき、サービスを実際に提供する。利用状況や利用者の反応などから評価するとともに、サービスの問題点を把握し、よりニーズに合うような新たなサービスへと改善を図っていく。

4.2　アウトリーチサービスの広がり

アウトリーチサービスの対象者である潜在的利用者のなかには、インターネットですべての情報が入手できるため、図書館は必要ない、本などは読まないので図書館は必要ないという人たちも少なからず存在する。アメリカの公共図書館では、こうした人たちを意識しながら、図書館情報資源の概念を拡張し、図書館という建物の内外を意識しない柔軟なアウトリーチサービスを提供しつつある。

(1) ボルティマーケット

伝統的なアウトリーチサービス対象者を念頭においた例が、2010年からイノック・プラット・フリー・ライブラリーとボルティモア市の保健局とが連携し開始した「ボルティマーケット」というバーチャル・スーパーマーケット事業である。アフリカ系アメリカ人の住民の割合が多く、さらに低年収の人の割合も多く、徒歩圏内にスーパーマーケットがない一方で、ファストフードのような店がたくさん存在する地域の分館で、健康的な食品へよりアクセスしやすくする目的があった。利用者はオンラインを通して、地元のスーパーマーケッ

224

トへ食料品を注文し、分館で翌日商品を受け取ることができる仕組みである。支払い方法はクレジットカード、現金、貧困者向けのフードスタンプから選択できるようになっている。

(2) タイブラリー

また、2014年頃より、ニューヨークのクィーンズ図書館では、経済的に困っている求職中の利用者に対してネクタイを貸出す図書館、タイブラリー（Tie-brary）を開始した。アメリカの公共図書館は、求職者に対して履歴書の書き方講座や求人情報の検索法を教える講座を長らく提供してきた。そうした取り組みに加えて、経済的に困っている求職中の利用者のなかには、シャツはもっていてもネクタイまで持っていない者も多いため、就職面接を念頭に写真付きでネクタイの結び方を説明した箱に入れたネクタイを提供したのである。貸出しは通常の図書をカウンターで借りるのと同様で、カウンターで申請し、3週間借りることができるというサービスである。このサービスは、経済的に困っている求職者の割合が多いペンシルヴァニア州フィラデルフィア公共図書館やニュージャージ州のジャージーシティ公共図書館ミラー分館でも実験的サービスとして実施されている。

(3) モノを貸出す図書館

それ以外にも、地域の多様な潜在的利用者を意識したモノを貸出す図書館、種子を貸出す図書館のような活動も広い意味でのアウトリーチサービスととらえることができる。

モノを貸出す図書館は、1979年に開始されたカリフォルニア州バークレー公共図書館の例がある。同州サクラメント公共図書館でも、2015年3月から図書以外のモノを貸出すサービスであるモノの図書館（Library of Things）を開始した。モノの図書館は、貸出されるモノと館内利用のみのモノとに分けられている。貸出されるモノには、ビデオゲーム、ミシン、ウクレレやギターなどの楽器、ボードゲーム、スクリーン印刷機、ラミネーター、ボタン作成機などの機

器、プロジェクターやグラフィックス・タブレットなどの情報機器がある。館内利用のみのモノには、自転車の空気入れやねじ止め工具などのセット、3Dプリンター、かがり縫いミシンがある。こうした図書館内の利用制限があるモノは、メーカー・スペースと呼ばれるところにおかれることが多い。

メーカー・スペースについて、2014年に当時のアメリカ図書館協会会長バーバラ・K. ストリプリング（Barbara K. Stripling）が「メーカー・スペースは図書館が地域社会との関係を変化させ、人びとが「情報の消費者から」情報生産者としての能力を身につけることを支援する」[8]と指摘している。この指摘は、情報を得たい利用者だけではなく、これまで潜在的な利用者であった何かを創造したい人びとへも図書館サービスを届けようとするアウトリーチサービスであることを示している。

(4) 種子を貸出す図書館

種子を貸出す図書館自体は、公共図書館で取り組まれる以前から存在した。アメリカの公共図書館で最初の種子を貸出す取り組みは、2010年にカリフォルニア州リッチモンド公共図書館と地元の団体（リッチモンド・リベッツ）が連携したリッチモンド・グロウ種子図書館である。図書館利用カードの所有にかかわらず、良質な種子をセルフ・サービスで貸出し、ハーブ、野菜、花などを育てるために使い、季節の終わりに収穫された新しい種子を返却してもらう取り組みである。もし返却できなくても科料が課されるといったルールはなく、返却できたならば名誉なこととされている。あくまでも人びとが種子を貸す図書館を利用して知識とスキルを獲得することが重要視されている。

(5) 創造的な多様なサービス

ここまで本格的ではなくとも、アメリカでは州立公園パスや博物館パスを提

---

8) "American Library Association supports makerspaces in libraries," *ALA News*, June 13, 2014.（http://www.ala.org/news/press-releases/2014/06/american-library-association-supports-makerspaces-libraries）（2018/3/30最終確認）.

第14章 アウトリーチサービス

図14.4 ケーキ型を貸出す公共図書館（アメリカ、オレゴン公共図書館）
(出所) 図14.2と同じ。

供するコロラド州デンバー公共図書館、ケーキ型や種子を貸出すウィスコンシン州オレゴン公共図書館（図14.4）、コミュニティガーデンを貸出すミズーリ州セントルイスカウンティ図書館のような地域の状況に合わせたモノの提供が増えつつある。

日本でも山梨県の山中湖情報創造館によるボードゲームの館内貸出しや、富山県のとやま駅南図書館・こども図書館による子どもや親子で体を動かして楽しむゲームの館内提供を行うなどの取り組みがみられる。

こうした取り組みは、実験的、試行的に行われているものが多い。今後利用者に受け入れられ、予算や人員の確保ができれば、アウトリーチサービスから通常サービスへと変わっていくことになる。図書館員は、潜在的利用者のニーズに応じるため、多様なサービスを創造し続けていくことが大切である。

<table>
<tr><td>第**15**章</td><td>集会・文化活動</td></tr>
</table>

1 集会・文化活動
——その歴史と意義——

1.1 集会・文化活動とは

図書館法の第3条（図書館奉仕）には「読書会、研究会、鑑賞会、映写会、資料展示会等を主催し、及びこれらの開催を奨励すること」と例示されている。図書館は資料提供や調査相談といった業務に加えて、住民の学習を多様なものとするために、さまざまな催しの企画や住民の自主的な活動を支援することが求められている。

図書館法が依って立つ社会教育法の第5条には、図書館などあらゆる社会教育機関において展開すべき教育活動が例示されているが、そこから「集会」や「文化活動」の性格を帯びたものをみてみよう。

表15.1のように図書館は、住民の「実際生活に即する文化的教養を高め得るような」（社会教育法第3条）さまざまな事業を展開することが期待されている。

そうした事業は、図書館をはじめとしたあらゆる場で「人と資料」「人と人」を結びつけるコミュニティネットワークの触媒として機能することによって、図書館による情報提供機能をより充実させることができるのである。

表15.1 社会教育法による「集会」や「文化活動」の例示

6．講座の開設及び討論会、講習会、講演会、展示会その他の集会の開催並びにこれらの奨励に関すること。
8．職業教育及び産業に関する科学技術指導のための集会の開催並びにその奨励に関すること。
9．生活の科学化の指導のための集会の開催及びその奨励に関すること。
12．音楽、演劇、美術その他芸術の発表会等の開催及びその奨励に関すること。

（出典）社会教育法第5条（市町村の教育委員会の事務）より抜粋。

第15章　集会・文化活動

　公共図書館が真に開かれた近代図書館としての歩みをはじめるきっかけと
なった『中小都市における公共図書館の運営』（日本図書館協会）には、集会・
文化活動の目的を以下のように整理している。

① 　図書館資料の活用を促進するため
② 　地域の文化活動を活発にし、発展させるため
③ 　個人の知識を広め、教養を高め、技能を伸ばすため

　同書の1963年の発刊当時は、集会・文化活動は本来的な図書館の業務と位置
付けられず、取り組みが盛んな状況ではなかった。今日では子どものための
「お話し会」や「映画会」、「読書会」や各種講演会、音楽会、展示会など、さ
まざまな行事が住民との連携も交えながら展開されている。
　また「ビジネス支援サービス」としての講演会やセミナー、地域医療を考え
る講演会など、産業や地域課題に即した事業も行われるようになってきた。

1.2　集会・文化活動をつくる「場」と図書館員

　一定人数が一同に会せるスペースであって、展示会などの陳列掲示にも使用
できる「場」は、書架スペースとの関係や全体的な設計のなかで、機能的にデ
ザインされなければならない。ここではこうしたスペースを仮に集会室と呼ぶ
ことにする。
　集会室は地域人口や周辺文化施設との関連性も考慮しつつ、適切な収容人員
数と多様な催し物に対応できる設備を施す必要がある。具体的なポイントを見
てみよう。

　・床はフラット。収容人員に合わせた椅子、机、同収納用倉庫
　・調光の効く照明設備
　・ワイヤレスを含めたマイクと制御ミキサー
　・各種音楽メディアの録音再生機

229

・多様な映像メディアに対応したデッキ、OHC（オーバーヘッドカメラ）、パソコンデータの映写可能なプロジェクター等。

　展示会に対応するため、集会室の壁面に「ピクチャーレール」を施しておくと便利である。また玄関やロビーなど、ちょっとしたスペースでミニ展示を行う際に、簡易なイーゼルがあれば重宝するだろう。

(1) ホンモノに出会う

　集会・文化活動は、図書館が主催するもの、図書館が奨励し側面から援助するもの、場所を提供するだけのもの、という3つの方途が考えられる。

　図書館が主催するサービスとして企画される集会・文化活動は、図書館という空間の雰囲気をより豊かなものにするために、住民が満足するクオリティーが求められる。

　図書や雑誌と同列に、情報提供として実施されるパフォーマンスやエキシビションは、住民の感性に訴え、芸術的な感動をともなうものでなければならない。

　また、時事や地域課題に即した講演会や講座では、住民の問題意識に十分答えられる講師を選定し、住民が質問したり意見交換したりして、相互に高め合う時間を設けるよう、構成上の工夫が必要である。とりわけ地域に公民館がなかったり、さまざまな文化行事が行われる都市部から遠い地域では、図書館がホンモノの文化に出会える場として機能することが重要なのである。

(2)「本のある広場」としての図書館

　そうした集会・文化活動を企画立案するには、地域での興味・関心や社会でのトピックスなど、常にアンテナを伸ばしてニーズを探知するよう心がけるとともに、図書館員自身ができるだけ多様な文化・芸術に触れる機会を持つことも重要である。

　また住民の文化的な活動や表現を発表する機会を図書館で創りだすことも、

第15章　集会・文化活動

図15.1　住民有志がお正月に開いた「お琴とピアノの演奏会」
（出所）滋賀県東近江市立永源寺図書館を筆者撮影。

大切な取り組みである。地域の文化や風習を記録したり伝承したりする活動や、生きがいや楽しみとしての趣味、またさまざまな同好会など、多様な住民の諸活動に場を提供し、またその発表の機会をコーディネートすることもコミュニティの文化的な活力を醸成する上で、非常に重要な仕事である。

　図書館を「本のある広場」と呼び、集会・文化活動の意義や効用を広めたのは、元東京都墨田区八広図書館長のちばおさむである。

　ちばは、集会機能を「"集める"より"集まる"が基本」[1]とし、気軽に語り合える場としての「談話の場」や「会合の場」の重要性を強調する一方、住民が自主活動をやりやすいように諸条件を整備し、調整、援助していくコーディネーターの役割を図書館員が担うべきだとも主張している（図15.1）。

1）ちばおさむ（1993）『図書館の集会・文化活動』（図書館員選書9）日本図書館協会。

231

② 課題解決支援・ネットワークづくりのための事業
――講演会・フォーラム・講座・ワークショップ――

2.1　課題解決支援・ネットワークづくりとは？

　図書館の使命は「知る権利」と「学習する権利」を保障することにあり、これを資料・情報提供という機能によって行うことはいうまでもない。しかしその学習対象としての「課題解決」とは、具体的にどのようなことを指すのであろうか。

　ここでまず問題にすべきなのは、「課題解決」の主体とは「誰」か、ということである。個人の生活上、あるいは仕事におけるさまざまな問題の主体は、現実社会ではあたかもその個人のみにあるかのようにとらえられている。

　複雑化、高度化する社会状況のなかで、個人が解決できる範囲は事実上限られている。高齢者の介護や医療、不況による雇用不安、子育て環境の悪化などは、明らかに社会的な課題だが、実際の具体的な生活のなかでは、一個人がさまざまな課題を抱え込み、そして最悪の場合は「自死」という悲劇さえ生じている。

(1) 課題解決の主体はコミュニティ

　さまざまな社会保障施策が展開されているが、決して十分ではない。またその行われている施策の情報が、必要とする人たちのところに十分に届いていないということもある。前述のように課題の責任は個人のみに帰するものでもない。

　このようにみると、「課題解決」の「主体」とは個人だけではなく、地域住民の総体であるコミュニティであるべきで、これを情報提供によって支援するというサービスが求められるのである。

　しかしコミュニティ全体に必要な情報を効果的に伝え、相互学習を支援することは、それほど容易なことではない。多様な個人が存在するコミュニティにおいて、さまざまな課題への関心を喚起するにはどのような施策が効果的なの

であろうか。

⑵ コミュニティのネットワークづくりを支える

　そうした地域住民による相互学習という事象に着目すれば、コミュニティでの人的ネットワークづくりの必要性がみえてくる。一個人が抱えるさまざまな課題は、国の施策だけではどうしても解決が難しく、地域住民が協力して取り組まざるをえない。

　例えば認知症患者の徘徊による事故をどう防ぐか、地域の防犯や防災施策をどう構築するか、人口減少に歯止めがかからない山村、乱開発によって壊される地域の自然や文化をどう守るかなど枚挙にいとまがない。

　これらを地方政府の行政課題と突き放すことは簡単である。しかし地方自治の精神を顧みれば、「住民自治」という理念、自治の担い手としての住民という姿が浮かび上がってくる。このような見方に立てば、個人はもとより、地域課題を解決するコミュニティ力、地域力を支える情報提供が、図書館の重要な施策として浮上するのである。

⑶ 「地域課題」の解決支援という図書館の課題

　図書館での地域課題解決という概念は、ちばおさむが1993年に公民館との連携に触れながら示している[2]。資料提供を通じて個の学習権を保障するのが図書館ならば、公民館は個人が地域と関わり、また人と人が関わり合いながら相互学習を進め、地域課題を解決していく場であるとしたうえで、それぞれが持ち味を活かし合いながら連携し、地域づくりの営みを総合的に支えていくべきだとしている。

　情報提供を使命とする図書館は、その地域の人びとの命や暮らしを、資料・情報提供によって守る責務がある。そのような観点に立つとき、単に図書館情報学のルールに則った資料排架をするだけではなく、さまざまな課題にあわせた積極的かつわかりやすい資料排架や情報提供が必要である。

2)前掲1)。

そのためには資料提供に加えて、地域や社会の課題にあわせた多様な情報提供手段が必要である。本節ではそうした課題への有益な情報提供手法として、講演会・フォーラム・講座・ワークショップを取り上げる。

2.2　課題解決支援・ネットワークづくりの実際

「地域の課題解決」を図書館の施策として最初に位置付けたのは、2001年に発刊された『図書館による町村ルネサンスＬプラン21』[3]であった。そこでは自治体の政策決定に関わる人びとへの行政関連情報の提供や、「産業の活性化」「少子高齢化」「環境問題」などの地域課題の解決に向けた情報の発信基地としての役割を図書館に期待している。

資料提供は「読む」という個人の営為として実体化し、物理的資源としての資料が、活動体としての人間の「知」として蓄積される。ここでは、「人と本」との出会いによって、個としての認識理解が生まれる。

そして情報提供の次の段階として、本との出会いを持った「人と人」同士のネットワークをつくる取り組みが、図書館の可能性として浮かび上がる。

⑴　講演会・フォーラム

地域課題の関連資料の著者ないしは専門家を講演会の講師として招き、その分野に関心がある人びとが図書館に集まることで、「人と本」に加えて、「人と人」の出会いを図書館が作り出せる。そこで出会った人びととの自主的な学習会のために図書館が集会施設を提供することは、継続的な相互学習を保障するうえで重要である。あるいは図書館側から、そうした学習会を提案していく積極的な働きかけも場合によっては必要だろう。

滋賀県の旧八日市市立図書館（現東近江市）では、1995年、図書館利用者とのカウンターでの会話から、新潟水俣病患者の暮らしを描いた長編ドキュメンタリー映画「阿賀に生きる」の上映会と佐藤真監督の講演会を行った。

---

[3] 日本図書館協会町村図書館活動推進委員会（2001）『図書館による町村ルネサンスＬプラン21』日本図書館協会。

第15章　集会・文化活動

　この事業は話を持ちかけた利用者を中心に、環境問題に関心のある市民と図書館員が協働で行った。その集まりを上映会の終了で終わらせるのはもったいないと、環境や自然保護について考える「人と自然を考える会」という任意団体が自主的に発足し、図書館を会場に定期的な学習会を行ってきた。

　合併後、東近江市立八日市図書館となった現在も、市立図書館全体との関わりに発展し、合併後のまちづくりを「地元学」というアプローチで考える講演会やフォーラムなどを協働で企画・運営している。

　例えば「東近江を循環・共生の大地へ」というフォーラムでは、環境経済学者の宮本憲一氏の基調講演を皮切りに、実践報告として家庭廃油の再利活用事例や獣害防止のための牛の放牧実験、また地産地消による地域活性化事例などを紹介した後、嘉田前滋賀県知事を迎えたパネルディスカッションを実施した。

(2) 講座・ワークショップ

　あるテーマに関する学習を深めるためには、連続性のある講座が有効である。講師が基本的なレクチャーをしながら、参加者に課題を提供して相互に学習し合うものである。具体例をみてみよう。

　① 「お話しボランティア講座」

　地域の教育力の向上という観点から、子どもたちに本の世界を届けることを目的に、絵本の読み語りやストーリーテリングなどの講座が開催されている。

　② 「音訳図書作成講座」

　すべての人に読書を保障する観点から、視覚障害者のための音訳スキルを学ぶ講座。

　③ 「まちづくり講座」

　まちづくり施策について考えるような場合は、参加者全員の考えを導きやすい方法としてワークショップが有効である。ワークショップにはさまざまな手法があるが、もっともポピュラーなのが KJ 法といわれるものである（図15.2）。

　少人数でグループ分けされた参加者が、あるテーマに即し考えをできるだけたくさん付箋紙に書き出して、これをグループで共有しながら、グループとし

235

図15.2　KJ法を使ったワークショップの様子
(注)「見えていないモノがある――まちの「良かった・困った」発見講座」より。講師は、同志社大学政策学部風間教授。
(出所) 滋賀県東近江市立八日市図書館より筆者撮影。

ての考えをまとめていく作業を通して、多様な意見があることへの気付きを得るとともに、合意形成力を相互に学習しようというものである。

2.3　住民ニーズにあった事業を企画するために――「地域の情報拠点」

　地域課題は、図書館という資料世界全体、そして利用者空間としての館内全体に見出すことができる。カウンターでの利用状況の実感から、また分類別の貸出統計、あるいは書架の乱れなどから、どのような分野の資料が利用されているかが読み取れるのである。

　カウンターやフロアーでの資料をめぐるさまざまな利用者との会話からも、事務所でインターネットに向き合っているだけでは気付くことの出来ないさまざまなヒントが得られる。また、館内の利用者同士の何気ない会話から、地域の重要な問題や取り組みを耳にすることができる。

　時には図書館から出て地域を歩いてみたり、また一般行政職員との接点を見

第15章　集会・文化活動

出す努力も必要である。館内に閉じこもっていては気付くことのできないまちの変化や、さまざまな施策課題に向き合っている一般行政職員の情報ニーズを知ることができるだろう。

　図書館は「地域の情報拠点」[4] として、さまざまな責務と可能性を有している。伝統的な活字資料をはじめ、ネットワーク系の外部情報など、多様な情報を駆使しながら、それらの情報が必要な人びとのもとに届くよう、またそうした情報が地域の活性化の資源として有効に活用されるためにも、図書館での集会・文化活動はきわめて重要な仕事なのである。

③　子どもの読書を支えるための事業
――児童文学講座・読書ボランティア講座・フォーラム――

3.1　子どもの読書と環境

　子どもの読書は、どのようにして始まるのだろう。それは身近な家族からの「語り」から、あるいは自ら見つけた1冊への純粋な楽しみとして始まる。あるいは学校での話題から興味を持ち、そのコミュニケーションを楽しむために本という媒体を必要とすることもあるだろう。

　今日それは他の遊び同様、テレビやビデオ、そしてコンピュータゲームといったコミュニケーションツールに席巻されている。そこでは読み手が能動的に働きかけ、それぞれの想像や理解が多様に存在する活字媒体とは異なり、受け手の反応までを織り込んだ精緻なプログラムによって、記号的な応答しか発生しない受動的な情報消費が繰り返されている。

　このような外的刺激が子どもの成長にとって好ましくない影響を及ぼすのではないかと危惧されている。

4）詳しくは、文部科学省（2006）「これからの図書館像：地域を支える情報拠点をめざして」を参照のこと（http://www.mext.go.jp/b_menu/houdou/18/04/06032701.htm）（2018/1/1最終確認）。

3.2 地域で子どもの読書を支える

本節ではそうした子どもの文化のあり様を理解したうえで、なおも子どもが本というメディアと接することの意義や、これを積極的に支えていく大人たちのための事業について考える。

子どもの読書を支えるのは図書館員だけではない。地域住民である読書ボランティア、保育士、教職員、教育行政にかかわる公務員、そして家庭や地域社会の総合的な理解と協力があってはじめて、子どもの読書支援は効果を発揮するのである。

本節ではそうした子どもの読書を支えるための動機づけや理解を深めるための事業について考える。そのため子どもと本を結びつける直接的な児童サービスとしての取り組みについては、第10章を参照してほしい。

3.3 子どもと本との出会いために

子どもは、社会的には自立しておらず未熟な存在である。しかし、子どもの権利条約にもうたわれているように、子どもは大人による一方的な庇護の対象ではなく、人間としての権利を保持し、行使する主体である。

一方で子どもは適切な援助がなければ、自分が好きだと思える本と出会うことが難しいことも事実である。そのため子どもがどのような存在であるかを知った大人が、子どもの声に耳を傾けながら、その出会いを手助けすることが必要となってくる。

(1) 子どもの読書を支えるとは…

子どもの読書を考えるうえで、欠かすことのできない1冊の書物がある。石井桃子の『子どもの図書館』[5]である。そこには子どもの読書について考えるうえでの基本的な姿勢がわかりやすく述べられている。

それから、もう一つ、子どもとつきあううちに、子どもに教えられて、私た

---

5)石井桃子（1965）『子どもの図書館』岩波書店。

第15章　集会・文化活動

ちの目が開かれ、子どものおもしろがるものが、だんだん分かってきたということがあります。そして、これは、ぜひとも子どもに教わらなくてはいけなかったのです。なぜかというと、私たちは、もうおとなで、子どもではないからです。

　本との出会いを楽しむのは子どもであって、大人が楽しいと思うものを与えることで満足してはならない。子どもが心から本を楽しんでいる姿を目のあたりにすることが、子どもと本との出会いを支える大人の喜びであり、大人が子どもの読書のためにできることなのである。

(2) 子ども読書支援の歴史

　さて、ここで子どもの読書を支える活動の歴史を簡単に振り返っておこう。1970年代から、前出の石井桃子の影響を受けた住民による地域家庭文庫の活動が広がり、その後図書館づくり運動の主体としても活躍し、図書館との連携によって子どもと本との出会いを支えてきた。

　1970年代後半には、図書館まつりなどの催しを図書館と文庫関係者が協力して取り組み、子どもと本をむすぶさまざまな取り組みが始まっていた。

　しかし1980年代後半から、子どもの塾通いや習い事など、子どもの生活変化による読書離れが取りざたされ、子どもの読書推進を求める機運が高まった。子どもと本が出会う場は図書館だけでは不十分であり、学校での取り組みが重要であることを議論する事業が取り組まれた。

　例えば、「朝読書の時間」という始業前10分間の一斉読書の推進や、図書冊数の不足や司書教諭の不在が問題視されていた学校図書館の整備について、住民が学習会を展開し、行政に働きかける運動が1990年代から展開された。

(3)「子ども読書年」から「子どもの読書活動の推進に関する法律」へ

　また2000年5月5日の「こどもの日」に国立国際子ども図書館が開館することから、同年を「子ども読書年」とすることが国会で決議された。さらに2001

年、議員立法により子ども読書活動推進法が制定され、子どもの読書環境の整備に関する国や自治体の責務、また家庭や地域の役割が明記され、これをきっかけに子どもの読書活動を推進する動きが全国的に広まることになったのである。例えば2000年から国の助成事業として始まった「子どもゆめ基金」による読書活動推進事業で、図書館と読書ボランティアの連携により、読書推進のためのさまざまなプログラムが展開されることになった。

3.4 子どもの読書を支えるための事業とは

子どもの本を知るために、多くの作品を読むことは最も基本的な姿勢である。

そのうえで子どもの本の作られ方、読み方、出会わせ方について、作家や児童文学研究家、保育や児童心理学の専門家の話を聞くことはとても有益である。子どもの読書を支える教師や保育者、あるいは読書ボランティアや地域住民、保護者に向けて以下のような事業が企画されている。

(1) 児童文学講座

児童文学講座は、子どもを含めた読者のために書かれた読み物の構造や意義について学び、発達段階に応じた作品を子どもに届けるスキルを習得することがねらいである。子どものさまざまな興味にあった本を手渡せるよう、文学作品だけではなく、科学読物を含めた図鑑やノンフィクション系の児童書についても学べる講座づくりが求められる。

(2) 読書と子どもの育ちを学ぶ講座

あるいは本を通じた子どもの育ちについて、基本的な知識を得ることも大切な観点といえる。

こうした講座では単に児童向けの図書に関する講座や紹介のためのスキルクラスだけでなく、発達心理学や児童心理学の観点から、発達段階における子どもの特徴や、本との出会いによってどのような人間的な成長を経ていくかなどについて学ぶ講座が組まれることがある。

240

第15章　集会・文化活動

図15.3　親子で楽しめる「お話し会」
（注）保育研究家の永崎みさと氏による。
（出所）筆者撮影。

(3) 子ども読書フォーラム

　また子どもと本との出会いの重要性を社会化するため、講演やワークショップなどの講座を組み合わせた、子ども読書フォーラムを企画する図書館もある。そこでは図書館員だけでなく、読書ボランティアの住民との協働による企画や、保育士、幼稚園教諭、小学校教諭なども対象とした多彩な事業が取り組まれている。

　例えば滋賀県東近江市立図書館では、2005年から毎年子ども読書フォーラムを開催している。プログラムは、児童文学研究家の村中李衣氏や、市民の立場で子どもの読書活動を推進してきた、「親子読書地域文庫全国連絡会」の広瀬恒子氏などの基調講演をベースに、手遊びやわらべうたの講座、絵本作家によるワークショップ、お話し会用演し物の手作り講座など、多様な分科会、講座で構成されている。

　そして家族で参加できるよう、子どもたちが楽しめるお話し会や紙芝居会なども組み込み、子どもと子どもの読書について、考え、楽しめる事業を展開し

ている（図15.3）。

(4) 子どもの自立を支えるために

　子どもの読書を支えるための事業とは、単に子どもの読書量を増やすためのものではない。子どもが一人の人間として自立するために、想像力や感性、読み解く力や考える力を身につけるために、読書がいかに重要な役割を果たすかを学ぶことが目的である。

　そして、そのために地域に生きる住民が、どのような役割を果たすことが出来るのかを考え、行動する動機づけとなることが、子どもの読書を支えるための事業の最大の目的なのである。

４ 潤いとにぎわいのための事業
──読書会・講演会・展示会・コンサート・映画会・その他の活動──

4.1 情報提供としての図書館行事

　図書館における文化的行事は、未利用者の目を図書館にひきつけ、図書館利用のきっかけを作る、いわばプロモーション的な性格としてとらえられている。たしかに、そうした行事によって初めて図書館に足を踏み入れることになる住民がいることは事実である。

　しかし、ただ単に衆目を集める行事を企画すればいいというものではない。そこには地域の特性やニーズ、図書館サービスとしての合理的な目的や位置付けがなければ、安直な「人寄せパンダ」的な意義の薄いイベントになってしまう。

(1) 図書館資料・情報としての図書館行事

　本章でたびたび触れてきたように、図書館法第３条の奉仕事例には、本節で取り上げる事業が明記されている。つまり講演会や映画会、コンサートや展示会も、資料・情報提供の一環として行われ、国民の教育と文化の発展に寄与することを目的として取り組まれなければならないのである。

第15章　集会・文化活動

　そして同時に、さまざまな行事に参加した住民がさらに興味関心を広め高められるよう、図書館資料との出会いを効果的につくることも重要な観点である。

　例えばジャズのコンサートを開催するのであれば、1カ月前ぐらいからジャズ関連の本や雑誌、CDなどを集め、コンサートのPRをかねた資料特設コーナーを作り、来館者の注意を資料と行事の両方に集める工夫をするのである。

　テーマによっては、文献リストも作成して利用者が持ち帰れるよう配布することも喜ばれるサービスである。

　図書館で文化的な行事を取り組む意義は、それが図書館法第17条に基づいた「図書館資料」という位置付けのもと、無料で行われることである。

　よく「身銭を切らなければ何事も身に付かない」といういわれ方がされる。また「タダのコンサートは有難味に欠ける」という表現も耳にする。

　しかし有料であれば、芸術のパフォーマンスや展覧会に、一生出会うことがない住民がいるかもしれない。

　図書館のさまざまな資料・情報が、住民に広く無料で開かれていることに教育施設としての意義があるのと同様、文化的行事も無料で参加できることによって、一人ひとりの可能性が広がり、その出会いをきっかけに、興味・関心が深まっていくことを重視すべきなのである。

(2) ふたたび…「ホンモノ」の出会う大切さ

　本章の第1節でも触れたが、ここで重要なのは「ホンモノ」にきちんと出会ってもらうことである。

　無料の行事だから、謝礼金もわずかな素人にお願いするというのでは、それぞれのジャンルの本当の魅力が伝わらない。たとえ無料であっても、その道で生計を立てているプロのパフォーマンスでなければ、「また観たい、聴きたい」「今度はお金を払ってでも参加したい」という感動や興味は生まれない。

4.2　図書館行事の実際

　現在図書館で取り組まれている行事の具体例を見てみよう。なかには、まだ

まだ少数の図書館でしか取り組まれていない事例もあるが、これからの図書館が、ぜひチャレンジすべきものとして、期待もこめて紹介をする。

(1) 読書会

　読書会とは、あるテーマ、作家の作品を同好の仲間が一定期間に同時に読み、その感想や文学的な意義などについて語り合い、それぞれの読書を深め合う集会事業である。図書館から呼びかけをする場合もあるが、図書館の文学講座などで知り合った利用者同士やご近所付き合いなどをきっかけに自発的な集まりとしてグループが組織されるケースがほとんどである。時には図書館がいくつかの読書会に声をかけて「文学散歩」という行事を公開企画として取り組む場合がある。しかし昨今は家庭や地域内での個人化が進み、読書会も一時ほど盛んではなくなった。

(2) 講演会

　その地域の郷土や文化にかかわるテーマや、作家、写真家、画家などの講演会を開催して、住民がよりそれぞれのテーマについて興味や関心、知識を深めてもらうきっかけをつくる事業。こうした事業をきっかけに、参加した住民が学習会を持ったり、継続的な団体活動へと発展するケースがある[6]。

(3) 展示会

　絵本の原画展や写真展、その他さまざまな造形作品や手芸、クラフト作品など多彩な展示会が行われる。地域で活動している住民の持ち込み企画による展示会もある。展示期間は2週間程度が多いが、作者の講演やパフォーマンスと連動している場合は、1カ月間程度開催もある。第二次世界大戦が終結した8月には、平和を祈念する展示会が講演会などとセットで取り組まれることが多い。

---

6)本章第2節2.2(1) の、講演会・フォーラムを参照。

第15章　集会・文化活動

図15.4　図書館でのジャズライブ
（出所）図15.1と同じ。

(4) コンサート

　室内楽やジャズ、雅楽や民謡など、さまざまなジャンルの音楽パフォーマンスを図書館で聞いてもらう行事。特に、農山村地域など、都市部のホールへはなかなか行きづらい土地柄であればこそ、ホンモノの音楽を生で聞く体験は極めて大切である。プロの演奏家を招くには、それ相当の謝礼が必要になるが、図書館予算でまかなうことが難しいからといってすぐに諦めてはならない。県や国の補助金や助成事業をはじめ、各種財団の助成金プログラムを丹念に探し、当該地域の特性にあった事業企画を組んで、資金をうまく引き出す努力が必要である。またそもそもその自治体の文化的な予算を増やす努力を、住民との協働で進めることが肝要である（図15.4）。

(5) 映画会

　子ども向けの映画会や一般向けの名画会など、定期的に図書館の視聴覚ホールなどを使って取り組んでいる図書館は多数ある。映画会に用いるソフトの使

245

用を巡っては、著作権の解釈にさまざまな見解があるが、基本的には著作権法第38条1項の規定を遵守し、無料で上映会を行えば、図書館資料として購入している映画ビデオ、DVDを用いることに法的問題はない。しかし、最新の映画作品を上映することについて、興行者側からのクレームがあったり、映画権利者側では第38条1項による上映を認めていないことなどから、日本図書館協会と日本映像ソフト協会とで補償協定が結ばれた経緯がある[7]。図書館として配慮すべきは、近隣エリアに利害が対立する市場がある場合、競合する作品の上映は控えることが望ましい。どうしてもそうした作品を上映したい場合には、一定の補償協定を結んだ上映権付きソフトを用いて行うのが現実的な対応であろう。

(6) その他の活動

　図書館では実に個性あふれる事業が取り組まれている。よく行われているのが、子どもからお年寄りまで家族で楽しめる「図書館まつり」である。お話し会や紙芝居、手作り遊びなど子ども向けの事業から、リサイクル本市やバザー、講演会やコンサートなどを組み合わせた企画で構成される。

　ある図書館では、地産地消を推進する立場から地元食材による給食の試食会を行い、多くの住民でにぎわう様子が新聞に報道された。また、図書館から飛び出しての自然観察会や田植え、稲刈り体験など、フィールドワーク事業も関係機関と連携して行われている。

4.3　地域を元気にする図書館の文化活動

(1) 潤いとにぎわいをつくる投資事業

　帝塚山大学の中川幾郎名誉教授は、「図書館は社会投資事業である」と述べ、図書館機能によって地域社会の公益性を高める必要性を主張している。

　中川氏がいうコミュニティの公益性とは、住民相互の信頼関係やそれに派生

---

7) 日本図書館協会と日本映像ソフト協会の映画上映に関する「了解事項」(『図書館雑誌』1998年8月号 p.100, 「合意事項」2001.12.12, 『図書館雑誌』2002年1月号 p.70)。

第15章　集会・文化活動

して生まれる地域社会の安心安全を意味する。

　図書館はさまざまな資料・情報提供によって、地域課題の解決に寄与すると
ともに、コミュニティの住民の顔が見える「場」としても重要な役割を果たす
責務がある。本節で紹介した多様な取り組みは、住民が地域の図書館に集い、
さまざまな行事によって文化的刺激を受け、共に育ち合い、日々の生きがいを
得るための「潤いとにぎわい」を醸成する取り組みなのである。

(2) 相互理解を深め、信頼関係を創る図書館行事

　図書館の文化活動は、所蔵資料によって呼び起こされた住民の好奇心をきっ
かけに生まれることがある。その文化活動によって刺激を受けた住民の要求に
よって、さらに新たな資料ニーズが開拓される。

　図書館の蔵書は、地域住民とともに創る文化活動によって有機的に構築され
ていき、そこに図書館と住民の信頼関係が生まれることになる。

　そして人と人が出会い、語らい、相互理解を深めることで、人びとはお互い
に信頼関係を結び合う。図書館の文化活動は、そうした出会いをつくる地域に
なくてはならない営みなのである。

参考文献

（第 1 章・第 2 章）

『図書館ハンドブック』日本図書館協会の各版。

塩見昇・山口源治郎編著（2009）『新図書館法と現代の図書館』日本図書館協会。

（第 3 章）

図書館用語辞典編集委員会編（2004）『最新図書館用語大辞典』柏書房。

東京都立中央図書館編（1994）『東京都立中央図書館20周年記念誌』東京都立中央図書館。

（第 4 章）

小川徹・奥泉和久・小黒浩司（2006a）『公共図書館サービス・運動の歴史 1 』（JLA 図書館実践シリーズ 4 ）日本図書館協会。

小川徹・奥泉和久・小黒浩司（2006b）『公共図書館サービス・運動の歴史 2 』（JLA 図書館実践シリーズ 5 ）日本図書館協会。

田村俊作・小川俊彦（2008）『公共図書館の論点整理』勁草書房。

日本図書館協会図書館ハンドブック編集委員会編（2016）『図書館ハンドブック（第 6 版補訂 2 版)』日本図書館協会。

（第 5 章）

日本図書館協会（1970）『市民の図書館』日本図書館協会。

日本図書館協会（1963）『中小都市における公共図書館の運営』日本図書館協会。

竹内紀吉（1985）『図書館の街・浦安：新任館長奮戦記』未來社。

（第 6 章）

飯野勝則（2016）『図書館を変える！　ウェブスケールディスカバリー入門』ネットアドバンス。

Rothstein, Samuel（1955）*The Development of Reference Services*, Association of College and Reference Libraries（＝1979『レファレンス・サービスの発達』長澤雅男監訳、日本図書館協会).

長澤雅男・石黒祐子（2007）『問題解決のためのレファレンスサービス（新版）』日本図書館協会。

日本図書館情報学会研究委員会編（2015）『情報の評価とコレクション形成』勉誠出版。

（第7章）

日本図書館協会図書館ハンドブック編集委員会編（2005）『図書館ハンドブック（第6版）』日本図書館協会。

図書館用語辞典編集委員会編（2004）『最新図書館用語大辞典』柏書房。

小川徹・奥泉和久・小黒浩司（2006a）『公共図書館サービス・運動の歴史1』（JLA図書館実践シリーズ4）日本図書館協会。

澤田正晴（1992）『山あいの図書館と地域のくらし』日本図書館協会。

（第8章）

加戸守行（2014）『著作権法逐条解説（6訂新版）』著作権情報センター。

山本順一（2015）『図書館概論』（講座・図書館情報学2）ミネルヴァ書房。

（第9章）

埜納タオ（2011）『夜明けの図書館』（Jour comics）双葉社。

（第10章）

スミス、リリアン・H.（2016）『児童文学論』石井桃子・瀬田貞二・渡辺茂男訳、（岩波現代文庫 文芸282）岩波書店。

瀬田貞二（1980）『幼い子の文学』（中公新書563）中央公論社。

松岡享子（2015）『子どもと本』岩波書店（岩波新書 新赤版1553）。

（第11章）

吉川雅博（2017）『障害を知り共生社会を生きる』（放送大学教材）放送大学教育振興会。

野口武悟・植村八潮編著（2016）『図書館のアクセシビリティ：「合理的配慮」の提供へ向けて』樹村房。

佐藤聖一（2015）『1からわかる図書館の障害者サービス：誰もが使える図書館を目指して』学文社。

小林卓・野口武悟編著（2012）『図書館サービスの可能性：利用に障害のある人びとへのサービス　その動向と分析』日外アソシエーツ。

日本図書館協会障害者サービス委員会編（2003）『障害者サービス（増訂版）』（図書館

員選書12）日本図書館協会。

図書館問題研究会・図書館利用に障害のある人へのサービス委員会編（1998）『図書館
　利用の障害ってなんだろう：ふみだそう、次の一歩を !!』図書館問題研究会。

（第12章）

国立国会図書館関西館図書館協力課編（2017）『超高齢社会と図書館：生きがいづくりか
　ら認知症支援まで』（図書館調査研究リポート16）国立国会図書館（http://current.ndl.
　go.jp/report/no16）2018/3/28最終確認。

大塩まゆみ・奥西英介編著（2016）『高齢者福祉（第2版）』（新・基礎からの社会福祉
　3）ミネルヴァ書房。

山田知子（2015）『高齢期の生活と福祉』放送大学教育振興会。

日本盲人社会福祉施設協議会情報サービス部会編（2014）『高齢者と障害者のための読
　み書き支援：「みる資料」が利用できない人への代読・代筆』小学館。

溝上智恵子ほか編著（2012）『高齢社会につなぐ図書館の役割：高齢者の知的欲求と余
　暇を受け入れる試み』学文社。

メイツ、バーバラ・T.（2006）『高齢者への図書館サービスガイド：55歳以上図書館利
　用者へのプログラム作成とサービス』高島涼子ほか訳、京都大学図書館情報学研究会。

（第13章）

日本図書館協会多文化サービス研究委員会（2004）『多文化サービス入門』（JLA 図書
　館実践シリーズ2）日本図書館協会。

（第14章）

バンディ、メアリー・リー／スティロー、フレデリック・J. 編著（2005）『アメリカ図
　書館界と積極的活動主義：1962-1973年』川崎良孝・森田千幸・村上加代子訳、京都
　大学図書館情報学研究会。

中山愛理（2011）『図書館を届ける：アメリカ公共図書館における館外サービスの発展』
　学芸図書。

日本図書館研究会オーラルヒストリー研究グループ編著（2017）『文化の朝は移動図書
　館ひかりから：千葉県立中央図書館ひかり号研究』日本図書館研究会。

（第15章）

日本図書館協会図書館ハンドブック編集委員会編（2005）『図書館ハンドブック（第6
　版）』日本図書館協会。

ちばおさむ（1993）『図書館の集会・文化活動』（図書館員選書９）日本図書館協会。

日本図書館協会町村図書館活動推進委員会（2001）『図書館による町村ルネサンスＬプラン21』日本図書館協会。

巻末資料

図書館法（昭和二十五年法律第百十八号）
最終改正：平成23年12月14日法律第122号

第一章　総則

（この法律の目的）

第一条　この法律は、社会教育法（昭和二十四年法律第二百七号）の精神に基き、図書
　　館の設置及び運営に関して必要な事項を定め、その健全な発達を図り、もつて国民の
　　教育と文化の発展に寄与することを目的とする。

（定義）

第二条　この法律において「図書館」とは、図書、記録その他必要な資料を収集し、整
　　理し、保存して、一般公衆の利用に供し、その教養、調査研究、レクリエーション等
　　に資することを目的とする施設で、地方公共団体、日本赤十字社又は一般社団法人若
　　しくは一般財団法人が設置するもの（学校に附属する図書館又は図書室を除く。）を
　　いう。

2　前項の図書館のうち、地方公共団体の設置する図書館を公立図書館といい、日本赤
　　十字社又は一般社団法人若しくは一般財団法人の設置する図書館を私立図書館という。

（図書館奉仕）

第三条　図書館は、図書館奉仕のため、土地の事情及び一般公衆の希望に沿い、更に学
　　校教育を援助し、及び家庭教育の向上に資することとなるように留意し、おおむね次
　　に掲げる事項の実施に努めなければならない。

　一　郷土資料、地方行政資料、美術品、レコード及びフィルムの収集にも十分留意し
　　　て、図書、記録、視聴覚教育の資料その他必要な資料（電磁的記録（電子的方式、
　　　磁気的方式その他人の知覚によつては認識することができない方式で作られた記録
　　　をいう。）を含む。以下「図書館資料」という。）を収集し、一般公衆の利用に供す
　　　ること。

　二　図書館資料の分類排列を適切にし、及びその目録を整備すること。

　三　図書館の職員が図書館資料について十分な知識を持ち、その利用のための相談に
　　　応ずるようにすること。

　四　他の図書館、国立国会図書館、地方公共団体の議会に附置する図書室及び学校に

附属する図書館又は図書室と緊密に連絡し、協力し、図書館資料の相互貸借を行うこと。

五　分館、閲覧所、配本所等を設置し、及び自動車文庫、貸出文庫の巡回を行うこと。

六　読書会、研究会、鑑賞会、映写会、資料展示会等を主催し、及びこれらの開催を奨励すること。

七　時事に関する情報及び参考資料を紹介し、及び提供すること。

八　社会教育における学習の機会を利用して行つた学習の成果を活用して行う教育活動その他の活動の機会を提供し、及びその提供を奨励すること。

九　学校、博物館、公民館、研究所等と緊密に連絡し、協力すること。

（司書及び司書補）

第四条　図書館に置かれる専門的職員を司書及び司書補と称する。

2　司書は、図書館の専門的事務に従事する。

3　司書補は、司書の職務を助ける。

（司書及び司書補の資格）

第五条　次の各号のいずれかに該当する者は、司書となる資格を有する。

一　大学を卒業した者で大学において文部科学省令で定める図書館に関する科目を履修したもの

二　大学又は高等専門学校を卒業した者で次条の規定による司書の講習を修了したもの

三　次に掲げる職にあつた期間が通算して三年以上になる者で次条の規定による司書の講習を修了したもの

　　イ　司書補の職

　　ロ　国立国会図書館又は大学若しくは高等専門学校の附属図書館における職で司書補の職に相当するもの

　　ハ　ロに掲げるもののほか、官公署、学校又は社会教育施設における職で社会教育主事、学芸員その他の司書補の職と同等以上の職として文部科学大臣が指定するもの

2　次の各号のいずれかに該当する者は、司書補となる資格を有する。

一　司書の資格を有する者

二　学校教育法（昭和二十二年法律第二十六号）第九十条第一項の規定により大学に入学することのできる者で次条の規定による司書補の講習を修了したもの

（司書及び司書補の講習）

第六条　司書及び司書補の講習は、大学が、文部科学大臣の委嘱を受けて行う。

2　司書及び司書補の講習に関し、履修すべき科目、単位その他必要な事項は、文部科

学省令で定める。ただし、その履修すべき単位数は、十五単位を下ることができない。

（司書及び司書補の研修）

第七条　文部科学大臣及び都道府県の教育委員会は、司書及び司書補に対し、その資質の向上のために必要な研修を行うよう努めるものとする。

（設置及び運営上望ましい基準）

第七条の二　文部科学大臣は、図書館の健全な発達を図るために、図書館の設置及び運営上望ましい基準を定め、これを公表するものとする。

（運営の状況に関する評価等）

第七条の三　図書館は、当該図書館の運営の状況について評価を行うとともに、その結果に基づき図書館の運営の改善を図るため必要な措置を講ずるよう努めなければならない。

（運営の状況に関する情報の提供）

第七条の四　図書館は、当該図書館の図書館奉仕に関する地域住民その他の関係者の理解を深めるとともに、これらの者との連携及び協力の推進に資するため、当該図書館の運営の状況に関する情報を積極的に提供するよう努めなければならない。

（協力の依頼）

第八条　都道府県の教育委員会は、当該都道府県内の図書館奉仕を促進するために、市（特別区を含む。以下同じ。）町村の教育委員会に対し、総合目録の作製、貸出文庫の巡回、図書館資料の相互貸借等に関して協力を求めることができる。

（公の出版物の収集）

第九条　政府は、都道府県の設置する図書館に対し、官報その他一般公衆に対する広報の用に供せられる独立行政法人国立印刷局の刊行物を二部提供するものとする。

2　国及び地方公共団体の機関は、公立図書館の求めに応じ、これに対して、それぞれの発行する刊行物その他の資料を無償で提供することができる。

第二章　公立図書館

（設置）

第十条　公立図書館の設置に関する事項は、当該図書館を設置する地方公共団体の条例で定めなければならない。

第十一条及び第十二条　削除

（職員）

第十三条　公立図書館に館長並びに当該図書館を設置する地方公共団体の教育委員会が必要と認める専門的職員、事務職員及び技術職員を置く。

2　館長は、館務を掌理し、所属職員を監督して、図書館奉仕の機能の達成に努めなければならない。

（図書館協議会）

第十四条　公立図書館に図書館協議会を置くことができる。

2　図書館協議会は、図書館の運営に関し館長の諮問に応ずるとともに、図書館の行う図書館奉仕につき、館長に対して意見を述べる機関とする。

第十五条　図書館協議会の委員は、当該図書館を設置する地方公共団体の教育委員会が任命する。

第十六条　図書館協議会の設置、その委員の任命の基準、定数及び任期その他図書館協議会に関し必要な事項については、当該図書館を設置する地方公共団体の条例で定めなければならない。この場合において、委員の任命の基準については、文部科学省令で定める基準を参酌するものとする。

（入館料等）

第十七条　公立図書館は、入館料その他図書館資料の利用に対するいかなる対価をも徴収してはならない。

第十八条及び第十九条　削除

（図書館の補助）

第二十条　国は、図書館を設置する地方公共団体に対し、予算の範囲内において、図書館の施設、設備に要する経費その他必要な経費の一部を補助することができる。

2　前項の補助金の交付に関し必要な事項は、政令で定める。

第二十一条及び第二十二条　削除

第二十三条　国は、第二十条の規定による補助金の交付をした場合において、左の各号の一に該当するときは、当該年度におけるその後の補助金の交付をやめるとともに、既に交付した当該年度の補助金を返還させなければならない。

一　図書館がこの法律の規定に違反したとき。

二　地方公共団体が補助金の交付の条件に違反したとき。

三　地方公共団体が虚偽の方法で補助金の交付を受けたとき。

第三章　私立図書館

第二十四条　削除

（都道府県の教育委員会との関係）

第二十五条　都道府県の教育委員会は、私立図書館に対し、指導資料の作製及び調査研究のために必要な報告を求めることができる。

2　都道府県の教育委員会は、私立図書館に対し、その求めに応じて、私立図書館の設置及び運営に関して、専門的、技術的の指導又は助言を与えることができる。

（国及び地方公共団体との関係）

第二十六条　国及び地方公共団体は、私立図書館の事業に干渉を加え、又は図書館を設

巻末資料

置する法人に対し、補助金を交付してはならない。

第二十七条　国及び地方公共団体は、私立図書館に対し、その求めに応じて、必要な物資の確保につき、援助を与えることができる。

（入館料等）

第二十八条　私立図書館は、入館料その他図書館資料の利用に対する対価を徴収することができる。

（図書館同種施設）

第二十九条　図書館と同種の施設は、何人もこれを設置することができる。

2　第二十五条第二項の規定は、前項の施設について準用する。

著作権法（抄）（昭和四十五年法律第四十八号）

最終改正：平成28年5月27日法律第51号

第二章　著作者の権利

第三節　権利の内容

第五款　著作権の制限

（私的使用のための複製）

第三十条　著作権の目的となつている著作物（以下この款において単に「著作物」という。）は、個人的に又は家庭内その他これに準ずる限られた範囲内において使用すること（以下「私的使用」という。）を目的とするときは、次に掲げる場合を除き、その使用する者が複製することができる。

一　公衆の使用に供することを目的として設置されている自動複製機器（複製の機能を有し、これに関する装置の全部又は主要な部分が自動化されている機器をいう。）を用いて複製する場合

二　技術的保護手段の回避（第二条第一項第二十号に規定する信号の除去若しくは改変（記録又は送信の方式の変換に伴う技術的な制約による除去又は改変を除く。）を行うこと又は同号に規定する特定の変換を必要とするよう変換された著作物、実演、レコード若しくは放送若しくは有線放送に係る音若しくは影像の復元（著作権等を有する者の意思に基づいて行われるものを除く。）を行うことにより、当該技術的保護手段によつて防止される行為を可能とし、又は当該技術的保護手段によつて抑止される行為の結果に障害を生じないようにすることをいう。第百二十条の二第一号及び第二号において同じ。）により可能となり、又はその結果に障害が生じないようになつた複製を、その事実を知りながら行う場合

257

三　著作権を侵害する自動公衆送信（国外で行われる自動公衆送信であつて、国内で
　　行われたとしたならば著作権の侵害となるべきものを含む。）を受信して行うデジ
　　タル方式の録音又は録画を、その事実を知りながら行う場合
2　私的使用を目的として、デジタル方式の録音又は録画の機能を有する機器（放送の
　業務のための特別の性能その他の私的使用に通常供されない特別の性能を有するもの
　及び録音機能付きの電話機その他の本来の機能に附属する機能として録音又は録画の
　機能を有するものを除く。）であつて政令で定めるものにより、当該機器によるデジ
　タル方式の録音又は録画の用に供される記録媒体であつて政令で定めるものに録音又
　は録画を行う者は、相当な額の補償金を著作権者に支払わなければならない。
（図書館等における複製等）
第三十一条　国立国会図書館及び図書、記録その他の資料を公衆の利用に供することを
　目的とする図書館その他の施設で政令で定めるもの（以下この項及び第三項において
　「図書館等」という。）においては、次に掲げる場合には、その営利を目的としない事
　業として、図書館等の図書、記録その他の資料（以下この条において「図書館資料」
　という。）を用いて著作物を複製することができる。
　　一　図書館等の利用者の求めに応じ、その調査研究の用に供するために、公表された
　　著作物の一部分（発行後相当期間を経過した定期刊行物に掲載された個々の著作物
　　にあつては、その全部。第三項において同じ。）の複製物を一人につき一部提供す
　　る場合
　　二　図書館資料の保存のため必要がある場合
　　三　他の図書館等の求めに応じ、絶版その他これに準ずる理由により一般に入手する
　　ことが困難な図書館資料（以下この条において「絶版等資料」という。）の複製物
　　を提供する場合
2　前項各号に掲げる場合のほか、国立国会図書館においては、図書館資料の原本を公
　衆の利用に供することによるその滅失、損傷若しくは汚損を避けるために当該原本に
　代えて公衆の利用に供するため、又は絶版等資料に係る著作物を次項の規定により自
　動公衆送信（送信可能化を含む。同項において同じ。）に用いるため、電磁的記録
　（電子的方式、磁気的方式その他人の知覚によつては認識することができない方式で
　作られる記録であつて、電子計算機による情報処理の用に供されるものをいう。以下
　同じ。）を作成する場合には、必要と認められる限度において、当該図書館資料に係
　る著作物を記録媒体に記録することができる。
3　国立国会図書館は、絶版等資料に係る著作物について、図書館等において公衆に提
　示することを目的とする場合には、前項の規定により記録媒体に記録された当該著作
　物の複製物を用いて自動公衆送信を行うことができる。この場合において、当該図書

巻末資料

館等においては、その営利を目的としない事業として、当該図書館等の利用者の求め
に応じ、その調査研究の用に供するために、自動公衆送信される当該著作物の一部分
の複製物を作成し、当該複製物を一人につき一部提供することができる。

（視覚障害者等のための複製等）

第三十七条　公表された著作物は、点字により複製することができる。

2　公表された著作物については、電子計算機を用いて点字を処理する方式により、記
　録媒体に記録し、又は公衆送信（放送又は有線放送を除き、自動公衆送信の場合にあ
　つては送信可能化を含む。）を行うことができる。

3　視覚障害者その他視覚による表現の認識に障害のある者（以下この項及び第百二条
　第四項において「視覚障害者等」という。）の福祉に関する事業を行う者で政令で定
　めるものは、公表された著作物であつて、視覚によりその表現が認識される方式（視
　覚及び他の知覚により認識される方式を含む。）により公衆に提供され、又は提示さ
　れているもの（当該著作物以外の著作物で、当該著作物において複製されているもの
　その他当該著作物と一体として公衆に提供され、又は提示されているものを含む。以
　下この項及び同条第四項において「視覚著作物」という。）について、専ら視覚障害
　者等で当該方式によつては当該視覚著作物を利用することが困難な者の用に供するた
　めに必要と認められる限度において、当該視覚著作物に係る文字を音声にすることそ
　の他当該視覚障害者等が利用するために必要な方式により、複製し、又は自動公衆送
　信（送信可能化を含む。）を行うことができる。ただし、当該視覚著作物について、
　著作権者又はその許諾を得た者若しくは第七十九条の出版権の設定を受けた者若しく
　はその複製許諾若しくは公衆送信許諾を得た者により、当該方式による公衆への提供
　又は提示が行われている場合は、この限りでない。

（聴覚障害者等のための複製等）

第三十七条の二　聴覚障害者その他聴覚による表現の認識に障害のある者（以下この条
　及び次条第五項において「聴覚障害者等」という。）の福祉に関する事業を行う者で
　次の各号に掲げる利用の区分に応じて政令で定めるものは、公表された著作物であつ
　て、聴覚によりその表現が認識される方式（聴覚及び他の知覚により認識される方式
　を含む。）により公衆に提供され、又は提示されているもの（当該著作物以外の著作
　物で、当該著作物において複製されているものその他当該著作物と一体として公衆に
　提供され、又は提示されているものを含む。以下この条において「聴覚著作物」とい
　う。）について、専ら聴覚障害者等で当該方式によつては当該聴覚著作物を利用する
　ことが困難な者の用に供するために必要と認められる限度において、それぞれ当該各
　号に掲げる利用を行うことができる。ただし、当該聴覚著作物について、著作権者又
　はその許諾を得た者若しくは第七十九条の出版権の設定を受けた者若しくはその複製

259

許諾若しくは公衆送信許諾を得た者により、当該聴覚障害者等が利用するために必要な方式による公衆への提供又は提示が行われている場合は、この限りでない。

一　当該聴覚著作物に係る音声について、これを文字にすることその他当該聴覚障害者等が利用するために必要な方式により、複製し、又は自動公衆送信（送信可能化を含む。）を行うこと。

二　専ら当該聴覚障害者等向けの貸出しの用に供するため、複製すること（当該聴覚著作物に係る音声を文字にすることその他当該聴覚障害者等が利用するために必要な方式による当該音声の複製と併せて行うものに限る。）。

（営利を目的としない上演等）

第三十八条　公表された著作物は、営利を目的とせず、かつ、聴衆又は観衆から料金（いずれの名義をもつてするかを問わず、著作物の提供又は提示につき受ける対価をいう。以下この条において同じ。）を受けない場合には、公に上演し、演奏し、上映し、又は口述することができる。ただし、当該上演、演奏、上映又は口述について実演家又は口述を行う者に対し報酬が支払われる場合は、この限りでない。

2　放送される著作物は、営利を目的とせず、かつ、聴衆又は観衆から料金を受けない場合には、有線放送し、又は専ら当該放送に係る放送対象地域において受信されることを目的として自動公衆送信（送信可能化のうち、公衆の用に供されている電気通信回線に接続している自動公衆送信装置に情報を入力することによるものを含む。）を行うことができる。

3　放送され、又は有線放送される著作物（放送される著作物が自動公衆送信される場合の当該著作物を含む。）は、営利を目的とせず、かつ、聴衆又は観衆から料金を受けない場合には、受信装置を用いて公に伝達することができる。通常の家庭用受信装置を用いてする場合も、同様とする。

4　公表された著作物（映画の著作物を除く。）は、営利を目的とせず、かつ、その複製物の貸与を受ける者から料金を受けない場合には、その複製物（映画の著作物において複製されている著作物にあつては、当該映画の著作物の複製物を除く。）の貸与により公衆に提供することができる。

5　映画フィルムその他の視聴覚資料を公衆の利用に供することを目的とする視聴覚教育施設その他の施設（営利を目的として設置されているものを除く。）で政令で定めるもの及び聴覚障害者等の福祉に関する事業を行う者で前条の政令で定めるもの（同条第二号に係るものに限り、営利を目的として当該事業を行うものを除く。）は、公表された映画の著作物を、その複製物の貸与を受ける者から料金を受けない場合には、その複製物の貸与により頒布することができる。この場合において、当該頒布を行う者は、当該映画の著作物又は当該映画の著作物において複製されている著作物につき

巻末資料

第二十六条に規定する権利を有する者（第二十八条の規定により第二十六条に規定する権利と同一の権利を有する者を含む。）に相当な額の補償金を支払わなければならない。

附則（抄）

（自動複製機器についての経過措置）

第五条の二　著作権法第三十条第一項第一号及び第百十九条第二項第二号の規定の適用については、当分の間、これらの規定に規定する自動複製機器には、専ら文書又は図画の複製に供するものを含まないものとする。

著作権法施行令（抄）（昭和四十五年政令第三百三十五号）

最終改正：平成29年11月15日政令第283号

第一章の二　著作物等の複製等が認められる施設等

（図書館資料の複製が認められる図書館等）

第一条の三　法第三十一条第一項（法第八十六条第一項及び第百二条第一項において準用する場合を含む。）の政令で定める図書館その他の施設は、次に掲げる施設で図書館法（昭和二十五年法律第百十八号）第四条第一項の司書又はこれに相当する職員として文部科学省令で定める職員（以下「司書等」という。）が置かれているものとする。

一　図書館法第二条第一項の図書館

二　学校教育法（昭和二十二年法律第二十六号）第一条の大学又は高等専門学校（以下「大学等」という。）に設置された図書館及びこれに類する施設

三　大学等における教育に類する教育を行う教育機関で当該教育を行うにつき学校教育法以外の法律に特別の規定があるものに設置された図書館

四　図書、記録その他著作物の原作品又は複製物を収集し、整理し、保存して一般公衆の利用に供する業務を主として行う施設で法令の規定によつて設置されたもの

五　学術の研究を目的とする研究所、試験所その他の施設で法令の規定によつて設置されたもののうち、その保存する図書、記録その他の資料を一般公衆の利用に供する業務を行うもの

六　前各号に掲げるもののほか、国、地方公共団体又は一般社団法人若しくは一般財団法人その他の営利を目的としない法人（次条から第三条までにおいて「一般社団法人等」という。）が設置する施設で前二号に掲げる施設と同種のもののうち、文化庁長官が指定するもの

261

2　文化庁長官は、前項第六号の指定をしたときは、その旨を官報で告示する。

（視覚障害者等のための複製等が認められる者）

第二条　法第三十七条第三項（法第八十六条第一項及び第三項並びに第百二条第一項において準用する場合を含む。）の政令で定める者は、次に掲げる者とする。

一　次に掲げる施設を設置して視覚障害者等のために情報を提供する事業を行う者（イ、ニ又はチに掲げる施設を設置する者にあつては国、地方公共団体又は一般社団法人等、ホに掲げる施設を設置する者にあつては地方公共団体、公益社団法人又は公益財団法人に限る。）

イ　児童福祉法（昭和二十二年法律第百六十四号）第七条第一項の障害児入所施設及び児童発達支援センター

ロ　大学等の図書館及びこれに類する施設

ハ　国立国会図書館

ニ　身体障害者福祉法（昭和二十四年法律第二百八十三号）第五条第一項の視聴覚障害者情報提供施設

ホ　図書館法第二条第一項の図書館（司書等が置かれているものに限る。）

ヘ　学校図書館法（昭和二十八年法律第百八十五号）第二条の学校図書館

ト　老人福祉法（昭和三十八年法律第百三十三号）第五条の三の養護老人ホーム及び特別養護老人ホーム

チ　障害者の日常生活及び社会生活を総合的に支援するための法律（平成十七年法律第百二十三号）第五条第十一項に規定する障害者支援施設及び同条第一項に規定する障害福祉サービス事業（同条第七項に規定する生活介護、同条第十二項に規定する自立訓練、同条第十三項に規定する就労移行支援又は同条第十四項に規定する就労継続支援を行う事業に限る。）を行う施設

二　前号に掲げる者のほか、視覚障害者等のために情報を提供する事業を行う法人（法第二条第六項に規定する法人をいう。以下同じ。）のうち、視覚障害者等のための複製又は自動公衆送信（送信可能化を含む。）を的確かつ円滑に行うことができる技術的能力、経理的基礎その他の体制を有するものとして文化庁長官が指定するもの

2　文化庁長官は、前項第二号の指定をしたときは、その旨を官報で告示する。

（聴覚障害者等のための複製等が認められる者）

第二条の二　法第三十七条の二（法第八十六条第一項及び第三項並びに第百二条第一項において準用する場合を含む。）の政令で定める者は、次の各号に掲げる利用の区分に応じて当該各号に定める者とする。

一　法第三十七条の二第一号（法第八十六条第一項及び第三項において準用する場合

巻末資料

を含む。）に掲げる利用次に掲げる者

　　イ　身体障害者福祉法第五条第一項の視聴覚障害者情報提供施設を設置して聴覚障害者等のために情報を提供する事業を行う者（国、地方公共団体又は一般社団法人等に限る。）

　　ロ　イに掲げる者のほか、聴覚障害者等のために情報を提供する事業を行う法人のうち、聴覚障害者等のための複製又は自動公衆送信（送信可能化を含む。）を的確かつ円滑に行うことができる技術的能力、経理的基礎その他の体制を有するものとして文化庁長官が指定するもの

　二　法第三十七条の二第二号（法第八十六条第一項及び第百二条第一項において準用する場合を含む。）に掲げる利用　次に掲げる者（同号の規定の適用を受けて作成された複製物の貸出しを文部科学省令で定める基準に従つて行う者に限る。）

　　イ　次に掲げる施設を設置して聴覚障害者等のために情報を提供する事業を行う者（（2）に掲げる施設を設置する者にあつては国、地方公共団体又は一般社団法人等、（3）に掲げる施設を設置する者にあつては地方公共団体、公益社団法人又は公益財団法人に限る。）

　　　　（1）　大学等の図書館及びこれに類する施設

　　　　（2）　身体障害者福祉法第五条第一項の視聴覚障害者情報提供施設

　　　　（3）　図書館法第二条第一項の図書館（司書等が置かれているものに限る。）

　　　　（4）　学校図書館法第二条の学校図書館

　　ロ　イに掲げる者のほか、聴覚障害者等のために情報を提供する事業を行う法人のうち、聴覚障害者等のための複製を的確かつ円滑に行うことができる技術的能力、経理的基礎その他の体制を有するものとして文化庁長官が指定するもの

2　文化庁長官は、前項第一号ロ又は第二号ロの指定をしたときは、その旨を官報で告示する。

（映画の著作物の複製物の貸与が認められる施設）

第二条の三　法第三十八条第五項の政令で定める施設は、次に掲げるものとする。

　一　国又は地方公共団体が設置する視聴覚教育施設

　二　図書館法第二条第一項の図書館

　三　前二号に掲げるもののほか、国、地方公共団体又は一般社団法人等が設置する施設で、映画フィルムその他の視聴覚資料を収集し、整理し、保存して公衆の利用に供する業務を行うもののうち、文化庁長官が指定するもの

2　文化庁長官は、前項第三号の指定をしたときは、その旨を官報で告示する。

263

著作権法施行規則（抄）（昭和四十五年文部省令第二十六号）
最終改正：平成26年8月20日文部科学省令第24号

第二章　司書に相当する職員
（司書に相当する職員）
第一条の三　令第一条の三第一項の文部科学省令で定める職員は、次の各号のいずれか
　に該当する者で本務として図書館の専門的事務又はこれに相当する事務（以下「図書
　館事務」という。）に従事するものとする。
　一　図書館法（昭和二十五年法律第百十八号）第四条第二項の司書となる資格を有す
　　る者
　二　図書館法第四条第三項の司書補となる資格を有する者で当該資格を得た後四年以
　　上図書館事務に従事した経験を有するもの
　三　人事院規則で定める採用試験のうち、主として図書館学に関する知識、技術又は
　　その他の能力を必要とする業務に従事することを職務とする官職を対象とするもの
　　に合格した者
　四　大学又は高等専門学校を卒業した者で、一年以上図書館事務に従事した経験を有
　　し、かつ、文化庁長官が定める著作権に関する講習を修了したもの
　五　高等学校若しくは中等教育学校を卒業した者又は高等専門学校第三学年を修了し
　　た者で、四年以上図書館事務に従事した経験を有し、かつ、文化庁長官が定める著
　　作権に関する講習を修了したもの
（著作権に関する講習）
第二条　前条第四号及び第五号の著作権に関する講習に関し、講習の期間、履習すべき
　科目その他講習を実施するため必要な事項は、文化庁長官が定める。
2　受講者の人数、選定の方法及び講習の日時その他講習実施の細目については、毎年
　官報で告示する。

索　引

（＊は人名）

あ 行

LL ブック　174, 181, 183
OPAC　27, 28, 37, 84, 174, 183, 194
アウトリーチ　32, 111, 199, 214
アジア図書館　205
厚木市立中央図書館　205
アメリカ図書館協会（ALA）　134, 199
荒川区立日暮里図書館　205
＊有山　崧　30
＊アレント, ハンナ　146
＊石井桃子　145, 238, 239
移動図書館　17, 30, 54, 57, 59, 105, 106, 106,
　110, 185, 194, 217, 218, 221
　ブック・モビル（BM）　8, 17, 30, 32, 34
＊今澤慈海　27, 145
移民　201, 207, 208
浦安市立図書館　32, 56
映画会　156, 183, 195, 229, 242, 245
閲覧（室）　41, 42, 45, 72, 123
　――スペース　42
　館内――　54
延滞　65, 66
横断検索　28, 84
大泉町立図書館　206
大阪市立生野図書館　205
大阪市立中央図書館　206
オープンアクセス　81
置戸町立図書館　32, 96
おたのしみ会　156
お話し会　47, 101, 102, 106, 155, 196, 229,
　241
小山市立図書館　97

か 行

開架　43-45
　自由――　43
カウンターワーク　151, 162

科学講座　157
拡大読書器　129, 174, 178, 181, 183, 194
拡大資料　183
拡張サービス　214, 217
貸出し　19, 21, 29, 32, 41, 42, 53, 55, 56, 58,
　60, 72, 96, 124, 141, 145, 162, 217
　個人貸出し　54
課題解決（支援）　72, 232, 234
学校教育支援　88, 102
学校図書館　102, 125, 142, 145, 153, 163, 178,
　239
学校図書館法　103, 108, 163
学校図書館ネットワーク　34
カレントアウェアネスサービス　77
館外サービス　16, 17, 221
危機管理　139
＊木寺清一　7
『基本件名標目表』　52
郷土資料　87, 129, 143
広域利用　40
講演会　8, 158, 195, 229, 230, 234, 242, 244
広報（弘報）　7, 21, 183
　PR　110, 178, 183
『公共図書館のガイドライン』　5
「公立図書館の設置及び運営上の望ましい基
　準」（「望ましい基準」）　10, 22
　「公立図書館の望ましい基準（案）」　17
　「図書館の設置及び運営上の望ましい基準」
　　23, 202, 215
「公立図書館の任務と目標」　6, 19, 105, 202
合理的配慮　175, 176
高齢者サービス　47, 156, 170, 186, 216, 221,
　232
国際図書館連盟（IFLA）　3, 4, 201
国立国会図書館　41, 50, 71, 78, 83, 85, 86,
　125, 130, 205
　――国際子ども図書館　145, 239
国立国会図書館法　6, 37

子育て支援　71,88,99
子どもの読書活動の推進に関する法律（子ども読書活動推進法）　100,104,107,146,239
『子どもの図書館』　145,238
コミュニティ情報サービス　90
コミュニティライブラリー　90
「これからの図書館像」　70,76

さ　行

サイン　51,175
『サインはもっと自由に作る』　52
サピエ　129,180
触る絵本　180
司書　11,13,14,52,56,57,59,60,62,66,67,102,107,125,134,137,138,140,154,158,161,166
司書補　14
視聴覚障害者情報提供施設　179,185
視聴覚メディア（資料）　43,49,123
質問回答サービス　73,74
指定管理　13,56
　　──者制度　96,135
児童サービス　18,47,55,56,58,99,133,144,183,238
児童の権利に関する条約　144
『市民の図書館』　17-19,30,33,41,48,55,56,87,96,99,105,145
社会教育法　95,228
集会・文化活動　21,228
巡回文庫　207,217
障害者基本法　169,172
障害者サービス　47,128,168,221
　　ハンディキャップサービス　59,133
障害者差別解消法　175
障害者の権利に関する条約　169,175
紹介文　153
情報検索サービス　82
情報サービス　17,23,70,72,92
情報ニーズ　1,5,
情報リテラシー教育　76
資料提供（サービス）　17,42,54,70,86
身体障害者福祉法　179

神話的時間　147,148
ストーリーテリング　155,161
成人サービス　145,146,164,216
接遇　137
全域サービス　18,30,33,55,56,58,145
潜在（的）利用者　216,223
選書　28,29,68,150,161
　　──ツアー　136
総合目録　27-29,37

た　行

大活字（資料）本　174,180,183,194
対面朗読　47,178,182
＊竹林熊彦　7,8
宅配サービス　173,185,194
『多文化コミュニティ』　203
多文化サービス　201,216
『多文化サービス入門』　211
団体貸出し　54,107,110,164,174,178,185,219,220
地域産業支援　95
地域支援サービス　87
地域資料　28,88,91,196
地域の情報拠点　236
知的自由（知る自由）　63,67,112,168
＊ちばおさむ　231,233
千葉県立中央図書館　32,218
『中小都市における公共図書館の運営』（『中小レポート』）　8,9,41,48,54,87,105
著作権　112
　　著作権制度　118
　　著作権の制限　123
　　著作財産権　120
　　著作者　114-116
　　著作者人格権　120
　　著作物　113-116,118,122
　　著作物の利用　122
著作権法　64,112,114,179,246
千代田区立千代田図書館　110
＊鶴見俊輔　147
DAISY　129,174,179,180,194
データベース　76,79,82,84,118
展示（会）　94,110,153,195,229,242,244

索　引

電子（情報）メディア　43,49,79,129
　ネットワーク系（型）　49,79
　パッケージ系（型）　49,79
点字資料　174,179,183
電子図書館サービス　80
東京市立京橋図書館　96
東京市立日比谷図書館　27,145
東京都立中央図書館　96,205
読書会　8,133,158,196,229,244
読書相談　59,60,141
　──サービス　77
読書通帳　63
『図書運用法』　10
図書館利用ガイダンス（図書館ガイダンス）
　77,102,106
　図書館利用教育　76,142
　図書館（利用）案内　142
「図書館学の五法則」　7
図書館活動　2,8
図書館間相互貸借（ILL）　36,37,127
図書館協議会　134,196
図書館行事　242
図書館協約　134
図書館サービスの評価　10,11,141
図書館システム　19,26,29,30,84
『図書館情報学用語辞典』　1,201,214
『図書館政策の課題と対策』　30
図書館友の会　134
『図書館による町村ルネサンス L プラン21』
　88,105,234
図書館ネットワーク　26,38,184
「図書館の自由に関する宣言」　168
「図書館の設置及び運営上の望ましい基準」
　は「公立図書館の設置及び運営上の望ま
　しい基準」の項を見よ
『図書館の対外活動』　7
『図書館ハンドブック』　3,8,10,15,90
図書館法　11,23,112,124
　──第1条　112,114,116
　──第2条　1
　──第3条　6,14,36,87,102,228,242
　──第7条　11,23
　──第8条　36

　──第14条　135
　──第17条　243
　──第18条　10,11,22,23
　──第19条　10,11
　──第20条　10
図書館奉仕　2,6,8,14
『図書館奉仕』　7
図書館向けデジタル化資料送信サービス
　50,130
＊ドラッカー，P. F.　131

な・は行

＊西崎　恵　6
『日本十進分類法』（NDC）　51
日本点字図書館　180
日本図書館協会　6-8,10,19,124,176,202,
　205,246
乳幼児サービス　145,146
『人間の条件』　147
認知症　190,197,198,233
布の絵本　180,183
配本施設　218
　配本所　218
配本サービス　219
パスファインダー　85,95,142
発信型情報サービス　71
＊半田雄二　164
＊パットナム，ロバート　60
ビジネス支援　71,97,229
日野市立図書館　8,30,54,87,145
表紙見せ　154
広島県立図書館　33
＊フォースター，E. M.　149
福岡市総合図書館　206
複写　21,125
＊フクヤマ，フランシス　60
ブックスタート　100,101,160
ブックディテクションシステム（BDS）　44
ブックトーク　47,102,106,153,158,183
ブック・モビル（BM）は移動図書館の項を
　見よ
ブラウジング　44,46
＊ブラウン，エレナ　216

267

ブラウン式　62,63
フロアワーク　151,153,162
分館　28,30,32-34,57,58
閉架　43-45,49
訪問サービス　185
ボランティア　25,136,159,163,185,192,195

ま・や・ら行

＊前川恒雄　18,54
＊南　諭造　10
　むすびめの会　211
　ヤングアダルトサービス（YA サービス）
　　144-146,164,183,216
　郵送貸出　173,178,184
　郵送サービス　178,184,221
　ユネスコ公共図書館宣言（IFLA）　2,6,113,
　　168,202,204,211,215
　八日市市立図書館　234
　　東近江市立八日市図書館　235,241
　横浜市立中央図書館　206
　読み聞かせ　47, 59, 121, 123, 151, 156-158,
　　161,183,192
　予約　62,67

　──・リクエスト　67
　ラーニングコモンズ　47
＊ランガナタン　7
　リクエスト　28,67
　『理想の公共図書館サービスのために』　4
＊リッツァ，ジョージ　61
　利用サービス　8
　利用者　2,30,42,44,48,52,53,55,59,60,62,
　　63,67,69,70,72,125,131,132,137,151,
　　166,216,221
　　図書館──　236
　　問題──　138
　レファレンス　42,45,58-60,74,82,86,138,
　　151
　──インタビュー　73,74,77,142
　──サービス　17,21,41,46,72,77
　──コーナー　58
　──コレクション　72,74
　──情報源　72
　──プロセス　73
　──協同データベース　85
　レフェラルサービス　75,91

監修者紹介

山本順一（やまもと・じゅんいち）

　早稲田大学第一政治経済学部政治学科卒業。早稲田大学大学院政治学研究科博士課程単位取得満期退学。図書館情報大学大学院図書館情報学研究科修士課程修了。桃山学院大学経営学部・大学院経営学研究科教授を経て、現在、放送大学客員教授。『メディアと ICT の知的財産権 第 2 版』（未来へつなぐデジタルシリーズ）（共著、共立出版、2018）『行政法　第 3 版』（Next 教科書シリーズ）（共著、弘文堂、2017）、『情報メディアの活用　3 訂版』（共編著、放送大学教育振興会、2016）、『IFLA 公共図書館サービスガイドライン　第 2 版』（監訳、日本図書館協会、2016）、『新しい時代の図書館情報学 補訂版』（編著、有斐閣、2016）、『図書館概論：デジタル・ネットワーク社会に生きる市民の基礎知識』（単著、ミネルヴァ書房、2015）、『シビックスペース・サイバースペース：情報化社会を活性化するアメリカ公共図書館』（翻訳、勉誠出版、2013）、『学習指導と学校図書館　第 3 版』（監修、学文社、2013）、など。

執筆者紹介 （＊は編著者、執筆順）

＊小黒浩司（おぐろ・こうじ）**第 1 章、第 2 章**

　編著者紹介欄参照。

泉山靖人（いずみやま・やすと）**第 3 章**

　東北大学大学院教育学研究科博士後期課程単位取得退学。現在、東北学院大学教養学部人間科学科准教授。『生涯学習：多様化する自治体施策』（共著、東洋館出版社、2010年）

名城邦孝（なしろ・くにたか）**第 4 章**

　筑波大学大学院図書館情報メディア研究科博士後期課程単位取得満期退学。現在、広島女学院大学准教授。『情報サービス演習』（共著、ミネルヴァ書房、2017年）

鈴木　均（すずき・ひとし）**第 1 章コラム、第 5 章、第 9 章、第 10 章**

　立教大学大学院21世紀社会デザイン研究科博士前期課程修了。千葉県浦安市立中央図書館図書サービス係副主査（司書）。2018年歿。「私たちの図書館とものがたり」『ライブラリー・リソース・ガイド（LRG）』22号（2018年）

坂本　俊（さかもと・しゅん）**第 6 章**

　筑波大学大学院図書館情報メディア研究科博士前期課程修了。筑波大学大学院図書館情報メディア研究科博士後期課程単位取得退学。現在、安田女子大学文学部日本文学科助教、広島大学大学院教育

学研究科客員准教授。『情報サービス論』（共著、ミネルヴァ書房、2018年）

嶋田　学（しまだ・まなぶ）**第4章コラム、第7章、第15章**
　奈良大学文学部国文学科卒業。同志社大学大学院総合政策科学研究科博士前期課程修了。現在、瀬戸内市民図書館館長を経て、現在、奈良大学文学部文化財学科教授。『図書館・まち育て・デモクラシー：瀬戸内市民図書館で考えたこと』（青弓社、2019年）

河合郁子（かわい・いくこ）**第7章コラム**
　青山学院大学大学院文学研究科教育学専攻博士前期課程修了。千代田区立千代田図書館企画チーフを経て、現在、石川県県民文化スポーツ部文化振興課新図書館整備推進室。「千代田図書館蔵「内務省委託本」のコレクション整備：活用の裏側」『図書館雑誌』108(9)（2014年）

石井大輔（いしい・だいすけ）**第8章、巻末資料**
　明治学院大学法学部政治学科卒業。筑波大学大学院図書館情報メディア研究科博士後期課程単位取得退学。現在、聖徳大学文学部文学科准教授。『情報サービス演習：地域社会と人びとを支援する公共サービスの実践』（共著、ミネルヴァ書房、2017年）

石川敬史（いしかわ・たかし）**第11章、第12章**
　図書館情報大学大学院図書館情報学研究科修士課程修了。現在、十文字学園女子大学教育人文学部文芸文化学科准教授。『文化の朝は移動図書館ひかりから：千葉県立中央図書館ひかり号研究』（共著、日本図書館研究会、2017年）

中山愛理（なかやま・まなり）**第13章、第14章**
　筑波大学大学院図書館情報メディア研究科博士後期課程修了。現在、大妻女子大学短期大学部国文科准教授。『現代の図書館・図書館思想の形成と展開』（共著、京都図書館情報学研究会、2017年）

《編著者紹介》

小黒浩司（おぐろ・こうじ）

　大東文化大学大学院文学研究科中国学専攻博士課程前期課程修了。東京都立羽田工業高等学校教諭、土浦短期大学専任講師などを経て、現在、作新学院大学人間文化学部教授。

　主著に、『図書・図書館史』（編著、日本図書館協会、2013年）、『図書館をめぐる日中の近代：友好と対立のはざまで』（青弓社、2016年）、『人物でたどる日本の図書館の歴史』（共著、青弓社、2016年）、『図書館用品カタログ集成　戦前編・戦後編』（編・解題，金沢文圃閣，2016-2019年）ほか。

講座・図書館情報学⑤

図書館サービス概論
──ひろがる図書館のサービス──

2018年 9 月30日　初版第 1 刷発行	〈検印省略〉
2021年 1 月30日　初版第 2 刷発行	

定価はカバーに
表示しています

編著者	小	黒	浩	司
発行者	杉	田	啓	三
印刷者	藤	森	英	夫

発行所　株式会社　ミネルヴァ書房
607-8494　京都市山科区日ノ岡堤谷町 1
電話代表　(075)581-5191
振替口座　01020-0-8076

© 小黒ほか，2018　　　　　　　　　　　亜細亜印刷

ISBN978-4-623-08396-1
Printed in Japan

山本順一 監修

講座・図書館情報学

全12巻

A 5 判・上製カバー

＊①生涯学習概論　　　　　　　　　　　前平泰志 監修，渡邊洋子 編著

＊②図書館概論　　　　　　　　　　　　　　　　　　　山本順一 著

＊③図書館制度・経営論　　　　　　　　　　　　　　安藤友張 編著

＊④図書館情報技術論　　　　　　　　　　　　　　　河島茂生 編著

＊⑤図書館サービス概論　　　　　　　　　　　　　　小黒浩司 編著

＊⑥情報サービス論　　　　　山口真也・千　錫烈・望月道浩 編著

　⑦児童サービス論　　　　　　　　　　林左和子・塚原　博 編著

＊⑧情報サービス演習　　　　　　　　　　　　　　　中山愛理 編著

＊⑨図書館情報資源概論　　　　　　　　　　　　　　藤原是明 編著

＊⑩情報資源組織論［第 2 版］　　　　　　　　　　志保田務 編著

＊⑪情報資源組織演習　　　竹之内禎・長谷川昭子・西田洋平・田嶋知宏 編著

＊⑫図書・図書館史　　　　　　　　　　　　　　　　三浦太郎 編著

（＊は既刊）

―――――― ミネルヴァ書房 ――――――
http://www.minervashobo.co.jp/